"十三五"国家重点出版物出版规划项目·重大出版工程规划
中国工程院重大咨询项目成果文库
秦巴山脉区域绿色循环发展战略研究丛书（第一辑）

秦巴山脉区域绿色循环发展战略研究
（重庆卷）

钟志华 等 著

科学出版社
北 京

内 容 简 介

秦巴山脉重庆片区地处渝东北,包括云阳、奉节、巫山、巫溪、开州、城口等六区县,总面积约2.197 5万平方千米,2015年常住人口386万余人。由于该区域所属三峡库区是我国典型的生态脆弱区和环境敏感区,环境承载能力低,资源和环境已经成为影响经济社会发展的刚性约束。目前,该地区在经济社会发展方面依然相对滞后,是国家14个集中连片特殊贫困片区之一。

本书引入绿色循环发展理念,为秦巴山脉重庆片区的发展拟定战略思路,并通过对绿色循环产业体系、绿色交通支撑体系、水资源保护利用机制、绿色城乡建设模式及政策保障体系的探索,力图构建一整套的绿色循环发展引导系统,以期为该地区的健康发展提供理论模式支持,为政府相关部门的决策提供有益的依据和参考。

本书主要供国内区域发展、产业发展、生态环境保护等相关学者、研究生、本科生及地方政府工作人员参阅。

审图号:GS(2019)3233号
图书在版编目(CIP)数据

秦巴山脉区域绿色循环发展战略研究. 第一辑. 重庆卷 / 钟志华等著. —北京:科学出版社,2019.11
"十三五"国家重点出版物出版规划项目·重大出版工程规划
中国工程院重大咨询项目成果文库　国家出版基金项目
ISBN 978-7-03-062801-5

Ⅰ.①秦… Ⅱ.①钟… Ⅲ.①绿色经济-区域经济发展-发展战略-研究-重庆 Ⅳ.①F127

中国版本图书馆CIP数据核字(2019)第241734号

责任编辑:王丹妮 / 责任校对:陶 璇
责任印制:霍 兵 / 封面设计:无极书装

科学出版社 出版
北京东黄城根北街16号
邮政编码:100717
http://www.sciencep.com

北京九天鸿程印刷有限责任公司 印刷
科学出版社发行　各地新华书店经销
*
2019年11月第 一 版　开本:720×1000　1/16
2019年11月第一次印刷　印张:15 3/4
字数:318 000

定价:158.00元
(如有印装质量问题,我社负责调换)

"秦巴山脉区域绿色循环发展战略研究丛书"编委会名单

顾问（按姓氏拼音排序）

何季麟　邱冠周　任南琪　王　浩　王一德　王玉普　徐匡迪
杨志峰　殷瑞钰　周　济　左铁镛

主编

徐德龙

编委会成员（按姓氏拼音排序）

傅志寰　侯立安　金　涌　李德仁　李佩成　刘　旭　刘炯天
罗平亚　潘云鹤　彭苏萍　邱定蕃　吴良镛　吴志强　谢和平
徐德龙　薛群基　张寿荣　钟志华

"秦巴山脉区域绿色循环发展战略研究（重庆卷）"课题组成员名单

主笔：
钟志华　张卫国　肖亚成

成员：
钟志华　　中国工程院院士
张卫国　　西南大学校长
肖亚成　　西南大学
陈　军　　重庆市科学技术局
许志鹏　　重庆市科学技术局
王勇德　　重庆市中药研究院
张自力　　西南大学
谢德体　　西南大学
阎建忠　　西南大学
秦远好　　西南大学
张卫华　　西南大学
严宁珍　　西南大学
张建旭　　重庆交通大学
袁晓辉　　西南大学
王清芳　　西南大学
于同奎　　西南大学
张　敏　　西南大学
刘　波　　西南大学
肖富元　　西南大学

肖桑梦　　西南大学
吕唯因　　西南大学
秦　瑶　　西南大学

丛 书 序

秦巴山脉雄踞中国地理版图中心，是中国南北气候的分界线、黄河水系与长江水系的分水岭；是中华民族的重要发祥地、中华文明的摇篮；是国家重点生态功能区和生物多样性保护优先区，是中国的中央水库、生态绿肺和生物基因库；与欧洲阿尔卑斯山脉、北美落基山脉一同被世界地质和生物学界称为"地球三姐妹"，孕育了众多举世闻名的历史城市和人类聚居地。同时，秦巴山脉区域目前也是中国跨省级行政区最多、人口最多的集中连片贫困区，生态保护与扶贫攻坚任务艰巨。秦巴山脉区域及周边大中城市构成了中国承东启西、连接南北的重要战略区。认知秦巴、保护秦巴、振兴秦巴，坚持"绿水青山就是金山银山"的发展目标，协同做好绿色发展这篇大文章，对于确保国家生态安全，全面建成小康社会，推进区域协同创新发展，实现中华民族伟大复兴中国梦，具有重大战略意义。

2015年，中国工程院实施"秦巴山脉区域绿色循环发展战略研究"重大咨询项目，组织水资源保护、绿色交通、城乡统筹、农林畜药、工业信息、矿产资源、文化旅游等专题组和陕西、河南、湖北、四川、甘肃、重庆六省市地方组，由分属化工、环境、农业、土木、管理、能源、信息、机械等8个学部的24位院士分别负责相关课题，在六省市党政领导、国家发展和改革委员会、科学技术部、交通运输部、环境保护部、工业和信息化部、国家林业局、国务院发展研究中心等部委和单位的高度重视与大力支持下，由全国300余名专家学者参与，深入实地，对秦巴山脉区域进行了广泛的调研和认真研究。项目历时两年，先后召开大型研讨会14次，专题研讨会50余次，并赴阿尔卑斯山脉和落基山脉进行了有针对性的比对调研，探讨了秦巴山脉区域生态环境保护与经济社会发展之间的绿色、低碳、循环发展路径，形成了一系列研究成果：在项目执行期间，项目组以中国工程院名义向国务院提交建议报告一份、以全国人大代表名义向全国人大提交建议3份，完成研究报告15份，发表相关研究论文60余篇；协助组织"丹江口水都论坛"一次，成功举办了"第231场中国工程科技论坛——秦巴论坛"，并在该论坛上发布《秦巴宣言》。

本丛书是"秦巴山脉区域绿色循环发展战略研究"重大咨询项目研究成果的

整体凝练，从8个领域的专业视角，以及相关六省市的地域综合视角，通过跨领域、跨地域研究体系的搭建，以秦巴山脉区域为主要研究对象，同时对周边城市地区进行关联研究，提出了秦巴山脉区域生态保护与绿色发展必须以周边城市区域为依托协同共进的重要思路，探索了生态高敏感地区保护与发展创新路径，并从国家公园建设、产业转型培育、空间整理优化、文化保护传承、教育体制创新等方面明晰了战略对策。本丛书可为秦巴山脉区域和国内其他贫困山区实现"绿水青山就是金山银山"的战略目标提供借鉴，可供咨询研究单位、各级行政管理部门和大专院校师生学习参考。

"秦巴山脉区域绿色循环发展战略研究"重大咨询项目的实施旨在牢固树立优美的生态环境就是生产力、保护生态环境就是保护生产力、改善生态环境就是发展生产力的理念，倡导绿色生产、生活方式，使蓝天常在、青山常在、绿水常在，实现人与自然和谐共处的创新发展新格局！

目　　录

第一章　秦巴山脉重庆片区绿色交通体系战略研究 …………………………… 1

　　第一节　秦巴山脉重庆片区交通战略定位及研究目标 …………… 1
　　第二节　秦巴山脉重庆片区的交通需求分析 ……………………… 5
　　第三节　秦巴山脉重庆片区绿色交通体系战略框架探索 ………… 10
　　第四节　秦巴山脉重庆片区既有交通通道规划方案评介 ………… 13
　　第五节　秦巴山脉重庆片区交通发展战略规划 …………………… 17
　　第六节　秦巴山脉重庆片区的多式联运战略 ……………………… 24
　　第七节　绿色循环发展理念下的交通体系建设与管理 …………… 28

第二章　秦巴山脉重庆片区水资源保护与利用战略研究 ……………………… 30

　　第一节　秦巴山脉重庆片区水资源调查评价 ……………………… 30
　　第二节　秦巴山脉重庆片区水生态与水环境保护 ………………… 36
　　第三节　秦巴山脉重庆片区水资源管理框架体系 ………………… 53
　　第四节　水资源保护利用的政策建议 ……………………………… 58

第三章　秦巴山脉重庆片区矿产资源绿色开发利用战略研究 ………………… 60

　　第一节　战略研究总体思路 ………………………………………… 60
　　第二节　秦巴山脉重庆片区矿产资源勘查开发整体布局 ………… 61
　　第三节　矿产资源勘查片区划分 …………………………………… 64
　　第四节　可开采矿种和开采区域划分 ……………………………… 67
　　第五节　矿业循环发展体系及绿色化支撑技术 …………………… 74
　　第六节　矿产资源绿色化综合利用对策建议 ……………………… 81

第四章　秦巴山脉重庆片区绿色工业与信息业发展战略研究 ………………… 85

　　第一节　绿色工业与信息业发展现状、思路及定位 ……………… 85
　　第二节　绿色工业与信息业发展战略布局研究 …………………… 94

	第三节	绿色工业与信息业发展重点工程研究	98
	第四节	绿色工业与信息业发展机制研究	113
	第五节	绿色工业与信息业支撑技术研究	116

第五章 秦巴山脉重庆片区绿色城乡空间建设战略研究 … 128

	第一节	区域战略定位分析	128
	第二节	区域空间结构和空间发展规划	131
	第三节	城乡空间建设总体思路	135
	第四节	城乡空间格局调整中的移民搬迁项目	146
	第五节	区域建设控制范围划定	153
	第六节	绿色建筑技术应用	163
	第七节	绿色循环城乡空间建设发展示范	173

第六章 秦巴山脉重庆片区旅游产业绿色发展战略研究 … 182

	第一节	秦巴山脉重庆片区旅游产业发展的宏观环境	182
	第二节	秦巴山脉重庆片区旅游资源评价	184
	第三节	秦巴山脉重庆片区旅游发展及其竞争力	191
	第四节	秦巴山脉重庆片区旅游业的空间竞合关系	205
	第五节	秦巴山脉重庆片区旅游产业发展战略定位与战略选择	211
	第六节	秦巴山脉重庆片区旅游产业发展战略的实现路径	216
	本章附表		219

第七章 秦巴山脉重庆片区农林畜药绿色循环发展战略研究 … 221

	第一节	秦巴山脉重庆片区农林畜药绿色循环发展战略意义	221
	第二节	秦巴山脉重庆片区农林畜药复合系统结构优化战略及目标	221
	第三节	秦巴山脉重庆片区农林畜药产业空间布局	224
	第四节	秦巴山脉重庆片区农林畜药业绿色循环技术体系构建	226
	第五节	秦巴山脉重庆片区农林畜药循环发展的重要机制创新	229

第八章 秦巴山脉重庆片区绿色循环发展政策体系研究 … 232

	第一节	中国区域发展政策的演化轨迹	232
	第二节	秦巴山脉重庆片区绿色循环发展政策评价	233
	第三节	秦巴山脉重庆片区绿色循环发展政策创新路径研究	235
	第四节	秦巴山脉重庆片区绿色循环发展重点政策建议	237

参考文献 … **240**

第一章　秦巴山脉重庆片区绿色交通体系战略研究

第一节　秦巴山脉重庆片区交通战略定位及研究目标

一、重庆在"两带一路"中的交通地位分析

重庆位于丝绸之路经济带、长江经济带和21世纪海上丝绸之路（即"两带一路"）交汇成Y形大通道的连接点上，具有承东启西、转接南北的区位优势；重庆水、陆、空综合交通方式齐全，港口枢纽、铁路枢纽和空港枢纽功能齐备，结合内陆地区唯一拥有"水、陆、空"国家一类口岸和保税区的优势，构建了独具重庆特色的"三个三合一"①开放"大平台"；重庆是我国西部地区唯一的直辖市和国家中心城市，是全国唯一的省级统筹城乡综合配套改革试验区，具有继上海浦东新区、天津滨海新区之后的第三个国家级新区——两江新区。

重庆在"两带一路"建设中具有三大优势[1]。

（一）重庆在全国的区位优势突出

从地理位置上看，重庆处于中国版图的中心。从经济区位来看，重庆处于丝绸之路经济带与长江经济带的交汇点，加之重庆处于中部和西部、南方和北方的连接地，可以向西北通过"渝新欧"国际铁路联运大通道，为打造丝绸之路经济带提供有效平台；向东通过长江黄金水道贯通长江经济带；向西南通过云南和滇缅公路直达孟中印缅经济走廊，使长江经济带与孟中印缅经济走廊连接起来，同

---

① "三个三合一"是指铁水空交通枢纽、口岸和保税区有机高效衔接，互为支撑，即三个交通枢纽（团结村铁路枢纽、寸滩水运枢纽、江北国际机场航空枢纽）、三个一类口岸（铁路口岸、港口口岸、空港口岸）和三个保税区（西永综合保税区、寸滩保税港区、两路空港保税区）的有机结合。

时连接21世纪海上丝绸之路。

（二）重庆的立体化交通网络大格局的优势

重庆的立体化交通网络大格局主要以重庆港为支撑点，以"渝新欧"国际铁路联运大通道、长江航运中心线为轴线，发挥其交通枢纽作用，具有其他城市无法比拟的交通优势。

首先，"渝新欧"国际铁路联运大通道与丝绸之路经济带倡议完全吻合，借助"渝新欧"国际铁路联运大通道的辐射带动作用，既串联了中国西部内陆各省区市，又贯穿丝绸之路经济带上的六个国家，珠江三角洲地区及香港到欧洲的部分货物也通过"渝新欧"国际铁路联运大通道运输，实现了长江流域、珠江流域与中亚和欧洲之间的物流快速畅达。

其次，重庆港是继深圳港后新加入中欧安全智能贸易（简称安智贸）航线试点计划的中国内陆首个安智贸试点港口。重庆团结村铁路集装箱中心站作为铁路口岸对外开放，这是中国西部内陆地区唯一对外开放的铁路口岸。

最后，重庆作为长江上游最大的航运中心，是西部地区唯一拥有长江一级航道、5 000吨级的深水码头，水运集装箱年通过能力300万标准箱。2013年周边地区经由重庆港口转口的集装箱所占比例达50%，重庆还是长江上游地区最大的综合交通枢纽，左右传递、东西互动的作用十分明显。同时，重庆还将打造"一江两翼三洋"出海通道模式。重庆南彭公路物流基地是打通通往东盟进入印度洋南向国际大通道的起点。

（三）得天独厚的天时地利条件，造就了重庆极佳的产业发展格局

重庆直辖以来，已有较好的产业基础、较强的科技实力、广阔的经济腹地。2012~2016年，地区生产总值年均增速12.1%，居全国前列；272家世界500强企业落户重庆。重庆深入实施"6+1"支柱产业规划，电子信息、汽车、装备制造、综合化工、材料、能源和消费品制造均成为千亿元级产业，多业支撑格局基本形成。以上均得益于国家将产业从东部向西部转移，重庆的产业结构转变也非常明显，正从"重"向"轻"发展。

重庆是西南地区唯一的直辖市、国家级中心城市，加上国家级开放开发新区——两江新区和西永综合保税区、两路寸滩保税港区等对外开放平台，重庆发挥了其巨大的引领作用和提升产业聚集的功能。多项国家级改革创新政策的叠加，必将使重庆的优势更加凸显。

二、秦巴山脉重庆片区在秦巴山区的交通地位分析

从重庆全市交通路网布局看，秦巴山脉重庆片区是路网密度最低的地区之

一,尤其是该区域与陕南、鄂西更是高速公路(简称高速)网空白区。大巴山、巫山等山系在该区域交汇,山河相间、峡谷纵横的地形地貌,使区域内互通的现有公路路网密度低、公路等级差、通畅水平低,区内旅游的安全性、通达性和便捷性低;除长江水道、渝宜高速东西向贯穿外,铁路和航空尚处于空白[①],且与周边省市相连的主干交通非常差,旅游可进入性差,尤其是旅游骨干公路、旅游公路、乡村道路和景点环线缺乏有机衔接,旅游景区与景区之间,甚至旅游景区内部未形成快捷的交通环线;港口基础配套设施落后,旅游专用码头不足,码头与岸上景点及陆路交通等的驳接换乘衔接性差。

根据《国家公路网规划(2013年-2030年)》、《中长期铁路网规划》和《重庆市高速公路网规划(2013-2030年)》等,秦巴山脉重庆片区现已规划的交通线路包括以下几种。

1. 铁路

秦巴山脉重庆片区与秦巴山脉其他地区在铁路方面连接较为薄弱,如图1-1所示,已规划的只有安张铁路、郑渝高速铁路(简称高铁)。

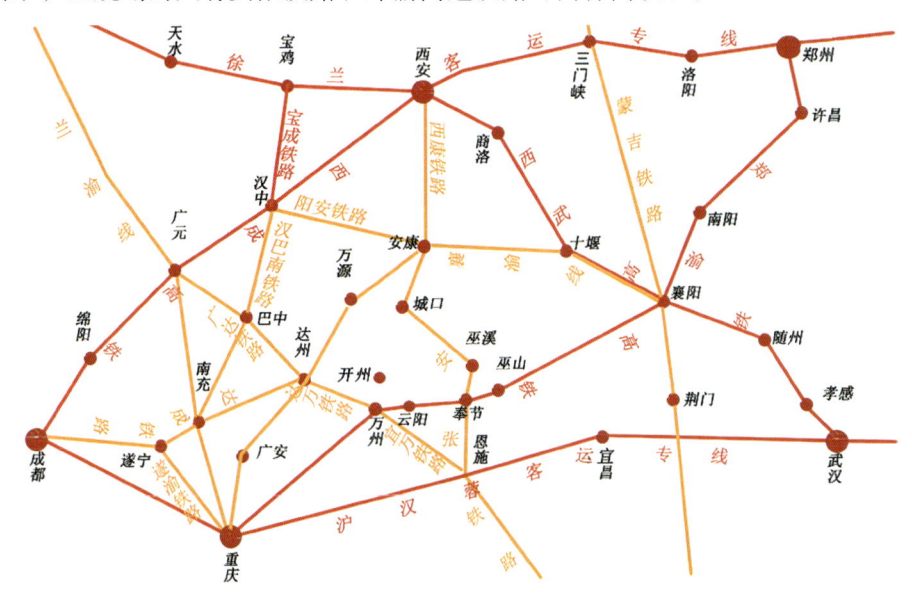

图1-1 已规划的铁路线路

2. 高速

从图1-2中可以看出,在高速方面,秦巴山脉重庆片区与秦巴山脉其他地区

---

① 巫山机场于2019年6月已开通到重庆的航线。

交通联系具体为：东西走向的G42；南北走向的G69、G6911。与秦巴山脉其他地区的横向联系线路缺乏。

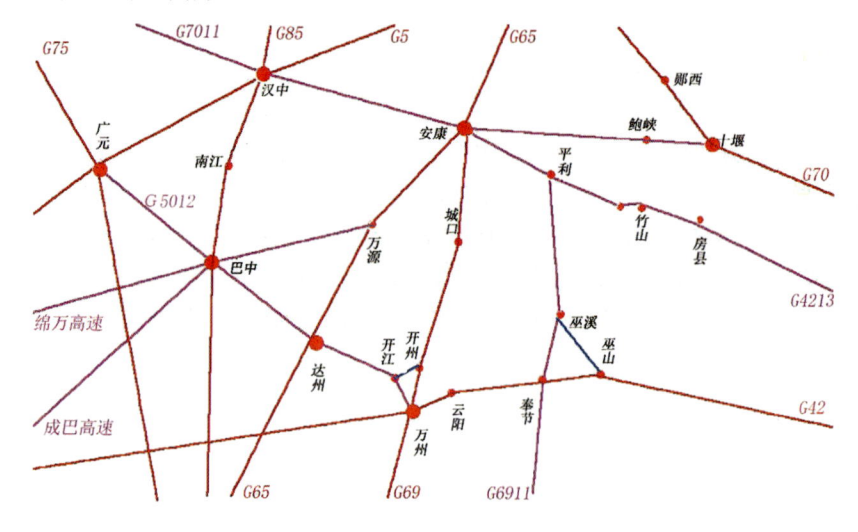

图1-2 已规划的高速线路

3. 国道

从图1-3中可以看出，在国道方面，秦巴山脉重庆片区与秦巴山脉其他地区交通联系具体为：南北走向有G211、G242；东西走向有G347、G348；还有国道联络线G541。

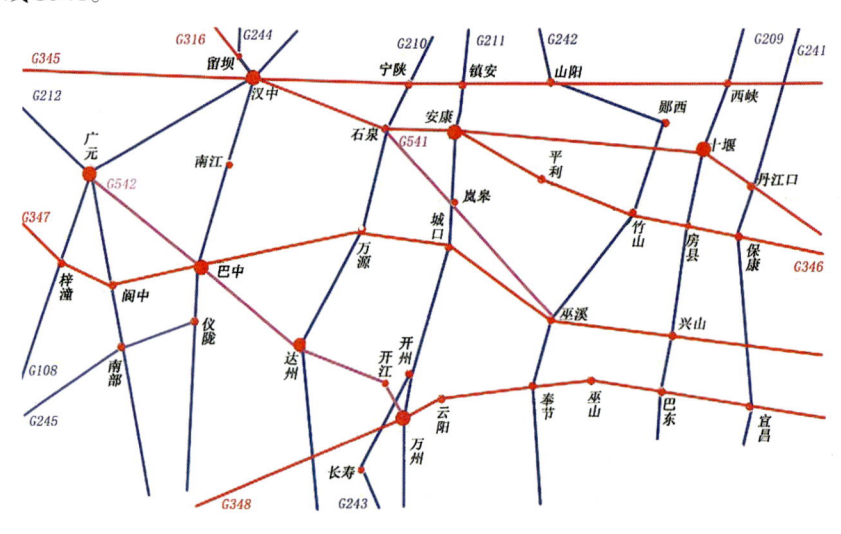

图1-3 已规划的国道线路

三、研究目标

研究生态保护下的绿色交通体系，协调生态保护与交通发展的矛盾，建构符合重庆市所辖云阳县、巫山县、开州区（2016年6月改名，之前为开县）、奉节县、巫溪县、城口县实际情况的绿色交通体系。

（1）针对秦巴山区的生态环境特征，研究区域重要城市及内部城镇间的交通联系，找出适宜秦巴山脉重庆片区所辖云阳县、巫山县、开州区、奉节县、巫溪县、城口县六区县实际情况的秦巴山区发展的交通模式。

（2）协调生态保护与交通发展之间的矛盾，提出满足秦巴山脉重庆片区所辖云阳县、巫山县、开州区、奉节县、巫溪县、城口县实际情况的经济发展和生态保护双重目标约束交通建设发展战略。

（3）在绿色交通方式、交通技术、交通特色三个方面凸显地域特征，突出绿色交通特色，提升城镇与旅游设施间的出行环境。

第二节　秦巴山脉重庆片区的交通需求分析

一、国民经济指标分析及预测

（一）国民经济发展现状

目前，秦巴山脉重庆片区的经济发展水平相对较低、总量少，产业结构不合理、基础设施薄弱，建设和发展投入不足。但是，作为连通成渝经济区、武汉城市圈和中原经济区的重要通道，随着重庆市综合交通枢纽在"两带一路"中的交通、经济地位的确立，以及重庆水陆空综合交通网络的全面发展，该区域的经济将会得到极大的发展。因此，该区域经济在起飞的同时既会面临困难又有极大机遇，只要抓住机遇，充分发挥其与成都、重庆（除秦巴山脉重庆片区六区县以外）、西安、武汉的区位优势，实施正确的发展战略，加快经济增长方式的转变，加速推进产业结构升级，进一步优化经济区域布局，就有可能保持经济较长时期的高速增长。

重庆片区所辖各区县2011~2015年的地区生产总值统计数据见表1-1。

表1-1　各区县2011~2015年地区生产总值统计数据[2]　　单位：亿元

年份	云阳县	巫山县	开州区	奉节县	巫溪县	城口县
2011	109	63	200	130	47	37
2012	137	70	230	145	53	41

续表

年份	云阳县	巫山县	开州区	奉节县	巫溪县	城口县
2013	152	75	265	160	60	43
2014	170	81	300	181	67	46
2015	188	90	326	197	73	43

（二）国民经济预测

增长率法是指根据预测对象在过去的统计期内的平均增长率，类推未来某期预测值的一种简便算法。该预测方法一般用于增长率变化不大，或预计过去的增长趋势在预测期内仍将继续的场合。

此次预测采用平均增长率法，计算已知年份的地区生产总值增长率，并使用增长率作为预测趋势，得出2030年各区县地区生产总值预测值，见表1-2。

表1-2　2030年各区县地区生产总值预测值

指标	云阳县	巫山县	开州区	奉节县	巫溪县	城口县
平均增长率	9.2%	10.8%	13.5%	9.2%	12.2%	9.8%
地区生产总值/亿元	679	430	2 285	714	421	220

二、社会人口分析及预测

（一）社会人口现状

重庆片区所辖各区县2011~2015年人口总数统计数据见表1-3。

表1-3　各区县2011~2015年人口总数　　　　单位：万人

年份	云阳县	巫山县	开州区	奉节县	巫溪县	城口县
2011	134.29	63.77	164.75	106.26	53.91	24.65
2012	135.07	64.15	165.56	106.74	54.16	24.95
2013	135.96	64.36	166.70	107.27	54.50	25.12
2014	135.96	64.64	168.77	107.52	54.85	25.26
2015	134.64	63.83	168.35	106.41	54.39	25.06

（二）社会人口预测

重庆片区所辖各区县的人口总数增长率较为稳定，故采用增长率法进行人口总数的预测，得出2030年各区县人口总数预测值，见表1-4。

表1-4　2030年各区县人口总数预测值

指标	云阳县	巫山县	开州区	奉节县	巫溪县	城口县
平均增长率	0.65%	0.58%	0.68%	0.63%	0.57%	0.68%
人口总数/万人	152	71	187	119	60	28

三、客运交通需求规模及特征分析

（一）客运交通需求特征分析

（1）经济稳步增长的良好态势将有力地促进公路旅客运输持续发展。第二产业中的工业和第三产业的持续兴旺为公路旅客运输提供了有力的经济支持，优越的经济环境和良好的发展势头，将加快经济交通的互利互动，地方经济活跃、物流人流的不断增加，将带动公路旅客运输事业不断向前发展。

（2）国民收入的不断提高将直接加大公路客运市场的消费需求。随着收入水平的不断提升，人民日常生活中的出行需求日益增多，尤其是城际的交流日趋频繁，旅客中长距离的出行量因此会大幅上涨，从而进一步激发公路旅客运输量的增长。

（3）旅游业的日益兴旺将促进公路客运市场的扩大。秦巴山脉重庆片区旅游产业规模日益壮大，旅游服务体系日趋完善。旅游业日益兴旺的发展势头也将为公路长途客运市场带来源源不断的客源，积极有效地促进公路客运市场的不断扩大。

（4）路网建设的渐趋合理将有助于公路客运优势的更大发挥。随着国家和重庆市地方政府对公路建设事业的重视和加强，该区域的公路基础设施投资建设力度加大，各等级道路协调发展，路网布局渐趋合理，四通八达的公路运输通道正迅速建成，公路客运的快速、便捷及门到门服务优势将得以更充分发挥。

（二）客运交通需求规模

客运量是指在一定时间内运送旅客的数量，计量单位以"人"表示，主要由人的出行活动产生，因此可以采用出行次数来预测，表1-5为各区县2011~2015年客运量。考虑到客运量与一些经济指标（如人口、地区生产总值等）有一定的相关性，而且随时间的发展也有一定的规律性变化，因此还可采用多元回归分析和时间序列模型对其进行预测。

表1-5　各区县2011~2015年客运量　　　　　　单位：万人

年份	云阳县	巫山县	开州区	奉节县	巫溪县	城口县
2011	1 198	1 625	2 381	1 940	669	233
2012	1 279	1 783	2 917	1 966	731	319

续表

年份	云阳县	巫山县	开州区	奉节县	巫溪县	城口县
2013	1 397	1 865	3 308	2 073	816	360
2014	1 534	808	3 751	1 380	905	403
2015	1 675	832	4 238	1 254	1 000	451

根据国内外的发展经验，随着人民生活水平的不断提高及交通基础设施的逐渐完善，居民对外出行次数总体上呈现不断上升的趋势，故采用人均出行次数法计算客运出行需求。借鉴武汉市人均出行次数与人均地区生产总值的关系（这里出行次数的计算公式为：出行次数=客运量/总人口），类比确定2030年各区县人均对外出行次数，从而计算得到规划年对外客运量（表1-6）。

表1-6　2030年各区县客运量预测值

指标	云阳县	巫山县	开州区	奉节县	巫溪县	城口县
人均出行次数/次	30	38	30	29	27	26
人口数/万人	152	71	187	119	60	28
客运量/万人	4 560	2 698	5 612	3 451	1 620	728

四、货运交通需求规模及特征分析

（一）货运交通需求特征分析

（1）重庆地处丝绸之路经济带、长江经济带、21世纪海上丝绸之路交汇成Y形大通道的连接点上，具有承东启西、转接南北的区位优势。重庆交通中心地位的进一步确立，以及腹地经济的强力发展，将带动该区域的货运需求登上一个新的台阶。

（2）公路货运通道的日趋完善将有助于公路货运优势的更大发挥。高速骨架工程与国家高速公路网络连接，东达宁、沪，南通黔、桂，西连藏、新，北接陕、甘。随着交通基础设施项目的顺利实施，该区域现代化交通格局逐步形成，各等级道路协调发展，路网布局渐趋合理，四通八达的公路运输通道正迅速建成，公路货运的快速、便捷优势将得以更充分发挥。

（3）该区域产业布局的不断发展和完善将有力地促进货物运输持续发展。工业化发展使大运量、低附加值货物运输需求依然保持旺盛的同时，高新技术产业和现代服务业快速发展产生的小批量、高附加值产品运输需求也将更加迫切，因此，不断拓展服务功能，发展多式联运、甩挂运输等运输组织方式，节省物流成本的需求逐渐显现。

（4）经济稳步增长将有力地促进公路货运持续发展。第二产业中的工业和第三产业的持续兴旺为公路货运提供了有力的经济支持；优越的经济环境和良好的发展势头，将加快经济交通的互利互动；地方经济活跃，物流的不断增加，将带动公路货运事业不断向前发展。

（二）货运交通需求规模

货运量是指在一定时间内运送货物的数量，计量单位以"吨"表示，主要由人的消费活动和经济的生产活动产生，因此可以采用产运系数来预测，表1-7为各区县2011~2015年货运量。考虑到货运量与人口、商品零售总额等社会经济指标有一定的相关性，并且其随时间发展也有一定的规律性变化，因此也可用回归分析法和时间序列模型对其进行预测。

表1-7　各区县2011~2015年货运量　　　　单位：万吨

年份	云阳县	巫山县	开州区	奉节县	巫溪县	城口县
2011	1 081	705	1 198	1 698	613	257
2012	1 133	791	1 237	1 926	642	300
2013	1 146	806	1 465	2 021	711	337
2014	1 231	736	1 611	1 958	746	377
2015	1 272	794	1 772	1 950	806	422

回归分析法是指从被预测变量和与它有关的解释变量之间的因果关系出发，通过建立回归分析模型，预测对象未来发展的一种定量方法。

一元线性回归分析的形式：

$$Y = a + bX$$

式中，Y为因变量；X为自变量；a为常数；b为回归系数。

通过对各区县历年地区生产总值与货运量做回归分析，各区县经济指标线性模型预测结果见表1-8。

表1-8　各区县经济指标线性模型预测结果

区县	拟合方程	相关系数
云阳县	$Y = 0.269\,2X - 168.410\,0$	$R^2=0.93$
巫山县	$Y = 0.106\,0X - 11.998\,3$	$R^2=0.92$
开州区	$Y = 0.212\,4X - 44.440\,4$	$R^2=0.89$
奉节县	$Y = 0.087\,9X - 20.419\,0$	$R^2=0.95$
巫溪县	$Y = 0.127\,0X - 29.887\,0$	$R^2=0.97$
城口县	$Y = 0.099\,8X + 11.255\,8$	$R^2=0.99$

结合发展阶段的差异性对拟合参数及预测数值做适当调整，2030年各区县对外货运量预测值见表1-9。

表1-9　2030年各区县对外货运量预测值

指标	云阳县	巫山县	开州区	奉节县	巫溪县	城口县
地区生产总值/亿元	679	430	2 285	714	421	220
货运量/万吨	3 777	3 749	9 967	6 529	3 195	1 880

第三节　秦巴山脉重庆片区绿色交通体系战略框架探索

秦巴山脉重庆片区跨长江流域，属于国家重要的生物多样性和水源涵养生态功能区。在区域内，地形地质复杂，自然灾害易发多发，片区同时还承担有水源保护、生物多样性保护、水源涵养、水土保持和三峡库区生态建设等重大任务，交通发展面临极大的资源环境约束；秦巴山脉重庆片区地方财政自给率低，自我发展能力严重不足，交通建设资金地方配套能力弱，交通发展面临沉重的资金压力，导致对外交通、城际交通、城乡交通硬件设施与区域发展需求差距明显。

虽然交通发展具有如此大的劣势，但是，政府对秦巴山区的贫困地区制定了一系列的发展优惠政策，大力扶持贫困地区，加大扶贫力度，出台了一系列的扶贫规划，诸如《秦巴山片区区域发展与扶贫攻坚规划（2011-2020年）》《集中连片特困地区交通建设扶贫规划纲要（2011-2020年）》等，这些都表明在未来的发展中，秦巴山区的经济发展将会面临极大的发展机遇。

因此，就目前来看，秦巴山脉重庆片区的交通发展条件劣势较多，但同时也具有更多的发展潜力和机会。下一阶段的交通发展可采用劣势-机会作为基本战略，同时积极发挥先天优势，减轻外部威胁造成的影响。其战略要点可归纳为"对外畅通、区域一体、城乡差异、模式创新"。

对外畅通：针对对外通道，利用政策机会和资源优势，努力克服地方财政薄弱的劣势，加大对外通道建设力度，在此过程中应注意克服资源环境约束的劣势和威胁。

区域一体：针对城际交通，利用政策机会，弥补城际交通不畅的劣势，加快区域整体发展。

城乡差异：资源环境约束劣势要求体现不同区域间的功能差异，针对城乡交通，利用政策机会，弥补城乡交通不畅的劣势。

模式创新：秦巴山脉重庆片区交通发展的要求强烈，但劣势明显，要求其在发展过程中进行模式创新，满足发展要求的同时尽量回避自身劣势。

一、客运、货运基础设施子系统

客运、货运基础设施主要包括交通路网、交通枢纽和交通工具。

交通路网包括对外交通通道和区域内的交通路网。秦巴山脉重庆片区主要为大巴山山区，地貌类型以山地、丘陵为主，是长江上游和三峡库区"绿色屏障"的重要组成部分和敏感区域。因此，在开展对外通道建设过程中，应该进一步优化对外通道布局，以国家高速公路、国家区域规划确定的重点项目和普通国道建设为重点，全面提高片区对外通道的运输能力。同时应在加大对长江、小江等重要天然航道利用的基础上以构建铁路、高速公路等封闭性快速通道为主，降低对交通走廊带的生态影响。

为了达到优化对外交通通道的目的，要加快提升长江三峡过坝能力，疏浚梅溪河康乐镇至河口段为二级航道，疏浚小江白家溪至云阳河口段、大宁河王家河至河口段、抱龙河谭家坝至河口段为三级航道；加快推进万州经云阳、奉节、巫山至郑州高速铁路，以及安康经城口、巫溪、奉节至常德铁路，力争将万州经开州、城口至西安高速铁路纳入规划；为进一步增强南北向联系，积极推进巫溪—镇坪、奉节—建始、巴中—广安—重庆等已规划高速公路的建设工作。

对于区域内的交通道路网，可以从加强区域内的道路建设入手。秦巴山脉重庆片区内各节点城市目前联络不畅，尤其缺乏东西向快捷联系，国省干线公路技术等级普遍偏低，难以形成片区内部的规模互补效应。因此，应以省道为主，打通省际、县际断头路，畅通开州区至城口、巫溪至城口、巫溪至巫山等县际通道，完善区内路网，努力形成较为完善的"外通内联"干线公路网络，不仅使国道基本达到二级公路标准、省道基本达到三级公路标准，而且使国道二级及以上公路比例达到90%以上。建设一批连接锰矿、碳酸钡矿等重要资源区及机场等重要节点与神女峰、红池坝、九重山等重要旅游景区的公路，争取将开州至巫溪高速公路纳入规划，增加秦巴山区域连片发展能力；对普通公路建设加强环境影响论证评估，降低对交通走廊带的生态破坏。同时，加强农村公路建设，以各区县城市为中心节点，构建"区县—乡镇—建制村"的三级农村公路网络，注重实用性，确保建设质量，加快乡镇、建制村通油沥青（水泥）路建设，同步建设必要的安全防护设施和中小桥涵，健全农村客运站场体系，提高农村公路服务质量、安全水平和防灾抗灾能力。

加快推进重庆巫山机场、黔江机场等支线机场建设，努力建设一小时航空圈的"秦巴支线旅游航空枢纽体系"，同时为提升区域交通应急保障能力，在城口、巫溪等网络机动性较差的区域规划建设通用机场；结合铁路、航空建设，布局巫山、开州等区域综合交通枢纽。

在绿色交通体系中，更加提倡使用自行车等相对环保的交通工具，但受地理条件限制，无法在秦巴山区全面推广自行车等绿色交通出行方式，因此，应该更加注重对出行工具的能源的选择。秦巴山脉重庆片区内开州区等区县及周边区域是我国天然气资源最丰富的地区之一，同时还在加大勘探开采储量丰富的页岩气。水电、水热条件丰沛，具有丰富的生态自然资源。秦巴山脉重庆片区及周边能源尤其是清洁能源为提升交通运输能源保障、优化交通运输能源消费结构提供了基础条件，因此，应重点在运输领域推广应用天然气，同时在基础设施建设、港口生产等领域加快推进油改电、油改气等技术应用。

二、运输组织子系统

在交通运输子系统的建立中，主要采取多种交通方式联运的策略来对运输组织系统进行构建。秦巴山脉重庆片区具有较多可选的交通方式，在秦巴山区南部，长江经过万州[①]、云阳、奉节和巫山四个区县，其支流更是覆盖到开州区和巫溪县，通过水路运输，可以很快地将大量货物或乘客在六区县内进行转移；在航空方面，万州建设有万州机场，可以作为远距离乘客的集散地之一；在铁路方面，目前规划有郑万高铁（途经巫山县、奉节县、云阳县、万州区）、安张常铁路、安张衡铁路（途经城口、巫溪、奉节三县）三条铁路，在将来，可以将铁路作为对外交通运输的第二大主动力；公路的建设目前对各个区县来说，几乎都达到了村村通路的状况。

因此，对于将来交通运输组织子系统的建立，除城口县外其他各区县都可以采取将水运和铁路作为主要的对外交通方式，负责对外的货物进出与乘客的出行；在码头或火车站附近建立多种运输方式的交通枢纽，将公路与铁路、水运相结合，做到交通方式的快速转换，以达到乘客或货物的快速集散。对于城口县，由于没有河流这项天然优势，所以可将铁路运输的方式作为主要的对外交通方式，随着安张铁路的修建，G69高速、G211国道的延伸贯通，在安康衔接秦巴山区旅游大环线，不仅吸引北部的游客来本地旅游，加快经济的建设，同时，也可以将北部的货物更加快捷地运输到秦巴山区，之后通过长江运往长三角经济区，以此来带动整个片区和长江下游辐射地区的经济发展。万州的机场主要以游客的运输为主，因此，可以在万州机场附近建立一个游客的快速集散点，以快速、多班次的道路汽车服务，将游客转移到其目的地，如景区、港口或火车站等，以此来提高景区的服务评价，吸引更多的游客来此；同时，也可以利用网络约租车的形式实现旅游包车，支撑秦巴山脉重庆片区旅游发展，促进当地经济的发展。

对于当地居民的出行来说，可以将区域内城市公交的范围适度扩大至城市规

---

① 万州作为六区县的紧邻城市，其便利交通条件能够为六区县吸引客流提供就近中转支撑。

划区，以响应式公交的形式支撑城市外围区发展；按照"以城促乡、城乡协调"的原则，统筹城乡客运发展，依托农村客运现有班线，支持城镇化水平较高和居民出行密度大的地区推行农村客运公交化改造；结合农村地区赶场的出行需求特点，开行区域化客运班车；结合当地居民居住特点，推广停靠点"非禁即可"的通道型运输，按乘客需求沿途停靠上下客。

对于农村生产、生活资料配送网络的建设，可以充分发挥农村客运班线分布广的优势，推进片区公路客运班车代运小件邮件、快件试点，拓展快递物流服务；利用交通行业优势，整合信息、运力资源，搭建农村物流平台，支持构建多级物流网络，繁荣农村地区商品流通；发挥邮政系统在农村地区的基础网络体系、认知度和市场占有率优势，支持邮政企业全面参与农村物流网络建设，积极开展运邮合作和连锁配送业务，实现农村生产、生活物资的快速运输。

秦巴山脉重庆片区地貌主要以丘陵、山地为主，坡地面积较大，人口密度较低，通道受地形约束较大，线位资源极其紧张且后期可改造性、可拓展性较差，基础设施维护难度大且建设成本高、对资源环境的影响较大。因此，应集约利用既有通道线位资源、港口水域资源等，并在交通建设、运行管理中结合当地特色推广绿色交通技术。

第四节　秦巴山脉重庆片区既有交通通道规划方案评介

一、规划年既有交通通道规划方案介绍

根据2013年印发的《国家公路网规划（2013年-2030年）》，秦巴山脉重庆片区既有交通通道规划方案具体见表1-10，研究区域已规划交通网络示意图详见图1-4。

表1-10　秦巴山脉重庆片区既有交通通道规划方案

序号	运输通道	通道组成				辐射方向
		高速	国道	铁路	水运	
1	正北方向	G69	G211、G541、G242	安张衡铁路、安张常铁路		西安、银川、内蒙古地区
2	东北方向			郑渝高铁		郑州、北京、东北地区
3	正东方向	G42	G347、G348		长江	武汉、合肥、南京、上海等
4	东南方向	G6911		安张衡铁路、安张常铁路		湖南、江西、广东、东南沿海

续表

序号	运输通道	通道组成				辐射方向
		高速	国道	铁路	水运	
5	正南方向	G69	G243、G211、G242			重庆、贵州、广西
6	西南方向	G42	G348			四川、云南
7	西北方向	G5012	G347			四川、青海、甘肃、西北地区

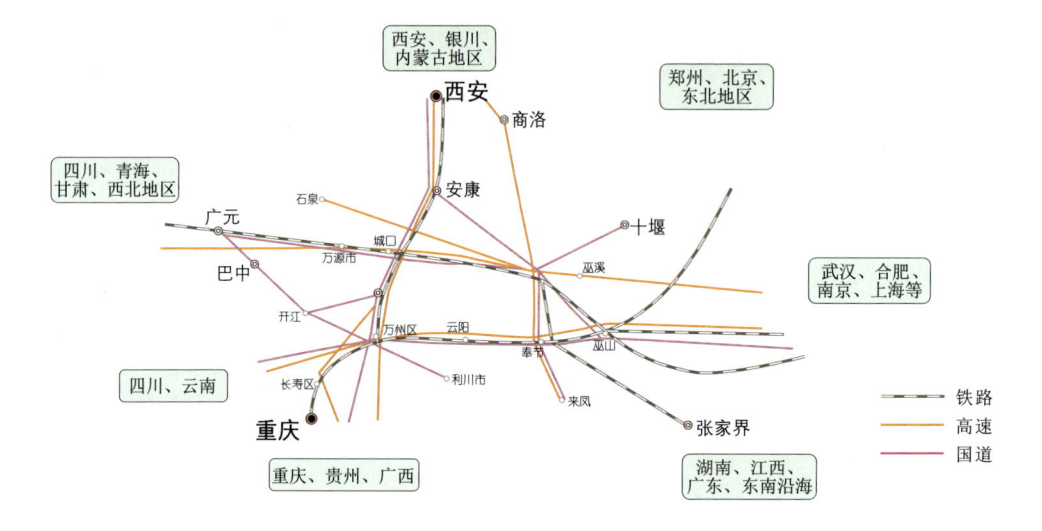

图1-4 研究区域已规划交通网络示意图

具体概括如下。

（一）铁路

根据规划，途经秦巴山脉重庆片区所涉及区县的铁路有郑渝高铁（途经巫山、奉节、云阳、万州）、安张常铁路、安张衡铁路（途经城口、巫溪、奉节三县），现阶段只有郑渝高铁的渝万段在2016年建成通车。

（二）公路

在高速公路方面，主要有G42、G69对外运输线路，另外还有G5012、G6911联络线过境，同时根据《重庆市高速公路网规划（2013—2030年）》还有巫溪—巫山支线高速展望线，开州区—开江县支线高速。

在国道方面，主要有G211、G242、G243、G347和G348过境，同时还有G541（石泉—巫溪）联络线。

（三）航空

航空方面，重庆片区六区县附近已运行的只有万州机场，其于2003年5月29日建成通航，2013年实行改扩建项目。目前已开通至北京、上海、广州、成都、昆明、厦门、深圳、西安、贵阳、杭州、香港等14条航线。

巫山机场性质为国内民用航空小型机场，以执行旅游支线航线为主，设计适用机型主要为B737系列、A320系列等。机场建成后，可覆盖巫山、奉节和巫溪，机场距离巫山县城30分钟车程，到奉节需40分钟，到巫溪约为1小时。该机场2018年已基本完成，2019年4月18日试飞成功，飞行区已基本具备民航飞机通航条件，可与北京、上海、广州、成都、昆明、武汉及重庆等地实现通航[3]。

（四）水运

秦巴山脉重庆片区水系密布，是长江流域重要生态屏障和全国水资源战略储备库[4]。现有长江一级航道流经云阳、奉节、巫山后进入湖北；规划有三级航道五条，分别是小江（江口—白家溪段）流经云阳、开州境内，梅溪河（河口—康乐电厂段）和朱衣河（河口—朱家湾段）主要位于奉节境内，大宁河（礁石岩—水口段）流经巫溪、巫山境内，抱龙河（河口—摸钱洞段）流经巫山境内；此外，四级航道以下还有汤溪河、长滩河、黛溪河、磨刀溪等河道分布，从而构建起以长江黄金水道为中心相对较为密集的树状水运网络。

二、秦巴山脉重庆片区对外交通供需对比分析

（一）对外交通需求供需总量

根据前文预测结果，可得到研究范围内各区县在2030年的对外客运、货运需求量；以既有规划方案为基础可估算研究区域的对外运输能力。

1. 对外客运需求

2030年各区县对外客运量预测结果见图1-5。

2. 对外货运需求

2030年各区县对外货运量预测结果见图1-6。

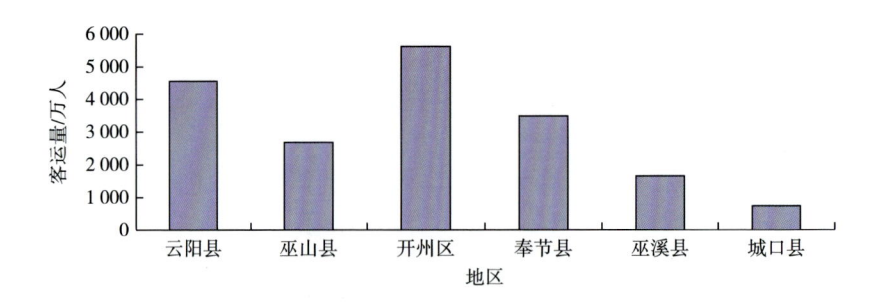

图1-5　2030年各区县对外客运量预测结果

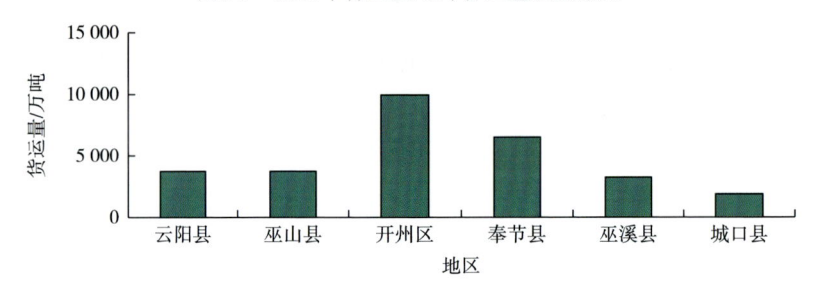

图1-6　2030年各区县对外货运量预测结果

3. 规划年2030年交通通道通行能力计算

通过对规划年2030年既有交通通道各交通方式的通行能力进行计算，预测出各交通方式在2030年可承担的该区域的客运量（图1-7）、货运量（图1-8）。

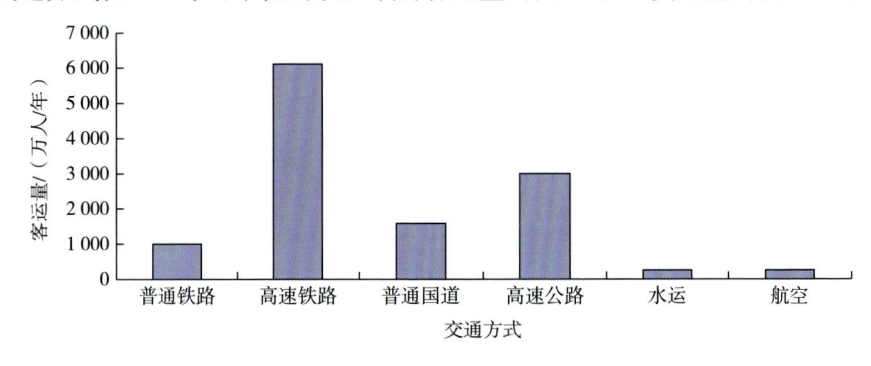

图1-7　2030年已规划的交通方式可承担的该区域的客运量预测值

（二）既有规划评估结论

通过对2030年既有交通通道各交通方式的对外客运、货运的输送能力和需求量的对比，可以看出，到2030年既有交通通道的对外客运、货运输送能力均无法满足该区域的客、货出行，故要对该区域的运输通道进行再规划研究。

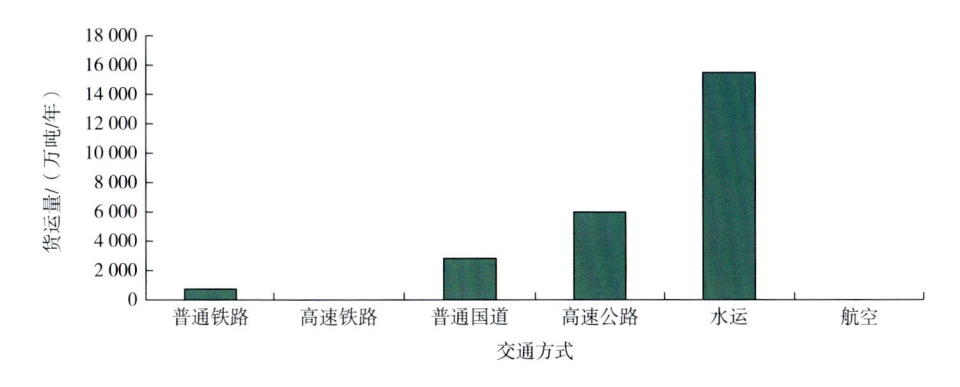

图1-8　2030年已规划的交通方式可承担的该区域的货运量预测值

第五节　秦巴山脉重庆片区交通发展战略规划

一、基于秦巴山区协调发展的区域重要通道规划方案

目前秦巴山区各区县及旅游景区快速连接通道建设滞后，区域交通通畅性水平低下，致使资源优势、区位优势、劳动力成本优势等难以向经济优势转化。同时，交通、区位条件限制了资源（要素）流动和资金流入。本书的研究是在生态保护制约和经济发展双重制约下走绿色交通发展之路，探索区域对外交通联系通道的科学规划和内部接驳线网的加密衔接。具体线路补充如下。

（1）在正北方向通道上目前只有G69高速、G211国道、G242国道及G541国道联络线，使长距离大客运量的出行极其不便，故建议规划渝西高铁。2017年初，我们从铁道部门获悉，西安至重庆高铁已纳入国家和陕西"十三五"规划纲要，渝万段在2016年底已开通。建议线路走向为重庆—万州—开州—城口—安康—镇安—柞水—西安，详见图1-4。该线路建成后，会丰富西安—安康—重庆这条纵向交通运输通道，并与重庆—成都铁路、成都—西安铁路共同组成"铁路西三角"，助推川渝陕三地经济发展。这也会极大地促进关中—天水经济区和成渝经济区的互动联系，成为沟通南北的一条新的快捷通道。预计渝西高铁建成后可分担的客运量约为4 549.73万人/年。

（2）在东北方向通道上，目前该区域与中原经济区的直接交通运输方式只有规划在建的郑渝高铁，高速、国道非直线系数较高，极大地增加了出行成本及货物运输成本。参考现已规划的高速、国道线路，建议修建重庆巫溪到湖北十堰的旅游高速联络线（简称十巫高速）。走向大致为巫溪—竹山（在竹山溢水镇接G4213）—鲍峡镇（接G7011）—郧西（接G70），详见图1-9。在十堰衔接秦巴山区循环旅游大环线、三门峡—十堰—恩施通道、襄阳—十堰—汉中—九寨沟通道，该线路不仅对三峡大坝—巫山—神农架旅游大金三角，以及奉节—巫山—巫溪旅游小金三角产生积极的拉动作用，更对两地及沿线地区社会经济及所有三峡库区区县的旅游、产业发展具有重要的意义。这条高速的修建开辟了该地区与中原经济区的新通道，减少了道路绕行。预计十巫高速建成后可分担的客运量约为744.76万人/年、货运量约为1 189万吨/年。

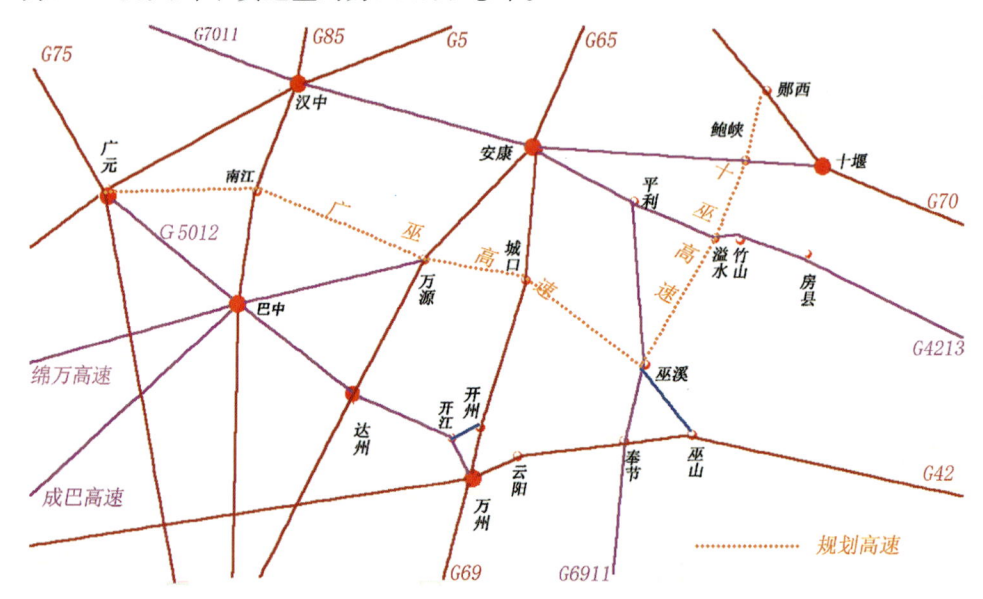

图1-9　新规划高速路网示意图

（3）为了加快西部大开发地区与东南沿海地区区域间的优势互补，建议在东西走廊上修建铁路和高速。

第一，高速方面，建议修建广元—万源—城口—巫溪高速联络线，简称广巫高速。衔接G75兰海高速、G5京昆高速（广元市）；在南江县连接G85银昆高速，开通秦巴山脉重庆片区腹地与西安—汉中—成渝交通运输通道的新道路；并与绵万高速、G65包茂高速（万源市）、G69银百高速（城口县）、G6911安来高速、巫溪—巫山支线高速（巫溪县）相接，详见图1-9。预计该高速可以分担的客运量约为744.76万人/年、货运量约为1 189万吨/年。

第二，在铁路方面，建议修建奉节—巫山—宜昌—武汉铁路（简称奉武铁路），见图1-10。降低西部地区及该区域资源流向武汉城市圈及华东地区的时间成本，缓解沿江资源运输方式的单一性，提高沿江资源的运输量。预计该铁路建成后可以分担的客运量约为985.5万人/年、货运量约为759.2万吨/年。

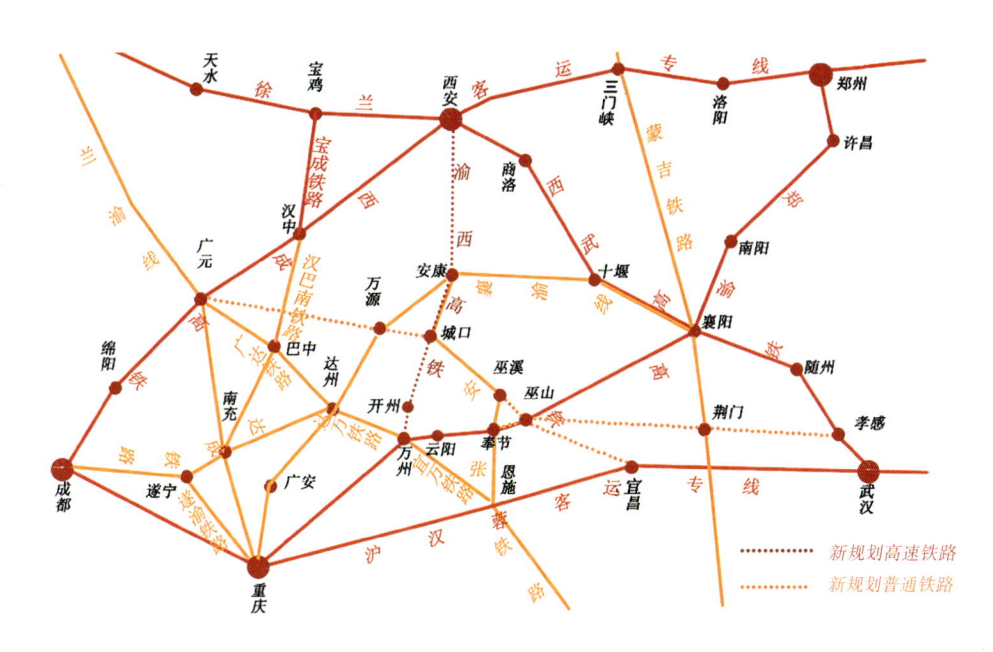

图1-10　新规划铁路线路方案示意图

第三，建议修建广元—万源—城口—巫溪—巫山—荆门—孝感铁路（简称广孝铁路，基本与G347国道平行），详见图1-10。在广元衔接兰渝铁路直通甘肃兰州，不仅丰富兰州—广元—成渝通道，而且开辟甘肃、青海等大西北地区与上海等华东地区的东西走廊新的交通运输通道。同时由于平行沿线既有客运专线极大地分担了客流量，故建议该线路以货运为主，旨在加快大西北综合经济区与东部沿海综合经济区的资源运输。预计该铁路线的连通可以分担的客运量约为164.25万人/年、货运量约为1 898万吨/年。

秦巴山脉重庆片区交通通道规划见表1-11。

表1-11　秦巴山脉重庆片区交通通道规划

序号	交通通道	通道组成				辐射方向
		高速	国道	铁路	水运	
1	正北方向	G69	G211、G541、G242	渝西高铁、安张衡铁路、安张常铁路		陕西、宁夏、内蒙古
2	东北方向	十巫高速		郑渝高铁		河南、北京、东北三省
3	正东方向	G42	G347、G348	奉节—巫山—宜昌、城口—巫溪—孝感	长江	湖北、安徽、江苏、浙江
4	东南方向	G6911		安张衡铁路、安张常铁路		湖南、江西、福建、广东
5	正南方向	G69	G243、G211、G242			重庆、贵州、广西

续表

序号	交通通道	通道组成				辐射方向
		高速	国道	铁路	水运	
6	西南方向	G42	G348			四川、云南
7	西北方向	G5012、广巫高速	G347	广元—万源—城口		四川、青海、甘肃

秦巴山脉重庆片区交通通道规划方案见图1-11。

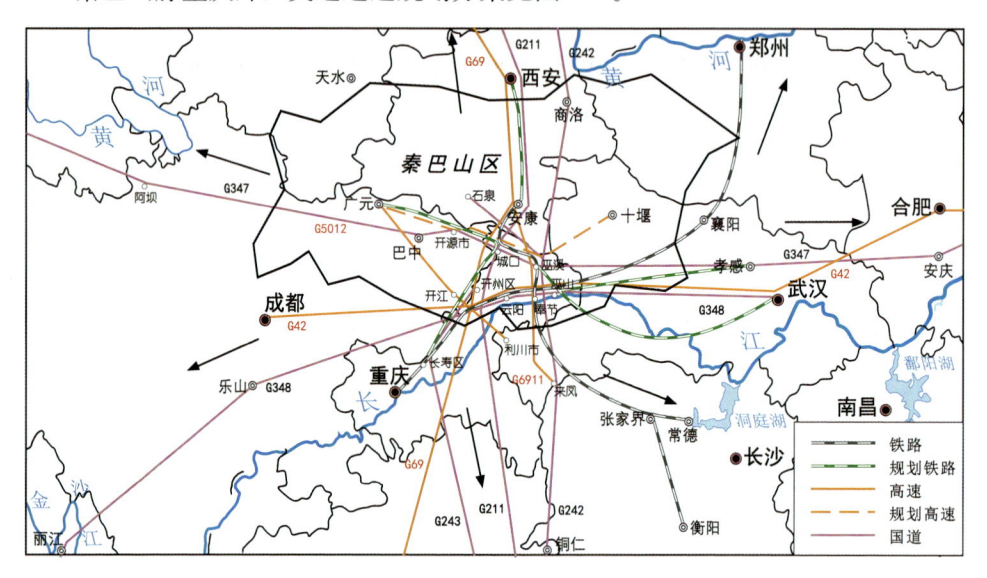

图1-11 秦巴山脉重庆片区交通通道规划方案

新增如上所述的线路后，秦巴山脉重庆片区交通通道的对外输送能力将大幅提高，其在2030年的预计客运、货运输送能力分别如图1-12、图1-13所示。

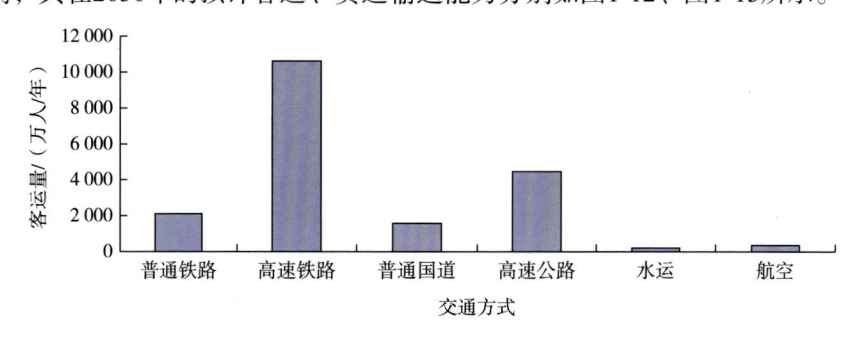

图1-12 交通通道规划方案2030年客运对外输送能力预测值

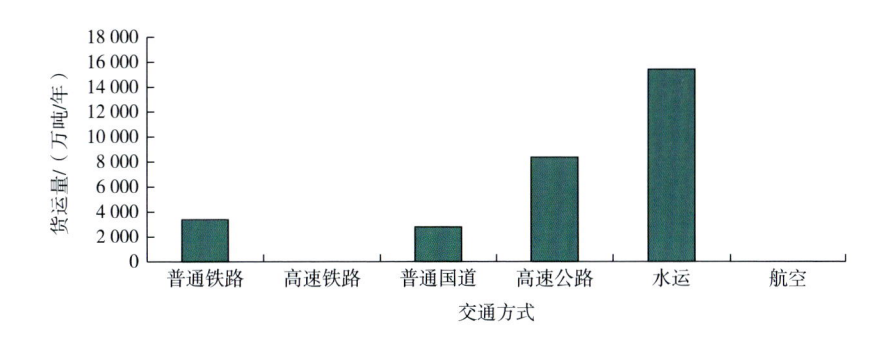

图1-13　交通通道规划方案2030年货运对外输送能力预测值

从图1-14可以看出，规划的各交通方式的运输能力已满足该区域的客、货运出行需求。

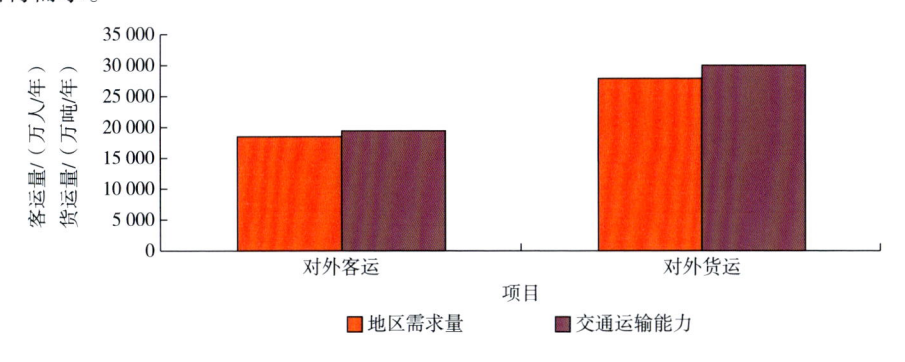

图1-14　通道新增规划线路后的交通供需对比分析

二、国家重要交通干线的接驳网络规划研究

（一）铁路

通过前面的交通通道规划研究，最终形成的铁路干线接驳网络规划方案如图1-10所示。

（二）高速公路

经过前面的规划研究，最终形成的高速公路网络已实现全面覆盖秦巴山脉重庆片区六区县，保证了县县通高速，极大地提高了该区域对外交通运输的便捷性，但这六区县之间的高速衔接还存在非直线系数较高的问题，因此我们需要在高速干线网的基础上进行加密规划，降低线路的非直线系数，构建区域县与县之间的快速通道。通过对各区县之间的既有高速线路的非直线系数计算，发现开州与巫溪之间并没有高速线路相连，必须从万州走G42绕行在奉节接G6911，非直线系数在1.69左右，极大地增加了这两区县之间运输的时间及费用成本，故在其之间增设一条高速支线（简称开巫高速）势在必行。同时，随着巫山机场的通航，相应的机场专用高速也会加快落成。高速干线接驳网络规划方案如图1-15所示。

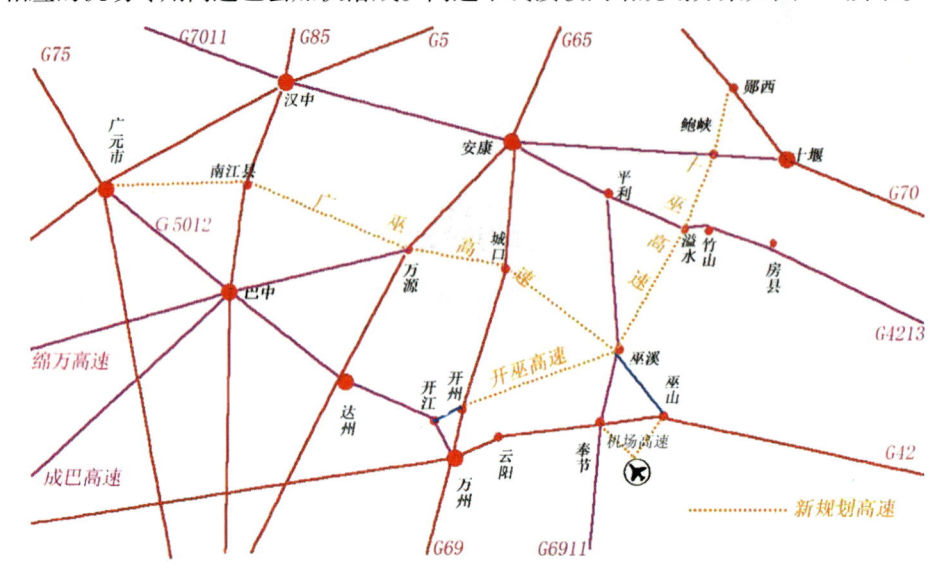

图1-15 高速干线接驳网络规划方案

（三）国道

配合重庆和全国公路网所构成的该地区干线道路，主要负责承担过境的交通和该地区对外交通。根据《国家公路网规划（2013年-2030年）》普通国道网路线规划方案，共有6条国家级公路过境，即G211、G242、G243、G347、G348、G541等国道。建议对S102道路（开州区—巫溪县段）进行升级改造，使其达到国道技术标准，从而修建巫溪县到达州市的国道联络线，横向联系G542、G210、G211与G242、G541、G347等国道，扩大该国道所辐射的范围，同时延伸G541到巫山县，实现巫山县与巫溪县之间的国道线路直接连通，同时在巫山县衔接G348，详见图1-16。

（四）水运

目前长江航运能力没有充分发挥。一是三峡船闸限制通过能力，随着长江航运的迅猛发展，2014年三峡大坝过闸客货量达到1.2亿吨，超过设计通行能力的20%，船舶平均待闸时间达到40小时以上，越来越成为长江黄金水道的"瓶颈"，制约着长江经济带的建设尤其是长江上游地区的经济发展[5]。二是长江

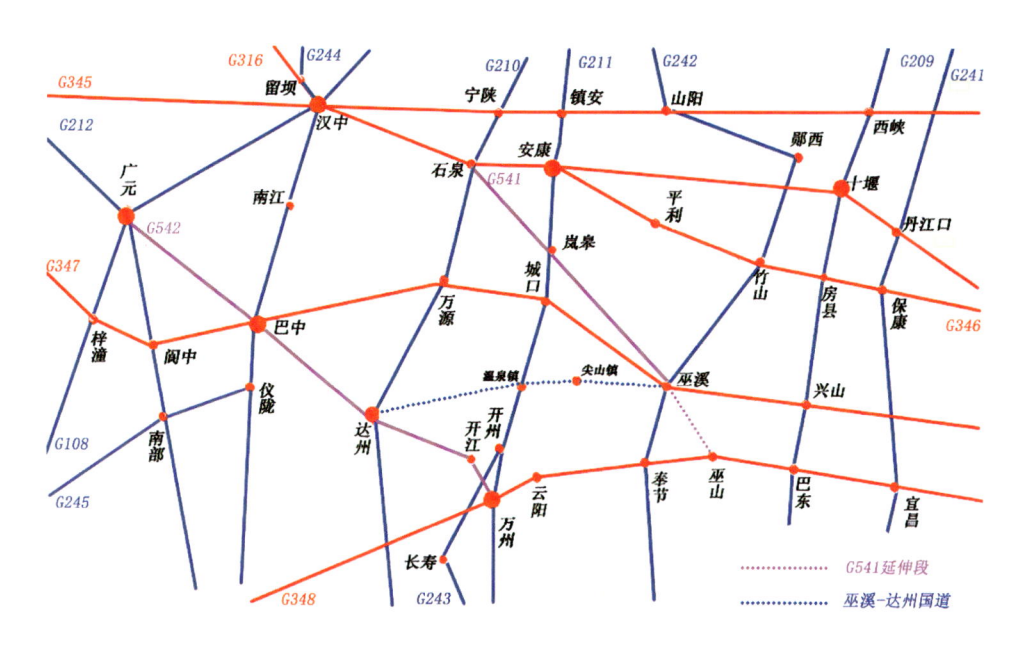

图1-16 国道干线接驳网络规划方案

中游航道不畅制约了大型船舶的航行效率，由于长江中游有部分滩险，又受三峡水库清水下泄影响，航道通航条件不稳定，影响了长江黄金水道整体作用的发挥。

为了更好地解决三峡航运瓶颈问题，建议：一是开辟三峡水运新通道，推进三峡第二船闸的建设；二是打造"翻坝"产业；三是推行工程升船机的使用，降低过船闸的时间；四是推进建设沿江货运铁路通道，构建沿江综合运输大通道，舒缓三峡船闸的压力（本课题组建议的战略规划新增了两条铁路线路）。统筹推进水运、铁路、公路、民航等建设，充分发挥综合运输网络优势。

在解决三峡航运瓶颈问题的基础上，增加四级以上航道里程，治理三峡库尾碍航滩险，推进该地区长江干线航道系统治理，加快干支河流衔接、畅通的航道网建设，逐步实现干支直达，大力拓展集装箱港区的功能，强化港口枢纽作用，延伸港口增值服务，逐步使主要港区建设成为地区的物流配送中心，大力发展现代航运服务业。

（五）区域内重要干线的接驳网络规划研究

从网络布局出发，兼顾地区之间相互衔接，丰富干线网结构，使得县到县之间直接沟通，县到乡镇之间联系紧密，与国家重要交通干线共同形成该区域的干线公路网，具体规划线路如图1-17所示。这些道路主要是为国家干线公路提供迂回与补充，促使交通流在网络上运行更加均衡化，避免主干线公路交通量过于集中，同时适应城市发展及城镇化发展需要，促进地区经济快速发展。

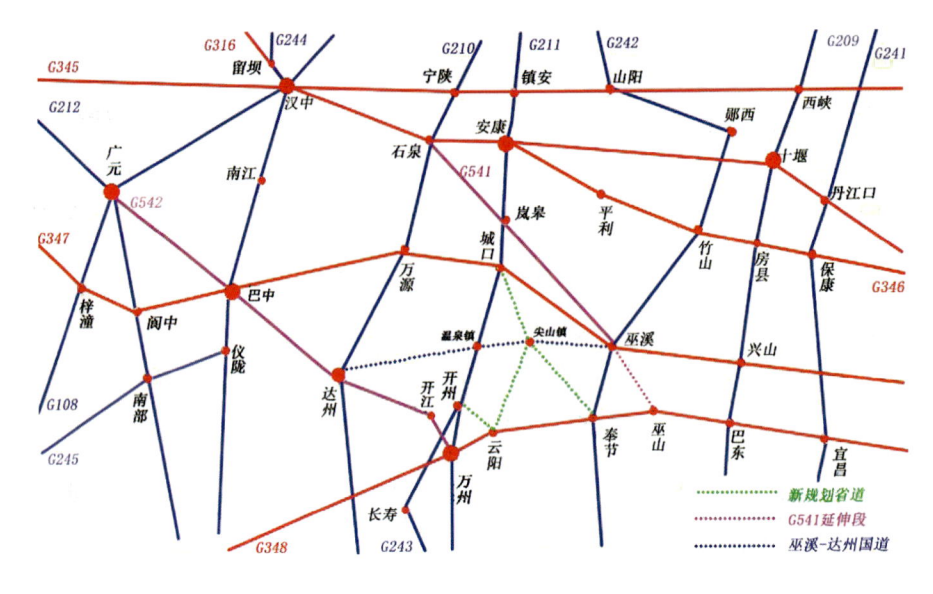

图1-17 省道干线接驳网络规划方案

第六节 秦巴山脉重庆片区的多式联运战略

一、多式联运概述

随着社会经济的飞速发展，客、货运量不断提高。一般来说，旅客从始发地到目的地，货物从产地到消费地，往往要由几种运输工具共同完成。多种交通方式被集成在一起发挥作用，做到点（站、港、枢纽）、线（线路、航线）、面（交通网）的结合，形成综合交通运输体系，实施多式联运战略已经成为交通发展的趋势。

（一）多式联运的概念

多式联运是指充分发挥多种交通运输方式在各自运输领域的优越性，并使其在最高效率的使用条件下与其他运输方式进行有机组合，以最低的成本取得最高的经济效益的一种综合运输方式，也称为"一站式"的运输[6]。欧美等国家和地区的多式联运实践表明，多式联运战略在可持续发展的问题上具有巨大的发展潜力，合理地选择运输模式对诸如降低物流成本、提升服务水平、减轻环境负担和交通压力、减少交通事故等具有重要意义。

（二）多式联运的特点

1. 全程性

多式联运是由联运经营人完成和组织的全程运输。无论运输中包含几个运输段、几种运输方式，有多少中转环节，多式联运经营人均要对运输的全程负责，完成或组织完成全程运输中所有的运输及相关服务业务。

2. 简单性

多式联运实行一次托运、一次合同、一次单证、一次保险、一次付款、一票到底。

3. 通用性

多式联运涉及两种及以上运输方式的运输和衔接配合，与单一运输方式的货运法规办理业务不同，所使用的运输单证、商务规定、货运合同、协议、法律、规章等必须要适用于两种及以上的运输方式。

二、发展多式联运策略

构建综合运输体系、发展多式联运作为现代交通运输业的重点，是交通发展规律的内在要求。为了加快推进综合运输体系建设，应重点发展公铁联运、公水联运、铁水联运、铁海联运、陆空联运，提高运输效率和服务水平。

（一）充分发挥政府职能，引导多式联运的发展

在多式联运的发展过程中，政府应当起到协调、引导和促进的作用，主要应体现在下列几个方面：第一，建立统一的交通运输管理部门，制定综合运输政策，鼓励和支持多式联运的发展；第二，转变政府职能，实行政企分开；第三，改革经营体制，加快市场化步伐。

（二）加快多式联运基础设施建设

集装箱多式联运是以后的发展方向和趋势，我国集装箱运输发展势头迅猛，与之不相称的是落后的基础设施，尤其是铁路在部分地区和线路运力还比较紧张，内陆集装箱中转站缺乏，现有设施陈旧。政府应加大政策扶持和资金投入力度，推动铁路、港口运输能力的提高。交通设施的配置还要在充分发挥市场决定性作用的前提下逐步优化，具有全局意义的交通运输大通道仍是设施

配置的重点。

（三）优化综合运输体系，实现不同运输方式之间的无缝衔接

设计和建设合理的运输节点，加强运输基础设施之间的衔接。在规划和建设大型集装箱枢纽港时，必须设计合理的集装箱公路换装点、内河换装点和铁路换装点，并且在不影响码头作业效率的基础上，使这些换装点尽可能地靠近港口集装箱码头和泊位，以方便各种联运形式的开展。同时，在内河港口和内陆铁路集装箱中心站的规划方面，不仅要设计合理的公路换装点，同时还要充分考虑外贸集装箱的运输特点，为国际集装箱多式联运的开展提供便捷的服务[7]。

合理规划建设综合物流基地、加强运输方式的无缝衔接。一体化的多式联运首先要有一体化的基础设施。要实现铁路、港口、机场、公路运输方式的无缝衔接，关键在于整合现有物流基地的设施，规划物流基地。在这个过程中，要立足于物流规划和其他方式相结合，努力扩大现阶段的铁路辐射范围，通过货源集中实现铁路个性化物流服务。铁路规划建设的物流中心欢迎企业进入，铁路也将把线路延续进地方的物流中心，推进港口与物流园区、保税园区、工业园区联动发展。加强干线道路到工业园区、码头的辐射程度，合理规划干线道路与码头、园区的联络线技术等级，使其满足大货车出行需求。

该区域码头与其他交通运输方式接驳情况具体见表1-12。

表1-12　码头与其他交通运输方式接驳情况

区县	码头	接驳线路			
		铁路	高速	国道	省道
开州区	汉丰码头		G65、开巫高速（新增）、开州—开江	G243、G211	开州—云阳（新增）
	白家溪码头				开州—云阳（新增）
云阳县	新县城 张飞庙 下岩寺		G42	G348	开州—云阳（新增）
	汤溪河				云阳—尖山（新增）
奉节县	三马山	安张铁路、奉节—宜昌（新增）	G42、G6911	G242、G348	尖山—奉节（新增）
	宝塔坪		G42	G348	

续表

区县	码头	接驳线路			
^	^	铁路	高速	国道	省道
奉节县	安坪		G42	G348	
^	梅溪河	安张铁路	G6911	G242	尖山—奉节（新增）
巫山县	大昌	广元—孝感（新增）	巫溪—巫山	G541	
^	城区西坪	奉节—宜昌（新增）、广元—孝感（新增）	G42、巫溪—巫山	G348、G541	
^	神女溪抱龙河	奉节—宜昌（新增）			
巫溪县	巫溪县城	安张铁路、广元—孝感（新增）	G6911、开巫高速（新增）、巫溪—巫山	G541、G242、G347、达州—巫溪（新增）	
^	孝子溪	广元—孝感（新增）	巫溪—巫山	G541	

（四）加快公共物流信息平台的建设，实现多环节的协同运作

一体化的多式联运需要各参与方和各环节协同运作，离不开信息技术的支撑，港口、船公司、铁路、民航、公路都有独立的信息系统，要实现信息互联互通，必须依靠统一的公共物流信息平台。通过电子信息的采集、电子数据的传输和电子数据的交换，不仅把多式联运经营人、集装箱班轮公司、船代公司、卡车公司、铁路运输公司、集装箱码头公司、货代公司和内陆集装箱货运站经营人等互相联结在一起，而且把发货人和收货人，以及"一关三检"、银行和保险等外贸、监管查验和服务部门相互联结在一起，实现整个集装箱多式联运系统信息的快速流动，从而提高整个多式联运的效率。EDI（electronic data interchange，电子数据交换）系统是集装箱多式联运不可缺少的管理手段，能快速、安全、简便地完成集装箱多式联运的单证传递，可以节约大量的人力、物力和财力。引入EDI等先进的信息技术，走信息化的道路，构建秦巴山区多式联运的综合信息系统及多式联运信息网络的链条，保证多式联运过程中信息流的顺畅流转，实现纸质单证向电子单证过渡，真正实现"一次托运、一次付款、一次保险、一票到底"的多式联运[7]。

经过规划，到2030年该区域将拥有铁路、公路、水运、航空等四个主要交通运输方式，考虑该区域的旅游资源、工业园区的地理位置，参考国家主要干线线路布局方案，充分发挥各种运输方式的优势，最终形成的多式联运布局方案如图1-18所示。

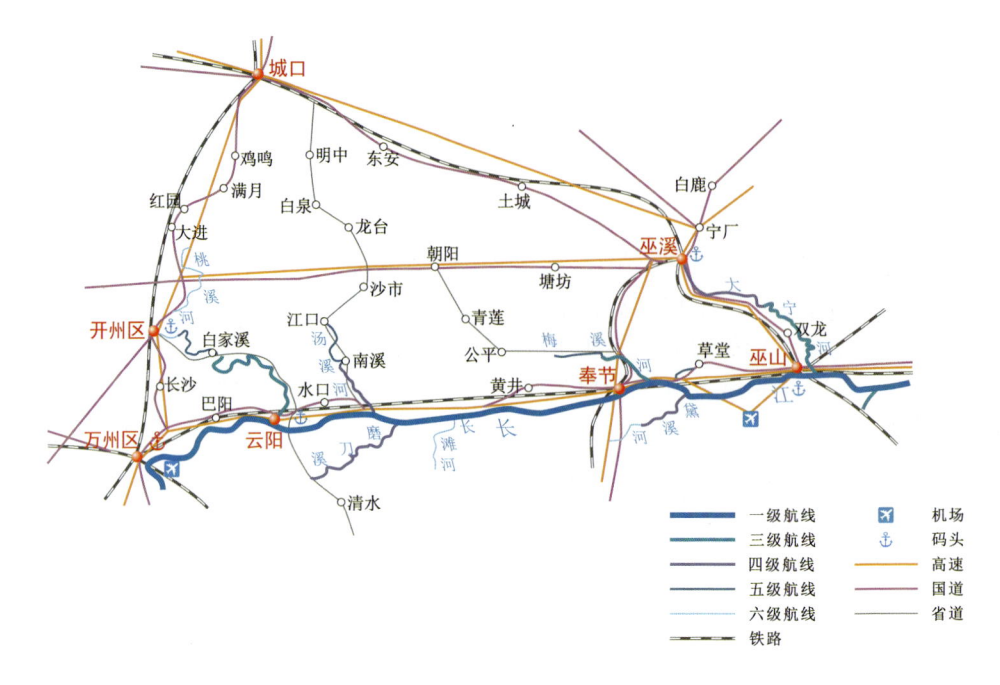

图1-18　多式联运布局方案

第七节　绿色循环发展理念下的交通体系建设与管理

一、建设集约低碳的交通基础设施

在交通基础设施规划、设计、建设、运营的全寿命周期内，以内源性减碳为重点，综合考虑"减碳效果、技术可行、经济可行、可推广性"，在主体工程和附属设施建设中，通过建设理念与模式的创新，实施规划思路优化、设计方案优化、施工组织优化和运营管理优化措施，应用新技术、新设备、新工艺、新材料、新能源，达到资源、能源、材料的消耗降低、结构优化、效率提高，实现节能减排总体目标。

严格审查建设项目用地，合理控制建设规模，加强土地利用管理，促进土地集约利用。推进土地整治，优化产业结构，合理布局土地。转变土地利用方式，促进土地低碳利用，防止土地污染，保护生态环境。

二、应用节能环保的交通运输装备

加快推广节能与清洁能源装备，推广应用混合动力交通运输装备及应用绿色维修设备和工艺。严格制定交通运输装备废气净化、噪声消减、污水处理、垃圾回收等政策。积极推进交通运输企业参与实施清洁发展机制（clean development mechanism，CDM）项目。

三、发展绿色高效的交通运输组织

（1）优化客运组织。以区域内的大型客运集团为骨干，将客运企业逐步推向规模化和集约化，推崇企业的联合效益。实现运输线路、班次、航次等的共享，开设客流集散点，采用滚动式发班等先进的客流运输模式，并且建立高效的接驳模式，提供差别化服务，合理规划各类客运方式。

（2）加快发展绿色货运和现代物流。实施环保教育，增强物流绿色化意识。转变经营观念，鼓励工商企业打破"大而全""小而全"的经营管理模式，剥离低效仓储运输等物流业务，实现企业物流活动的社会化，采用第三方物流服务模式。加快物流基础设施的规划与建设，优化物流产业布局，促进物流产业组织合理化，推进物流信息化与标准化建设。

（3）优化城市交通组织。要坚持以公共交通为核心，科学配置和利用交通资源，制定和落实促进公共交通优先发展的经济政策，并且积极稳妥推进城市公共交通行业改革，合理布局公共交通线路，优化行车环境，努力提高公共交通的覆盖率和乘客满意度，加大公共交通的吸引力，满足不同群体的公共交通出行需求。

（4）引导公众绿色出行。发动公众和企业积极参与优先发展和全面改善公共交通：鼓励乘坐清洁公交车；鼓励建设专用公共汽车道，发展轻轨、地铁；改善公共交通出行环境，鼓励提高公共交通设施的舒适度、清洁度和服务水平。尽量合乘车，减少空座率，自驾车要能够做到环保驾车、文明驾车。在距离合适的情况下，采取步行、骑自行车等绿色环保交通方式。

四、布局交通安全风险防控体系

一方面，加强安全风险防控。全面建立隐患排查、治理、督办、评估长效机制，加强运输安全监管，实现对长途客运车辆、重型货运车辆、危险货物运输车辆、船舶的全面动态监控，定期对交通枢纽、码头等交通集散地进行安全排查，同时完善交通技术设施，强化交通基础设施的安全可靠度，保证运输安全。

另一方面，完善各级、各类突发事件的应急预案，加强应急救援队伍的培训与救援设备的投入更新，不定期组织突发事件的应急演练。到2030年，实现交通运输应急救援到达时间不超过1小时。

执笔人：张建旭　李喜龙

第二章　秦巴山脉重庆片区水资源保护与利用战略研究

第一节　秦巴山脉重庆片区水资源调查评价

一、水资源概况

秦巴山区地处亚热带季风气候区，四季分明，雨量充沛，年降水量450~1 300毫米，地跨长江、黄河、淮河三大流域，是淮河、汉江、丹江、洛河等河流的发源地，水系发达，径流资源丰富，森林覆盖率达53%，是国家重要的生物多样性和水源涵养生态功能区。秦巴山区内有42个县属于南水北调中线工程水源保护区，4个县位于三峡库区，秦巴山区承担着南水北调中线工程水源保护、生物多样性保护、水源涵养、水土保持和三峡库区生态建设等重大任务，有85处禁止开发区域，55个县属于国家限制开发的重点生态功能区。

奉节县境内长江干流为41.5千米，有梅溪河、大溪河、石笋河、草堂河、朱衣河等河流。云阳县年均径流量为22.7亿立方米，地下水总量4.1亿立方米。4条一级支流客水63.7亿立方米，长江过境客水4 200亿立方米。水力资源理论蕴藏量为32.35万千瓦，可开发量为27.44万千瓦，已开发3.30万千瓦，占可开发量的12%。开州区境内有5条主要河流，水力资源理论蕴藏量达21.8万千瓦，可开发量为8.5万千瓦。城口县境内溪河密布，有大小溪河779条，流域面积10平方千米以上的河流有45条，流域面积在100平方千米以上的河流有13条，1 000平方千米以上的河流有1条，任河、前河贯穿全县东西，是两大主流。巫山县境内雨量充沛，溪河众多，水力资源蕴藏量可开发达352万千瓦。巫溪县有大宁河等15条主要河流，均属长江水系，地表径流量34.6亿立方米，地下水总量为14.5亿立方米。水力资源理论蕴藏量为31.34万千瓦。各类蓄引提水工程162处，引水量2 853

万立方米，有效灌溉面积6.07万亩①。其中，水库有效库容94万立方米，中型引水堰一条，年引水总量1 287万立方米，小型蓄引水道1 003条，年引水总量1 102万立方米[8]。

秦巴山区水资源保护具有全国性的战略意义和跨区域影响。水资源的合理保护与利用是区域社会经济可持续发展的战略需求[9]，将对当地的产业发展起支撑作用，进而对全国产业发展与布局产生重要影响。

二、地表和地下水资源量

通过2001~2015年秦巴山脉重庆片区资料统计[10,11]，重庆片区年平均降水量1 227.80毫米，折合年降水量272.06亿立方米（表2-1）。

表2-1 秦巴山脉重庆片区降水量年际变化

年份	2001	2002	2003	2004	2005	2006	2007	2008
年降水量/毫米	1 043.78	1 172.00	1 434.73	1 266.10	1 286.20	952.50	1 450.91	1 376.22
年降水量/亿立方米	229.15	257.30	314.98	277.96	282.37	209.11	318.53	302.13
年份	2009	2010	2011	2012	2013	2014	2015	平均
年降水量/毫米	1 205.35	1 074.43	1 501.77	1 044.80	1 078.97	1 450.18	1 079.10	1 227.80
年降水量/亿立方米	264.62	235.88	329.70	229.38	236.88	318.37	274.49	272.06

（一）地表水资源量

地表水资源量是指河流、湖泊、冰川等地表水体逐年更新的动态水量，即天然河川径流量（本章是指当地地表径流量，不包括过境水量）。目前重庆片区内地表水资源量为274.49亿立方米。地表水资源量会随年际发生变化，2000~2015年的变化情况见图2-1，地表水资源量与降水量在地区上的分布基本一致。在流域分布上，汉江水资源量为5.43亿立方米。

（二）地下水资源量

地下水资源量是指地下饱和含水层逐年更新的动态水量，即降水和地表水入渗对地下水的补给量。目前，重庆片区内地下水资源量为32.08亿立方米。然而地下水资源量每年都在变化，2000~2015年地下水资源量逐年变化情况见图2-2。

---

① 1亩≈666.67平方米。

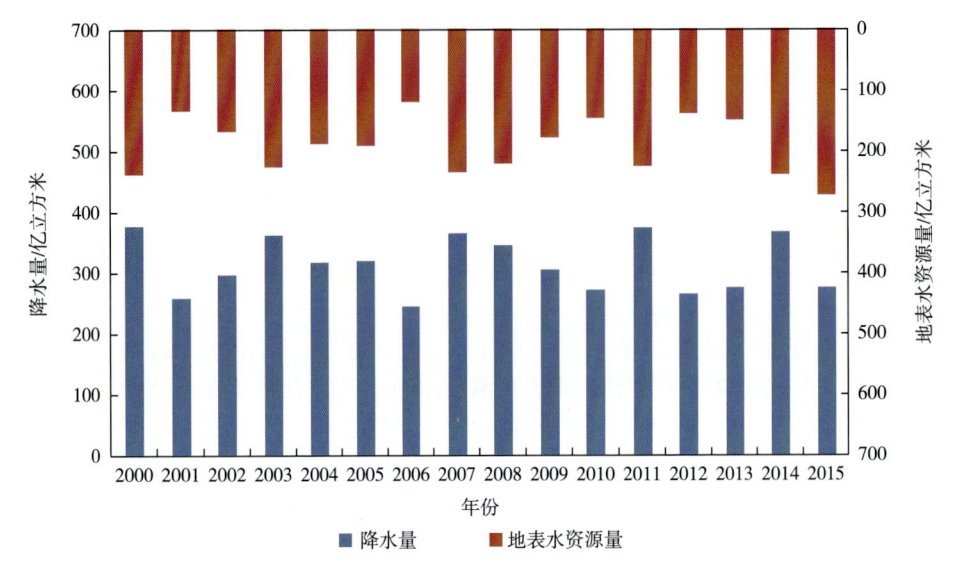

图2-1 地表水资源量及降水量年际变化

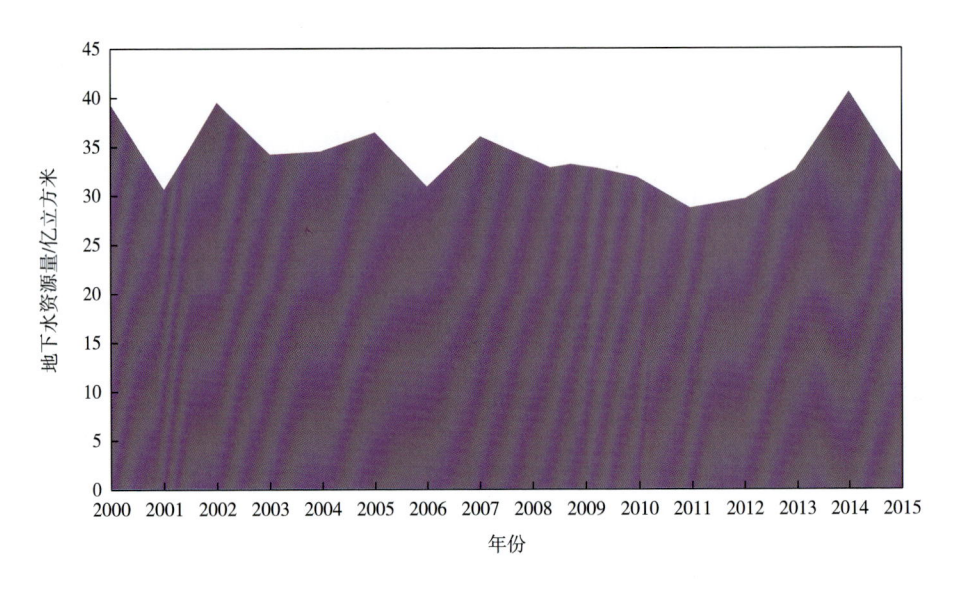

图2-2 2000~2015年地下水资源量逐年变化情况

（三）水资源总量

水资源总量是指评价区内当地降水形成的地表和地下产水量，不包括外来水量，由地表水资源量和地下水资源量相加，扣除两者间相互转换的重复计算量而得。重庆片区内水资源总量为240.14亿立方米，折合径流深1 093.83毫米，其中地表水资源量240.14亿立方米，地下水资源量40.47亿立方米，重复计算量40.47亿立方米，平均产水系数0.74，产水模数为109.38万米^3/千米^2。

三、水资源总量及可利用量

（一）供水量

供水量是指各种水源工程为用户提供的包括输水损失在内的水量，也称取水量。

秦巴山脉重庆片区总供水量为11.168 4亿立方米，按供水水源统计，地表水源供水量11.016 9亿立方米，地下水源供水量0.151 5亿立方米，无其他水源供水，其中地表和地下水源供水量分别占总供水量的98.64%和1.36%。在地表水源供水量中，蓄水工程供水量6.579 7亿立方米，引水工程供水量1.853 0亿立方米，提水工程供水量2.571 8亿立方米，非工程供水量0.012 4亿立方米，分别占地表水源供水总量的59.72%、16.82%、23.34%和0.11%。地表水源供水量比例见图2-3。

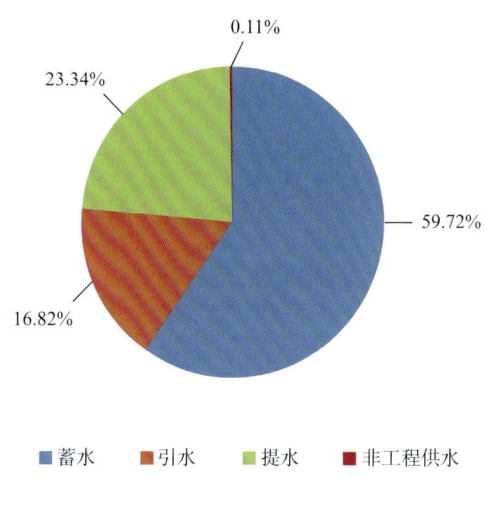

图2-3 地表水源供水量比例

由于舍入修约，所占比例之和可能不为100%

（二）用水量

用水量是指分配给用户的包括输水损失在内的毛用水量。

秦巴山脉重庆片区总用水量为11.168 4亿立方米。其中，农田灌溉用水3.999 9亿立方米，林牧渔畜用水0.958 3亿立方米，工业用水3.340 5亿立方米，城镇公共用水0.541 1亿立方米，居民生活用水2.210 5亿立方米，生态环境用水0.118 1亿立方米，分别占总用水量的35.81%、8.58%、29.91%、4.84%、19.79%、1.06%，用水组成比例见图2-4。

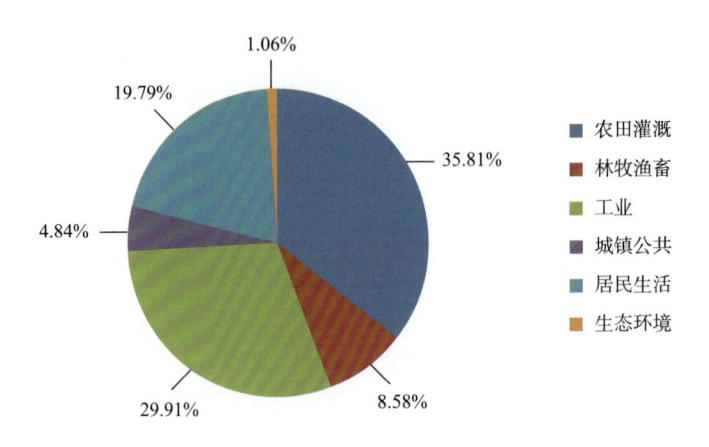

图2-4　秦巴山脉重庆片区用水组成图
由于舍入修约，所占比例之和可能不为100%

汉江流域总用水量为0.330 9亿立方米。其中，生产用水0.274 2亿立方米，生活用水0.054 1亿立方米，生态环境用水0.002 6亿立方米，分别占总用水量的82.86%、16.35%、0.79%。生产用水中，第一产业、第二产业和第三产业用水分别为0.136 2亿立方米、0.123 7亿立方米和0.014 3亿立方米，分别占生产用水的49.67%、45.11%、5.22%。

（三）耗水量

耗水量是指在输水、用水过程中通过蒸腾蒸发、土壤吸收、产品带走、人和牲畜饮用等各种形式被消耗掉，而不能回到地表水体或地下含水层的水量。

秦巴山区年耗水量为7.005 3亿立方米，耗水率67.29%，耗水量组成比例见图2-5。其中，农田灌溉耗水3.206 4亿立方米，林牧渔畜耗水0.772 6亿立方米，工业耗水1.364 1亿立方米，城镇公共耗水0.277 3亿立方米，居民生活耗水1.295 9亿立方米，生态环境耗水0.089 0亿立方米，分别占总用水量的45.77%、11.03%、19.47%、3.96%、18.50%、1.27%。

四、地表和地下水资源质量

（一）废污水排放量

秦巴山区年废污水排放量共计2.961 7亿吨（不含火电厂直流式冷却水和矿坑排水），其中城镇居民生活污水排放量0.721 7亿吨，第二产业废污水排放量2.025 7亿吨，第三产业污水排放量0.214 3亿吨，分别占废污水排放总量的24.37%、68.40%、7.24%（图2-6）。

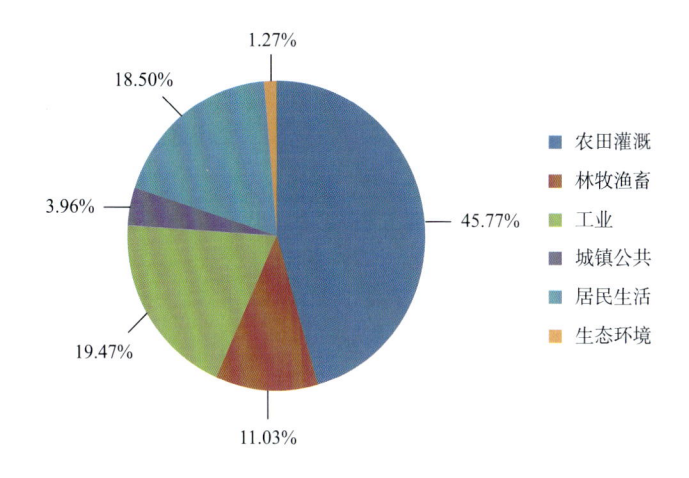

图2-5　秦巴山脉重庆片区各耗水量

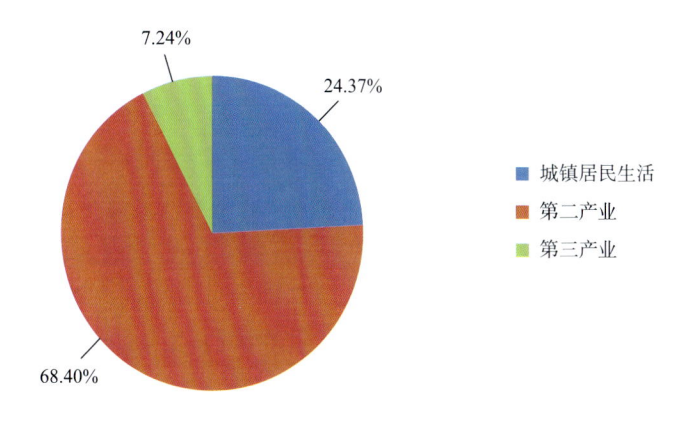

图2-6　废污水排放情况
由于舍入修约，所占比例之和可能不为100%

（二）江河水体水质

长江干流重庆片区段的水质以Ⅲ类为主，对选择的样点水库进行调研和水质监测，表明水质以Ⅳ类为主，主要超标项目为总磷，轻度富营养化；抽样调查长江干流奉节段水质状况，其水质以Ⅲ类为主；抽样监测城市饮用水水源地水质状况，包括开州区小江南河石龙船、开州区鲤鱼塘水库、云阳县云阳长江、巫山县朝阳洞饮水工程、巫溪县大宁河，其水源地水质合格比例分别达到83.33%、41.67%、58.33%、83.33%、41.67%，主要超标项目是铁、锰及总磷（表2-2）。

表2-2　秦巴山区水源地水质状况

水源地名称	所属水功能区名称	所在地级行政区名称	年供水能力/万吨	供水人口/万人	水源地类型	水源地水质合格比例	主要超标项目/（毫克/升）
小江南河石龙船	南河开州区保留区	开州区	4 745	50.80	河流	83.33%	铁（0.9）[0.57]
鲤鱼塘水库	城市饮用水源保护区	开州区	500	15.00	河流	41.67%	铁（4.8）[1.74]，锰（0.9）[0.19]，总磷（0.2）[0.24]
云阳长江	长江三峡库区保留区	云阳县	7 300	70.00	河流	58.33%	铁（5.73）[2.02]，锰（1）[0.2]，总磷（0.15）[0.23]
朝阳洞饮水工程	长江三峡库区保留区	巫山县	7 300	70.00	河流	83.33%	铁（1.93）[0.88]
大宁河	大宁河巫溪源头水保护区	巫溪县	10 950	89.94	河流	41.67%	铁（2.2）[0.96]，总磷（1.05）[0.41]，锰（0.9）[0.19]

注：圆括号内数字为实际值，方括号内数字为标准值

（三）地表水水功能区水质状况

对汉江进行水功能区水质状况监测，评价总河长54.2千米，达标河长54.2千米，达标比例100%。其中一级保留区评价河长40.2千米，达标河长40.2千米，达标比例100%；一级缓冲区评价河长14.0千米，达标河长14.0千米，达标比例100%。

第二节　秦巴山脉重庆片区水生态与水环境保护

一、秦巴山脉重庆片区水功能区划[12~14]

秦巴山脉重庆片区属长江干流水系、嘉陵江水系、汉江水系，城镇化率低，流域开发利用程度不高，保护区、保留区居多，具体水功能区划按水系列出。

（一）一级水功能区划

（1）汉江任河水系：任河是汉江右岸一级支流，长江左岸二级支流，重庆境内河长128千米，是城口县沿江城镇工农业和生活用水的主要水源，也是汉江上游的最大支流，汉江源头至湖北丹江口均属上游阶段，丹江口市境内的丹江口水库，是南水北调中线工程的核心水源地，工程重点解决河南、河北、天津、北京4个省市沿线20多座大中城市生活和生产用水，并兼顾生态环境和农业用水，故任河水质质量直接影响整个华北地区的用水安全。任河水系重庆区域内共划分

3个功能区，其中1个保护区、1个缓冲区、1个保留区。

任河城口大巴山自然保护区，从源头至城口县棉沙乡，约85.8千米，为重庆市大巴山自然保护区，现状水质为Ⅰ类，水质管理目标为Ⅰ类。

任河渝川缓冲区，从城口县新枞乡至四川省万源市钟亭乡，长约14千米，为重庆市与四川省的交界河段，属上下游关系，水质现状为Ⅱ类，水质管理目标视需要而定，但不低于现状。

任河城口保留区，从城口县棉沙乡至城口县新枞乡，长约40.2千米，区域内存在一定量的取水和排污，但规模不大，水资源开发利用程度不高，水质现状为Ⅱ类，水质管理目标为Ⅱ类。

（2）嘉陵江前河水系：前河发源于重庆市城口县，是渠江左岸一级支流，区域内共划分1个保护区、1个缓冲区。

前河明通源头水自然保护区，长62千米，属源头水、大巴山省级生物自然保护区范围，现状水质为Ⅰ类，水质管理目标为Ⅰ类。

前河渝川缓冲区，长7千米，为重庆市城口县与四川省宣汉县的交界河段，属上下游关系，现状水质为Ⅰ类，水质管理目标为Ⅰ类。

（3）嘉陵江中河水系：中河水系发源于重庆市城口县白芷乡，区域内有1个保护区，为中江源头，长17千米，属大巴山省级生物自然保护区范围，现状水质为Ⅰ类，水质管理目标为Ⅰ类。

（4）长江上游干流水系：长江三峡水库巫山开发利用区，长7.5千米，属城区主要的居民聚居区和工业集散区，水资源开发利用程度较高，且为排污影响敏感水域，现状水质为Ⅲ类，水质管理目标按二级区划执行。

长江三峡水库奉节开发利用区，长12千米，属主要的居民聚居区和工业集散区，水资源开发利用程度较高，且为排污影响敏感水域，现状水质为Ⅲ类，水质管理目标按二级区划执行。

长江三峡库区保留区，上起重庆江津区朱沱镇板长，下至湖北省宜昌市三峡坝址，其间除三峡库区11个开发利用区外，全长约402千米，是典型的河道型水库、季节性调节水库，河段多处位于山区，水资源开发利用程度不高，整体水质较好，被划为保留区。现状水质为Ⅱ类，水质管理目标为Ⅱ类。秦巴山区渝东北段均在三峡库区保留区内。

（5）小江水系：小江是长江左岸一级支流，发源于开州区白泉乡观面山，流经云阳县，在云阳县双江镇汇入长江。区域内共划分5个功能区，其中有1个保护区、1个缓冲区、1个开发利用区和2个保留区。

小江保护区河长56千米，水质较好，属源头河段，水质现状为Ⅱ类，水质管理目标为Ⅱ类。

小江云阳开州区缓冲区，长4千米，为石柱县与云阳县的交界河段，属上下游关系，现状水质为Ⅱ类，水质管理目标为Ⅱ类。

小江云阳河口开发利用区，河长8.5千米，为三峡库区变动回水区，水资源开发程度较高，水质现状为Ⅱ类，水质管理目标为Ⅱ类。

小江开州区保留区和云阳保留区，河长分别为31千米和84千米，水资源开发利用程度不高，工业规模不大，水质现状均为Ⅱ类，水质管理目标均为Ⅱ类。

（6）南河水系：南河是小江右岸支流，长江二级支流，流经开州区铁桥镇、临江镇、镇安镇，于开州区汉丰镇汇入小江，是开州区新城区主要的供水水源地。区域共划分1个保护区、1个开发利用区、1个保留区，共计3个一级水功能区。

南河开州区源头水保护区，为源头河段，河长45千米，水质现状为Ⅱ类，水质管理目标为Ⅱ类。

南河开州区开发利用区，河长30千米，水质现状为Ⅱ类，水质管理目标为Ⅱ类。

南河开州区保留区，河长15千米，水质现状为Ⅱ类，水质管理目标为Ⅱ类。

（7）普里河水系：普里河是小江右岸支流，长江二级支流，流经渝东北的开州区，在开州区渠口镇汇入小江。区域内共划分4个功能区，即1个保护区、1个开发利用区、2个保留区，其中属于秦巴山区渝东北的只有1个保留区。

普里河开州区保留区，河长约43.5千米，现状水质为Ⅱ类，水质管理目标为Ⅱ类。

（8）汤溪河水系：汤溪河是长江左岸一级支流，发源于巫溪县小天子城山梁，流经云阳县，于云阳县城区汇入长江，区域内共划分2个功能区，其中1个保护区、1个保留区。

汤溪河巫溪源头水保护区，河长约35.5千米，现状水质为Ⅱ类，水质管理目标为Ⅱ类。

汤溪河云阳保留区，河长68.5千米，现状水质为Ⅲ类，水质管理目标为Ⅲ类。

（9）磨刀溪（上源称油草河）水系：磨刀溪长166.7千米，是长江右岸一级支流，流经湖北省利川市，重庆市万州区、云阳县，于云阳县新津乡汇入长江，区域内共划分6个功能区，即2个保护区、2个缓冲区、1个保留区和1个开发利用区。属于秦巴山区渝东北的只有1个开发利用区。

磨刀溪云阳开发利用区，河长约43.7千米，现状水质为Ⅲ类，管理目标为Ⅲ类。

（10）长滩河水系：长滩河发源于湖北省利川市七曜山，从重庆市奉节县梅魁乡入境，是奉节县与云阳县的界河，在云阳县故陵汇入长江。区域内共划分2个功能区，即1个保留区和1个缓冲区。

长滩河鄂渝缓冲区，上起湖北省利川市梅子镇，下至重庆市云阳县双河口，属上下游关系，河长约8千米，现状水质为Ⅱ类，水质管理目标为Ⅱ类。

长滩河云阳保留区，河长约44千米，现状水质为Ⅱ类，水质管理目标为Ⅱ类。

（11）梅溪河水系：梅溪河是长江左岸一级支流，发源于巫溪县塘坊镇清水池，流经奉节县，于奉节县城区东汇入长江，区域内共划分2个功能区，其中1个保护区和1个保留区。

梅溪河巫溪源头水保护区，河长为30千米，为梅溪河源头河段，现状水质为Ⅰ类，水质管理目标为Ⅰ类。

梅溪河奉节保留区，河长约87千米，所在区域森林资源丰富，水资源开发利用程度不高，现状水质Ⅱ类，水质管理目标为Ⅱ类。

（12）大溪河水系：大溪河是长江右岸一级支流，发源于奉节县，于巫山县大溪乡汇入长江，全河段只划分了1个保护区。

大溪河保护区所在区域有奉节天坑地缝风景名胜区和"大溪文化"新石器时代遗址，属省级一级保护区，且开发利用程度不高，河长71千米，现状水质为Ⅱ类，管理目标为Ⅱ类。

（13）大宁河水系：大宁河是长江左岸一级支流，发源于巫溪县，于巫山县城区东汇入长江，区域内共划分6个功能区，其中2个保护区、1个开发利用区和3个保留区。

大宁河巫溪源头水保护区，长约22千米，现状水质为Ⅱ类，水质管理目标为Ⅱ类。

大宁河巫山保护区，长约34千米，为国家重点风景名胜区，现状水质Ⅱ类，水质管理目标为Ⅱ类。

大宁河巫溪城厢镇开发利用区，为饮用水源区，长约5千米，水质现状为Ⅱ类，水质管理目标按二级区划执行。

大宁河巫溪保留区，上起巫溪县西宁区，下至巫溪县城厢镇，长约32千米，现状水质为Ⅱ类，水质管理目标为Ⅱ类。

大宁河巫溪保留区，上起巫溪县城厢镇黄金坡，下至巫山县大昌镇，长约55千米，现状水质为Ⅱ类，水质管理目标为Ⅱ类。

大宁河巫山保留区，长约17千米，现状水质为Ⅱ类，水质管理目标为Ⅱ类。

（二）二级功能区划

长江三峡库区开州区开发利用区，划分4个功能区，长17千米。其中饮用水源区1个，河长3千米，现状水质为Ⅲ类，水质管理目标为Ⅲ类；工业用水区2个，河长分别为7千米和5千米，现状水质均为Ⅲ类，管理目标均为Ⅲ类；景观娱乐用水区1个，长2千米，现状水质为Ⅲ类，管理目标为Ⅲ类。

长江三峡库区巫山开发利用区，划分2个功能区，长9.5千米。其中大宁河工业、景观娱乐用水区长3.5千米，河段内各工矿企业较集中，人口较为密集，水陆交通便捷，经济较发达，现状水质为Ⅲ类，管理目标为Ⅲ类；巫山饮用水水源区，长约6千米，为饮用水源水，现在水质为Ⅲ类，水质管理目标为Ⅱ类。

长江三峡水库云阳开发利用区，划分1个景观娱乐、工业用水区，长约12千米，第一主导功能为景观娱乐用水区，第二主导功能为工业用水区，现状水质为Ⅲ类，水质管理目标按二级区划执行。

长江三峡水库奉节开发利用区，划分1个景观娱乐、工业用水区，长约12千米，第一主导功能为景观娱乐用水区，第二主导功能为工业用水区，现状水质为Ⅲ类，水质管理目标按二级区划执行。

南河开州区开发利用区，长约30千米，划分1个工业用水区，水质现状为Ⅱ类，水质管理目标为Ⅱ类。

磨刀溪云阳开发利用区，长约43.7千米，划分1个工业用水区，现状水质为Ⅲ类，水质管理目标为Ⅲ类。

大宁河巫溪城厢镇开发利用区，长约5千米，划分1个饮用水源区，水质现状为Ⅱ类，水质管理目标为Ⅱ类。

二、秦巴山脉重庆片区水环境评价

（一）地表水环境现状评价

搜集秦巴山区环境保护监测站监测的控制断面的水质数据。监测项目为pH、悬浮物、氟化物、总硬度、DO（溶解氧）、CODMn（高锰酸盐指数）、BOD_5（五日生化需氧量）、氨氮、硝酸盐氮、亚硝酸盐氮、挥发酚、氰化物、砷、铬、铅、镉、嗅味、色度、水温。

河流水质现状评价标准采用国家公布的《地表水环境质量标准》（GB 3838—2002）。选取单指标评价法和综合污染指标法两种评价方法。综合污染指标法如下所示。

（1）计算第n种污染物的污染指数P_i：

$$P_i = \frac{C_i}{C_{i0}} \quad (2\text{-}1)$$

式中，C_{i0}表示监测参数的标准值；C_i表示某污染物的实测浓度。

（2）综合污染指数P：

$$P = \frac{1}{n}\sum_{i=1}^{n} P_i \quad (2\text{-}2)$$

（3）根据综合污染指数，将水质分为六级，各级标准见表2-3。

表2-3 地表水水质分级标准

污染指数P	<0.2	0.2~0.4	0.4~0.7	0.7~1.0	1.0~2.0	≥2.0
级别	清洁	尚清洁	轻污染	中污染	重污染	严重污染

分析各监测断面水质情况，包括主要的污染物及超标情况等。

（二）流底质污染现状评价

收集污染较严重的河流监测断面的底质资料，结合秦巴山区的实际情况，选用总铬、总砷、总铜、总锌、总铅、总镉、总汞、有机质和总有机碳九项作为评价项目。采用国家标准《土壤环境质量标准》（GB 15618—1995）[①]判别底质是否超标。有机质的污染判别值采用《中国土壤元素背景值》中的"有机质"的区域"顺序统计量"的95%的含量值再乘以系数0.6作为相应区域的有机质判定值；其他评价项目的污染判别值采用《中国土壤元素背景值》中相应的"顺序统计量"的95%的含量值作为相应项目的判定值。

（三）污灌区环境质量评价

农田土壤监测点是指人类活动产生的污染物进入土壤并累积到一定程度引起或怀疑引起土壤环境质量恶化的土壤样点。根据《农田土壤环境质量监测技术规范》（NY/T 395—2012），结合秦巴山区实际情况，兼顾以下几点：

（1）把监测点布设在怀疑或已证实有污染的地方，优先布设在那些污染严重、影响农业生产活动的地方。

（2）样点分布与污灌区分布相结合。

（3）在纳污灌溉水体两侧，按水流方向采用带状布点法。布点密度自灌溉水体纳污口起由密渐疏，各引灌段相对均匀。

采用《土壤环境质量标准》（GB 15618—1995）中的三级标准值（表2-4）和《中国土壤元素背景值》作为评价标准，对监测结果进行评价：污灌土壤中各项指标是否超过《土壤环境质量标准》（GB 15618—1995）中二级标准值及其变化情况；土壤环境质量状况是否得到改善。

表2-4　土壤环境质量三级标准值（旱田）　　单位：毫克/千克

项目	总铬	铜	锌	铅	镉	汞	砷
三级标准值	300	400	500	500	1.0	1.5	40

（四）地下水环境现状评价

1. 水质监测

收集地下水水质的监测资料，参数选取依照《地下水质量标准》（GB/T 14848—

---

① 2018年6月22日已发布《土壤环境质量　农用地土壤污染风险管控标准（试行）》（GB/T 15618—2018），并于2018年8月1日实施。由于种种原因，如果相关内容与新文件有所抵触，以新文件为准。

2017），并根据秦巴山区地下水的污染状况，可从以下指标中筛选进行监测：色、嗅和味、浑浊度、肉眼可见物、pH、总硬度（以$CaCO_3$计）、溶解性总固体、总碱度（包括碳酸盐、重碳酸盐）、氯化物、氟化物、硫酸盐、氨氮、硝酸盐（以氮计）、亚硝酸盐（以氮计）、高锰酸盐指数、挥发酚、氰化物、砷、汞、镉、六价铬、铁、铅、锰、铜、锌、六六六（六氯环己烷）、滴滴涕、总大肠菌群、菌落总数。

在对地下水水质进行全面监测的基础上，对水源地的供水水质进行调研，为重点评价水源地的水质状况提供依据。

2. 地下水水质现状评价

1）主要污染物现状评价

以《地下水质量标准》（GB/T 14848—2017）所列Ⅲ类水的上限值为控制标准，计算各监测项目的超标率及最大超标倍数。对超标情况做简单的概述，并对每个超标项目做具体的分析与讨论，可做出各项目含量的历年变化曲线进行直观分析。

2）地下水水质现状评价

地下水水质评价标准采用《地下水质量分类指标》（GB/T 14848—2017）进行评价，主要依据我国地下水质量状况和人体健康风险，并参照生活饮用水、工业、农业等用水质量要求，依据各组分含量高低（pH除外），将地下水质量划分为以下五类。

Ⅰ类：地下水化学组分含量低，适用于各种用途。

Ⅱ类：地下水化学组分含量较低，适用于各种用途。

Ⅲ类：地下水化学组分含量中等，以《生活饮用水卫生标准》（GB 5749—2006）为依据，主要适用于集中式生活饮用水水源及工农业用水。

Ⅳ类：地下水化学组分含量较高，以农业和工业用水质量要求及一定水平的人体健康风险为依据，适用于农业和部分工业用水，适当处理后可做生活饮用水。

Ⅴ类：地下水化学组分含量高，不宜作为生活饮用水水源，其他用水可根据使用目的选用。

依据地下水水质监测资料，分别采用单因素评价法、综合因素评价法和模糊数学评价法对秦巴山区地下水水质进行现状评价，并进行分析比较，以得出较为准确的评价结果[15, 16]。

对所选监测点的监测数据分别用单因素、综合因素及模糊数学评价法进行评价。根据综合因素评价法的评价结果绘制浅层地下水和深层承压水的水质类别现状分区图，并进行分析。

铁、砷、氟的实测值超过控制标准的区域为水文地球化学异常区。通过对监测点的铁、砷、氟三项监测项目的分析，根据实测资料绘制铁、砷、氟异常区分布图。

三、秦巴山脉重庆片区水环境保护措施

根据《重庆市国民经济和社会发展第十三个五年规划纲要》(简称重庆市"十三五"规划纲要)中指出的相关目标,到2020年,长江、嘉陵江、乌江干流水质保持或优于上游来水水质;一级支流消除劣Ⅴ类水体,城市内无黑臭水体;城镇集中式饮用水水源地水质稳定达标率100%。

加强重要生态功能区保护,坚持保护为主、开发为辅的方针,对不同生态功能区实施差别化对策,秦巴山区渝东北生态涵养发展区应加强三峡库区生态屏障区和生态保护带建设,保护大巴山生物的多样性[17]。

抓住国家公园体制建设契机,以渝东北生态涵养发展区和渝东南生态保护区为基地,推进长江三峡、大巴山等一批国家公园建设,探索推进国家公园的统一规划、监测和评估,理顺全市域自然保护地体系。

(一)加大湖库及次级河流综合整治力度,改善水环境质量

全面推广次级河流"河段长"负责制、"双目标"考核制,按照"河外截污、河内清淤、中水补给、生态修复"的治理思路,加大重点湖库和次级河流污染综合整治力度,完善湖库、次级河流的日常巡查、水质预警、污染反弹快速处置等常态化管理的长效机制。

全面开展秦巴山区湖库污染综合整治工作;重点整治纳入《重点流域水污染防治规划(2011-2015年)》的次级河流,强化次级河流"河段长"负责制的落实,巩固主城区次级河流污染综合整治;强化三峡库区次级河流"水华"河段的日常巡查和预警监测,加强流域面源污染防治,加大流动污染源防控力度。

(二)深化工业污染源防治,实现达标排放

重庆市"十三五"规划纲要提出加强种植业面源污染防治。深入实施"田园行动",以"肥药双控、农膜回收、生物防治"为重点,制定农业面源污染防治规划。以规模化种植大户、连片蔬菜瓜果基地为对象,防治种植业投入品污染。建立农业生产废弃物(农膜、农药瓶等)监管制度和回收体系。禁止有毒有害物质超标的污水、污泥施用于耕地。推广测土配方施肥工程技术和节肥增效施肥技术。制定激励政策,加快推广生物有机肥、低毒低残留农药。加强农业面源污染控制技术研究。

优化产业布局,严格执行《重庆市工业项目环境准入规定(修订)》,工业项目应符合产业政策,使秦巴山区新建和改造的工业项目清洁生产水平不得低于国家清洁生产标准的国内基本水平,其中位于"一小时经济圈"和国家级开发区内的工业项目,应达到国内先进水平;新建污染型工业企业应进入工业园区或工业集中区发展,

鼓励老企业"退城进园";工业项目选址区域应有相应的环境容量,新增主要污染物排放量的工业项目必须取得排污指标。未按要求完成污染物总量减排任务的企业、流域和区域,不得建设新增相应污染物排放量的工业项目。加大产业结构调整力度,建立重污染企业退出机制,继续淘汰"高能耗、高污染、资源消耗大"的污染型企业。

落实工业企业和工业园区环境保护主体责任,全面开展重点工业企业标准化达标工作,督促工业企业配套建设与污染排放量相匹配的水污染防治设施,推进工业园区污水集中治理设施建设,加大五个重金属重点防控行业、危险废物监管重点源企业、危险废物经营单位,以及钢铁、煤化工、电解铝等七个产能过剩行业强制性清洁生产力度,鼓励工业企业(或工业园区)实施中水回用,提高工业企业水资源循环利用率。强化工业企业环境监管,从严整治重金属企业和小型工业企业环境污染。全面实施危险废物规范化管理,严格执行危险废物申报登记、管理台账、经营许可、转移许可和转移联单制度;规范危险废物收集、贮存、处置行为,进一步提高危险废物处置水平。全面完成历史遗留危险废物综合整治。

加大环境监管力度,完善市、区县、镇(街道、工业园区)、社区、企业五级环境监管网络,实现"网格化"管理全覆盖,提高环境管理规范化、精细化、标准化、效能化水平。进一步加大环境执法力度,持续开展整治违法排污企业、保障群众健康环保专项行动,严肃查处无污染治理设施直排、治理设施不匹配,以及超标排放、偷排、漏排等违法排污行为,实现污染物达标排放。

（三）推进环境基础设施建设,提高污水处理水平

按照重庆市"十三五"规划纲要的指导思想,继续着力消除重污染水体,以水域功能不达标、劣Ⅴ类水体为重点,落实控制单元治污责任,分区、分类、分级加大整治力度,全面推进都市功能核心区、拓展区56个湖库整治。全面禁止三峡水库网箱养殖,对汇入富营养化湖库的河流实施氮磷排放控制,如开展含磷洗涤剂生产销售使用全产业链专项检查、推动城镇污水处理厂脱氮除磷技术改造,综合运用管理与技术手段保障库区氮、磷得到有效控制。

强化污染源综合治理。深入推进工业企业水污染防治,加快工业园区污水集中治理设施建设,实现重点工业企业(园区)污水处理设施全覆盖。加强城乡污水处理设施、污水收集管网建设,实现建制镇(撤并乡镇)以上污水处理设施全覆盖。推进城乡污水处理厂建设和改造。

完善城镇环境基础设施运营管理机制,加强城镇污水处理设施水质水量核查,规范环境基础设施运行费用征收与使用,推行城市供排水建设和运行一体化,鼓励和推广有资质运行单位实行"三方运行",落实街、镇(乡)污水和垃圾处理设施的运行经费,明确污水、垃圾处理设施运行单位的主体责任,保障已建成环境基础设施正常运行。

遵循"厂网并举、管网优先"原则，加强城市污水管网的排查清理力度，建立完善的城市污水管网管理资料，继续实施污水处理"以补促提"、污水管网"以奖代补"政策，合理规划市级财政给予的污水处理、管网建设专项补助资金，强化城镇污水处理设施及配套管网建设。强化城镇污水收集管网建设，深化雨污分流，扩大污水收集覆盖面，不断提高污水处理收集率；新建、改建、扩建不满足需求的污水处理设施；城镇污水处理设施产生的污泥应按"减量化、无害化、稳定化"原则进行无害化处置。实施城市污水处理厂进出水自动监测装置安装工作，实现污水处理厂进出水实时、动态、全面监管；加大机动车清洗业、餐饮等社会服务业的排查、监管力度，有效控制社会服务业污水无序排放。

加强城镇垃圾处理设施建设，强化垃圾收运系统建设并落实分级收运责任，建立"村收集、镇运输、区县集中处置"的垃圾处置体系，提高垃圾处理率。强化垃圾渗漏液的收集处理，加大垃圾渗漏液处理设施的运行和监管，防止垃圾渗漏液二次污染环境。

（四）加强三峡库区水环境风险防范，防止重特大环境事件发生

开展环境风险源调查，筛选潜在的重大风险源，完善风险源数据库。构建政府、部门、风险源单位对突发环境事件事前预防、事后处置的全网络、全覆盖的监管预警体系、应急联动和应急处置体系。落实三峡库区流域化工、危险化学品、重金属企业等风险源环境安全主体责任，提高环境风险防范意识。加强风险源单位日常巡查管理，强化重点排污口、重点企业、工业园区等重点源在线系统建设及运营，实现重点源实时监控。完善政府、部门、风险源单位突发环境事件应急预案，加强应急演练，强化联防联控。

推进环境监测、监察能力建设，提升环境风险防范水平；强化饮用水源、跨界河流等自动监测站建设；完善水环境预警系统和预警平台建设，实现污染事故影响迁移的动态跟踪、危害评估、预警预报和应急处置。

保障水生态流量，加强重要生态保护区、水源涵养区、江河源头区及湿地的生态保护和修复，提高生态系统蓄水、保水功能。在城区和城市近郊开展生态清洁小流域建设，实施城市水生态保护与修复工程。优化市域内流域梯级开发布局，合理规划建设水利拦河工程。秦巴山区渝东北段是诸多河流的源头段，需要重点检测保护该地段的水环境。

四、秦巴山脉重庆片区水土流失及水土保持分析

（一）水土流失概况

秦巴山区水土流失以水力侵蚀为主，部分区域兼具滑坡、崩塌等重力侵蚀。

山势陡峻、断面发育、褶皱强烈、基岩疏松破碎、暴雨强而频繁都是造成水土流失的因素[18]，但最重要的是盲目开荒、陡坡耕种等造成的地表植被覆盖率下降引起的人为水土流失。水土流失的防治效果，将直接影响到秦巴山区生态环境建设质量和我国南水北调中线建设的技术经济性，势必成为秦巴山区首要解决的地区性生态环境问题。

1. 水土流失概况

根据第一次全国水利普查的结果，秦巴山脉重庆片区现有水土流失面积为8 174.09平方千米，占秦巴山区总面积的45.42%。如图2-7所示，其中轻度水土流失面积3 183.72平方千米，中度水土流失面积2 745.34平方千米，强烈水土流失面积1 045.90平方千米，极强烈水土流失面积722.58平方千米，剧烈水土流失面积476.55平方千米，分别占水土流失总面积的38.95%、33.59%、12.80%、8.84%和5.83%；秦巴山区年均水土流失总量3 385.44万吨，平均侵蚀模数4 141.67吨/（千米^2·年）。

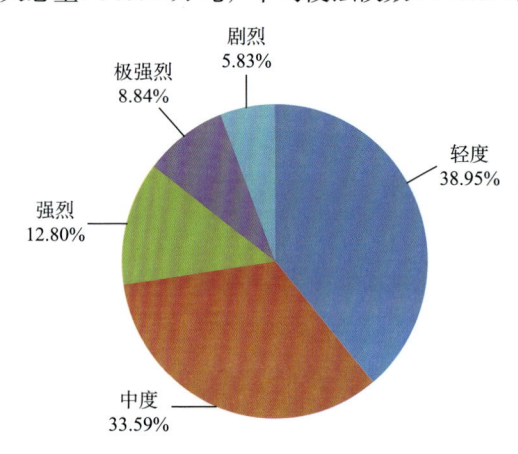

图2-7　秦巴山区水土流失强度分布情况
由于舍入修约，所占比例之和可能不为100%

2. 水土流失情况

根据第一次全国水利普查的结果，各区县不同强度的水土流失面积与所占该区县水土流失面积的比例情况见表2-5。各区县水土流失面积都比较大，尤其是奉节、云阳，高达约60%；年均水土流失总量以奉节、云阳为重，达1 000万吨以上，开州区次之，接近云阳、奉节；平均侵蚀模数以云阳最高，说明此地区发生侵蚀的强度最强，水土流失的严重程度最严峻，而巫溪最低，其在秦巴山区中水土流失严重程度比较低。

表 2-5 秦巴山区各区县水土流失概况

| 区县 | 地区面积/平方千米 | 水土流失面积 ||||||||||| 年均水土流失总量/万吨 | 平均侵蚀模数/[吨/(千米²·年)] |
| | | 轻度 || 中度 || 强烈 || 极强烈 || 剧烈 || 合计 || | |
		面积/平方千米	比例	面积/平方千米	比例	面积/平方千米	比例	面积/平方千米	比例	面积/平方千米	比例	面积/平方千米	比例		
开州区	3 959.00	732.90	32.42%	741.94	32.82%	413.54	18.29%	222.43	9.84%	149.85	6.63%	2 260.66	57.10%	989.14	4 375.44
奉节县	4 087.00	1 074.72	43.82%	853.95	34.82%	281.27	11.47%	139.25	5.68%	103.33	4.21%	2 452.52	60.01%	1 044.56	4 259.11
巫溪县	4 030.00	625.34	45.00%	385.87	27.77%	116.71	8.40%	131.97	9.50%	129.66	9.33%	1 389.55	34.48%	369.00	2 655.53
城口县	3 286.00	436.77	56.10%	222.51	28.58%	39.45	5.07%	50.57	6.50%	29.29	3.76%	778.59	23.69%	320.93	4 121.90
云阳县	3 634.00	590.50	27.07%	851.96	39.06%	418.80	19.20%	210.27	9.64%	109.63	5.03%	2 181.16	60.02%	1 145.36	5 251.17
巫山县	2 958.00	456.39	33.26%	431.05	31.41%	189.67	13.82%	190.52	13.88%	104.64	7.63%	1 372.27	46.39%	505.59	3 684.34

（二）水土流失的原因

水土流失的原因有两个，一个是人为因素，另一个是自然因素[19]。

1. 人为因素

（1）陡坡开荒，破坏植被。1949年以来，由于社会经济的发展，人口不断增长，平地和缓坡地种粮已不能满足社会需要，耕地向陡坡发展，林草植被遭到大量破坏。

（2）耕作粗放，重用轻养。一是农村实行家庭联产承包责任制后，随着新技术的广泛应用，农家肥施用量普遍减少，有些坡度大的地方运输困难，常年不施用有机肥料，使土壤有机质不断下降，造成土壤板结，透水性差，涵养水分能力弱；二是土地分散经营后，地块被分得过于零碎，大型农业机械减少，限制了农业深翻耕地，造成耕层变浅，犁底层上移，土壤理化性质恶化，蓄渗水能力下降，促进了土壤侵蚀的发展。

（3）过牧过伐。一些林场只顾眼前利益，忽视长远利益，采取"剃光头"的错误做法，将森林大量成片砍伐后，未及时更新，又未采取任何水土保持措施，造成新的水土流失。

（4）开矿、修路、采石、取土等生产建设，破坏地表后，不及时采取治理措施，致使地表植被覆盖率低，抗风蚀能力差，土壤的沙化程度逐年加剧。

（5）预防监督力度不够，项目建设区内虽然成立了各级水土保持监督机构，但有的地方水土保持工作没有引起人们的足够重视，预防监督工作力度不大，边治理边破坏的现象时有发生，有的地方甚至出现破坏速度大于治理速度的现象，致使人为造成的水土流失面积不断增加。

2. 自然因素

（1）气候。暴雨是土壤侵蚀过程中的动力，风速是形成风蚀的主要动力。

（2）地形。地形是产生土壤侵蚀的必要条件，地形条件中又以坡度、坡长为主要因素，实验表明，坡度与侵蚀量成正比，坡度越大，径流载体的加速度越大，使径流速度加快，冲力更猛，侵蚀量更大。

（3）土壤。土壤是被侵蚀的对象，土壤质地疏松，有机质含量高，团粒丰富，孔隙度大，容重小，持水能力强，抗蚀能力大。

（4）植物。植物覆盖既可保护地表免受雨滴击溅，又可调蓄、涵蓄水分，减缓风速，削弱径流。实验表明，林草覆盖度越大，侵蚀越轻；反之，侵蚀越重。

（三）水土保持

2012年秦巴山区基于重庆市水土保持工作重点工程，围绕市委、市政府提出的农业现代化战略部署，遵循"择优选点、集中连片、规模治理、注重效益"的建设思路，着力推进国家农业综合开发水土保持项目、中央预算内重点流域治理水土保持项目、坡耕地水土流失综合治理试点工程建设，为统筹城乡和生态文明建设做好服务。

坚持"预防为主、全面规划、综合防治、因地制宜、加强管理、注重效益"的方针。调整农村产业结构，大力发展市场经济。加快治理水土流失和国土整治步伐，科学合理地进行水土保持综合治理。

1. 基本原则

（1）预防为主，有计划地重点治理，开发建设与防治水土流失同步。

（2）以蓄水保土、减轻土壤侵蚀为基本任务，保持水土与开发利用水土资源结合。

（3）当前利益与长远利益结合，经济效益、社会效益和生态效益结合，综合治理水土流失。

（4）突出重点，划出重点监督区、保护区和规划治理区。

（5）从实际出发，因地制宜，按客观规律办事，不搞"一刀切"。

综上所述，根据收集到的秦巴山区历年水土流失与保持的相关资料分析其水土流失的具体形式，然后因地制宜，提出相应的预防与治理措施。

2. 水土保持预防监督

（1）做好水土保持宣传，学习宣传贯彻《重庆市实施〈中华人民共和国水土保持法〉办法》。

2012年12月19日，重庆市人大常务委员会召开新闻发布会，向社会各界和新闻媒体发布《重庆市实施〈中华人民共和国水土保持法〉办法》，重庆市人大常务委员会副主任郑洪，市人民政府副市长张鸣，市人大各专业委员会、市级相关部门，以及近20家新闻媒体参加了新闻发布会。2012年12月31日，重庆市水利局召开学习贯彻新水土保持法律法规视频动员会，市水利局局长王爱祖强调，水土保障是一项功在当代，利在千秋的伟大事业。各区县水行政主管部门要加快水土流失综合治理步伐，全面推进水土保持工作上一个新台阶。秦巴山脉重庆片区各区县水行政主管部门在该次学习中广泛开展了水土保持宣传活动。

（2）监督执法与收费。

秦巴山区秉承重庆市认真贯彻2011年3月1日起施行的《中华人民共和国水土保持法》精神，进一步加大监督执法和水土保持规费的征收力度，查处水土保持违法案件，开展执法检查，检查生产建设项目，征收水土保持规费。

（3）水土保持方案审批与水土保持设施验收。

2012年，秦巴山脉重庆片区各区县在重庆市政府的号召下，积极、认真落实"三同时"（同时设计、同时施工、同时投产使用）制度，不断强化生产建设项目水土保持方案审批和水土保持设施验收工作，水土保持方案审批率和水土保持设施验收率稳步提高。

3. 水土保持重点工程

（1）2012年秦巴山脉重庆片区各区县实施了2012年中央预算内重点流域治理水土保持项目。

（2）2012年开州区、奉节县、巫山县、城口县四个区县实施了国家农业综合开发水土保持项目。

（3）2012年开州区、奉节县、城口县三个区县实施了水土流失综合治理试点工程。

上述重点工程，在国家与重庆市委、市政府的支持与赞助下，都取得了很好的效果。

4. 水土保持措施

1）生物措施

选择树种：荒山、荒地造林主要选择松、杉、柏树；沿河两岸的造林主要选择耐淹耐湿的麻柳；公路边植树选择黑杨、梧桐、桉树；退耕地造林和地边植树主要选择果树、油桐、桑树等。

培育大苗：低山、浅丘农事活动频繁，植树幼苗人为损害大，必须培育大苗、壮苗。

栽植密度：荒山、荒地、荒滩用植苗和直播相结合的方法，营造水土保持林、经济林和用材林。

造林季节：柏树秋季造林，松树、杉树冬季造林，各种阔叶林和竹在春季种植。

造林方法：造林前统一放线定点，组织群众打坑，经检查验收后，由专人植苗。

质量要求：树苗随起随栽，适当带土不栽隔夜苗。栽后按"林权不变，统一封山，专人育苗，报酬共摊"的办法，实行严格的封山育林。

2）坡面蓄水保土工程措施

沿山沟的布设：沿山沟主要布设在荒坡、林地与耕地的交界处和较大面积的农耕区域的陡坡与缓坡的交界之地。

排洪沟的布设：按$P=10\%\sim20\%$，即5~10年一遇的最大降水量标准，以计算出可能产生的最大径流量为依据，确定其过水断面。具体采用下面的公式：

$$Q_{行排} = 0.278 \times \frac{\varphi \cdot S}{T^n} \times F$$

$$A = \frac{Q_{行排}}{C\sqrt{Ri}}\varphi \qquad (2-3)$$

式中，Q为设计洪峰流量（m³/s）；φ为洪峰径流系数；S为暴雨雨量（mm），即与设计重现期相应的最大1小时降水量；T为流域集流时间（h）；n为暴雨强度衰减指数；F为流域面积（km²）；A为沟渠过水断面面积（m²）；C为谢才系数；R为水力半径（m）；i为截水沟沟底比降。

鱼鳞坑布设：一般设在土壤瘠薄、地形比较破碎的沟状流失区域或水土流失严重、无切沟的地段上，布置的方式为上下错开，设计依据以$P=20\%$（五年一遇）最大日降水量所辖区域内可能产生的径流总量为标准，计算公式为

$$W_P = \alpha HF/1000 \qquad (2-4)$$

式中，W_P为径流总量；F为集水面积；α为径流系数；H为平均降水强度。

侵蚀沟谷的整治工程措施主要有以下几种。

沟谷防护工程：在治理侵蚀沟谷的沟床上和崩岗上，挖一弧形排水沟，将坡面上的径流引向两边，使它沿撇水沟流入有植被、坡度较缓或土质坚实的排洪沟、空撇水沟等。

谷坊工程：土谷坊与水库土坝的方法一致，在沟谷里节节修筑。

拦坝工程：拦坝工程的设计一般按$P=10\%$（十年一遇）洪水为设计标准，采用的公式为

$$W=KA/RS$$

式中，W为平均来沙量；A为集水面积；K为平均侵蚀模数；RS为泥沙干容量。

3）农耕地措施

横坡种植：将传统的顺坡种植改为横坡种植，增强土壤的渗透能力，减少坡面径流，加大潜流，增大土壤湿度。

修筑地埂：在地块上，坡度较平的农耕地筑埂，拦蓄泥沙，逐渐淤积至埂顶。

坡改梯：根治水土流失的较好方法是采用块石砌埂或人工石砌埂。

积极挖边沟、背沟和沉沙凼，挑沙面土、增厚土层，做好土地加工以提高土壤保肥、保土、保水能力。

五、秦巴山脉重庆片区石漠化分析及防治

石漠化是重庆市生态环境建设面临的一大根本性的地域环境问题,已成为重庆市岩溶地区可持续发展的主要障碍之一。

秦巴山脉重庆片区六区县均属于岩溶地区,在2009年石漠化面积达4 632.59平方千米,占重庆市当年总石漠化面积的50.05%。渝东北是重庆市石漠化相对比较严重的区域,属于石漠化整治重点区域[20],各区县石漠化情况见图2-8,其中巫溪县2012年的石漠化面积占该县总面积的37.6%,石漠化非常严重。

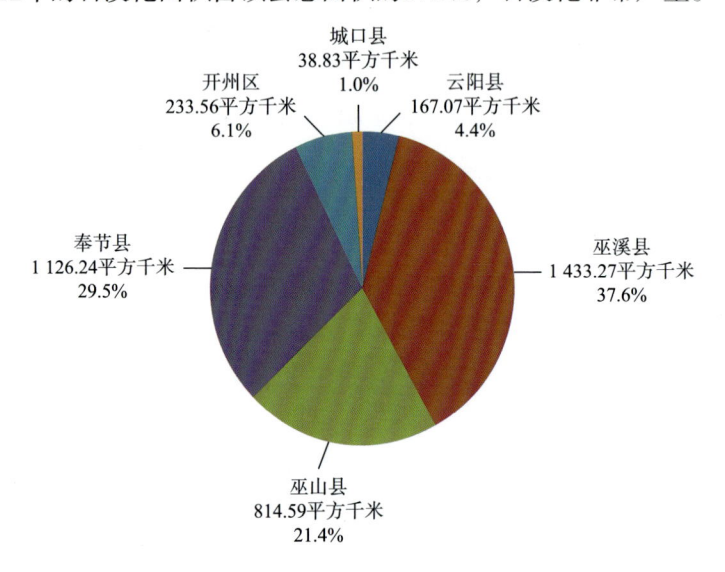

图2-8　2012年秦巴山脉重庆片区六区县石漠化面积分布情况

为了有效遏制石漠化不断扩展蔓延的趋势,应主要采取天然林资源保护、退耕还林、水土保持、长江两岸森林工程等重点工程建设措施[21],并结合当地实际情况,因地制宜,在有人的山腰种植经济林,在无人的山顶种植生态林,既能改善石漠化现状,也可发展当地经济。例如,巫山县桂花村的荒山早已不见踪影,如今已成为生态区,上千株女贞树、柏木树、栾树长势非常好,有效控制了石漠化恶化的趋势。

经过多年努力,渝东北石漠化整治取得了良好效果。据2012年的有关统计数据,渝东北石漠化总面积3 813.56平方千米,比2009年渝东北石漠化总面积减少了819.03平方千米,同比减少了17.7%。2014年,渝东北石漠化面积3 160.00平方千米,相比2009年减少了1 472.59平方千米,同比减少31.8%,其降幅情况如图2-9所示。

图2-9　渝东北石漠化面积变化情况

秦巴山脉重庆片区各区县的石漠化率逐年降低，在改善渝东北地区人民群众的生活条件和保护生态环境上都取得了较大的进展，改善了各区县的生态环境。

第三节　秦巴山脉重庆片区水资源管理框架体系

秦巴山区重庆境内水资源丰富，多年平均降水量为1 253毫米，但年内分配不均，供需矛盾日益尖锐，且各河流水污染呈逐年加重之势，农业面源污染和生态环境破坏严重，阻碍了水资源可持续发展和优化配置。

为缓解水资源供需矛盾，保证水资源可持续利用，提高用水效率，实现水资源的优化配置，重庆市对城口、云阳、奉节、巫山、巫溪五县和开州区水资源实行最严格的水资源管理制度，并开展水权交易研究，对水资源节约和保护势在必行[22~25]。

2012年重庆市人民政府印发了《重庆市人民政府关于实行最严格水资源管理制度的实施意见》（渝府发〔2012〕63号），对重庆市水资源实行最严格的水资源管理。围绕水资源的配置、节约和保护，明确水资源开发利用红线，严格实行用水总量控制；明确水功能区限制纳污红线，严格控制入河排污总量；明确用水效率控制红线，坚决遏制用水浪费。

一、水资源管理框架

根据《中华人民共和国水法》及相关法律规定，我国建立了水量分配制度、取水许可和水资源有偿使用制度、总量控制和定额管理制度、水资源保护制度、节约用水制度等各项主要的水资源管理制度。结合重庆市水资源概况、用水等实

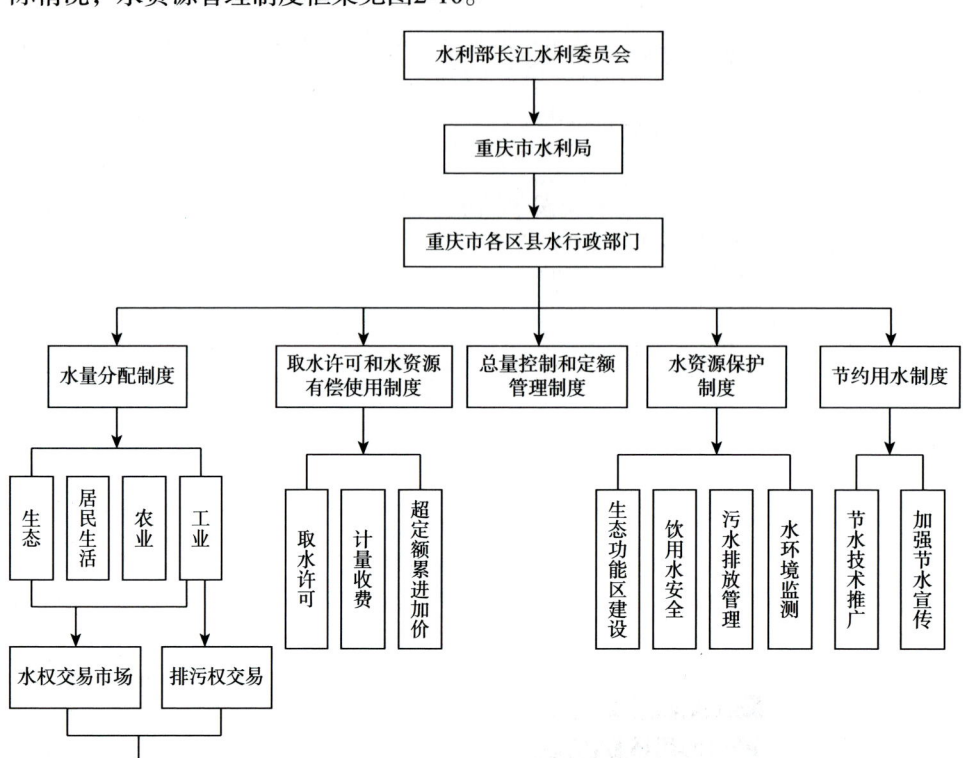

际情况，水资源管理制度框架见图2-10。

图2-10 水资源管理制度框架

二、水权体系构建

解决水资源供需矛盾的传统方法是修建供水工程，增加供水能力。随着水资源稀缺程度不断提高，供水工程成本也必然提升，不仅要增加用水者的负担，还要耗费大量的资金补贴，最终还会面临无剩余水可供的境况，对环境造成难以估量的负面影响（地下水过度开采会引起咸水入侵、盐碱化和地面下沉等一系列问题）。需求管理的实质是鼓励节水和提高用水效率，间接解决水资源的供需矛盾。需求管理政策包括价格政策与非价格政策两方面，在水资源需求管理中，价格政策最重要的形式是建立可交易水权制度，即通过市场手段使水从低效使用向高效使用有偿转移，从而有效地提高用水效率和促进节水；需求管理的非价格政策主要包括教育、提供节水的公共信息、发放节水技术的补助金等。

水市场主要是为时空分布和利用不均衡的水资源交易提供场所或平台，使水的利用从低效益的行业（地区）向高效益的行业（地区）进行转移，从而提高水的利用效率和效益，实现以节水和高效为目标的优化配置。

《中华人民共和国水法》明确规定："水资源属于国家所有。水资源的所有权由国务院代表国家行使。"水权需要由国家向下级分配后才能进行交易，即水权交易的前提是水权的初始分配，进行水权交易必须使水权界定清晰。

三、水生态补偿机制

2014年12月，南水北调中线工程正式通水，极大地缓解了北方地区水资源匮乏问题。《南水北调工程总体规划》和《南水北调中线工程总体规划》显示，国家规划备选了一批中线补水工程方案并适时启动实施，大宁河补水方案是《南水北调中线工程总体规划》推荐的后期引江方案之一。

南水北调中线工程补水势在必行，主要依据有：其一，实施中线二期工程的需要。中线工程总体规划调水规模130亿立方米，一期工程调水95亿立方米，仅可以满足水平年2010年河南、河北、北京和天津的净缺水量，还需续建二期工程补水以增加被调水量35亿立方米。预测京津华北平原2030水平年较2010水平年缺水量增加50亿立方米，考虑汉江上游引水量增加，2020年补水规模要大于30亿立方米，2030年补水规模要大于60亿立方米。其二，汉江上游地区用水量上升较快，使得丹江口水库来水减少。由于引江济渭工程遥遥无期，陕西省正在积极推动引汉济渭工程。一期工程在2010年前从汉江引水5亿立方米，远期引汉江水15.5亿立方米。该工程列入陕西省重点前期工程。在这种情况下，丹江口水库作为中线工程水源地，来水量难以保证，需要补水。其三，汉江中下游需要补水。从丹江口水库调水95亿立方米，对汉江中下游的生态及沿线地区的生活、工业、农业等用水需求产生较大影响，汉江中下游需要补水。

目前，实施南水北调中线大宁河补水工程的条件已基本具备。南水北调中线工程调水量与受水区当地水联合供水后，尚不能完全满足受水区的用水需求，而在扩大中线一期工程输水能力的前提下，大宁河年均调水量为55亿立方米，可满足中线工程受水区和汉江中下游的后期需水要求，保障中线工程的稳定运行。调研发现，调水区长江年径流量数千亿立方米，三峡水库库容在400亿立方米左右，调出水量不到径流量的1%。调用部分大宁河水量，还可减少调水费用。同时，调出地为渝东北生态涵养发展区，重庆对此区域坚持"面上保护、点上开发"的发展原则，环境保护压力小，国家如加大转移支付支持，可确保调出水质为II类。

实施大宁河补水工程，从三峡库区引调长江水补充南水北调水量，可进一步发掘三峡水库的作用和功能，提升工程综合效益。另外，大宁河补水工程牵涉重庆、湖北的一些区县，这些区县是全国重点集中连片贫困地区，生态保护与民生改善的矛盾突出，群众就业和生活困难。通过实施大宁河补水工程，既能通过工程建设拉动当地的投资、就业和产业发展，又能通过移民安置、生态补偿等解决当地发展的瓶颈问题。

四、水灾害及其防治

重庆市是全国自然灾害最严重的地区之一，自然灾害种类多、频率高、危害大。在各类重大自然灾害中，水灾害是影响范围最广、死亡人数最多的灾害。地处秦巴山区的开州区、城口县、云阳县、巫山县、巫溪县、奉节县常发的水灾害包括洪涝灾害、干旱和泥石流。

五、节水管理

秦巴山脉重庆片区降雨丰富，多年平均降水量为1 253毫米，但年内分配不均，且伏旱频繁；近几年，工业企业数量显著增加，需水量呈上升趋势；农业用水浪费严重，灌溉水利用率低，2015年渠系利用水系数城口、云阳、奉节、巫山、巫溪和开州在0.5左右。因此，加强节水管理势在必行。

根据最严格水资源管理制度，秦巴山脉重庆片区的节水管理主要体现在工业、农业和城镇居民用水等方面。

（一）用水定额管理

对工业用水实行用水定额标准，尤其是高耗水工业和服务业的用水定额标准。对生态脆弱地区要严格限制高耗水工业项目建设和高耗水服务业发展，遏制农业粗放用水。

对纳入取水许可管理的单位和其他用水户实行计划用水管理，对用水户实行超定额、超计划用水加价收费。

（二）节水技术推广

秦巴山脉重庆片区应大力推行节约用水措施，推广节约用水的新技术、新工艺，逐步淘汰落后的、耗水量高的工艺、设备和产品，提高农业用水效率和工业用水的重复利用率，用水实行计量收费和超定额累进加价制度[22~24]。

（1）加快节水技术和节水器具推广使用。对于新建、改建或扩建项目应制订节水方案，配套节水设施，保证节水设施与主体工程同时设计、同时施工、同时投入运行。

（2）提高工业的循环用水和重复用水次数。

（3）农业用水浪费严重，灌溉水利用系数偏低，有的渠道年久失修，渗漏严重。应对渠道修补，保证渠道畅通；改变传统的漫灌方式，采用非充分灌溉，对重庆片区的经济作物，如柑橘，采用滴灌，提高用水效率。

（4）对于城镇居民生活用水，实行计量收费和超定额累进加价制度（阶梯水价）。每家都需安装用水计量设备，对实际用水实行计量收费和超定额累进加价制度；鼓励居民节约用水，对家庭用水进行二次使用；鼓励居民使用节水器具。加强城镇污水集中处理，提高污水再生利用率；当地政府应出台优惠政策，鼓励节水减排防污，促进节水效果。

（5）鼓励利用再生水、雨水等非常规水源。重庆片区温室大棚非常普遍，温室可采用滴灌技术，收集屋顶上的雨水作为滴灌的水源，实现水资源的高效利用。

（三）加强节水宣传

通过新闻媒体、讲座的形式向当地居民普及节水知识，尤其注重向中小学生普及节水知识，"节水从娃娃抓起"，养成节约保护水资源的意识和节水习惯，同时强化居民的水安全、建设节水型社会的意识。

六、水环境应急管理

水环境突发事件管理是当前我国环境应急管理的重点工作。2013年、2014年、2015年全国共发生突发事件分别为712起、471起和330起，其中水污染事件分别为68起、68起和77起。随着国家对环境的关注和治理力度越来越大，突发环境事件在呈下降趋势，但水污染事件一直居高不下。

秦巴山脉重庆片区的大宁河作为南水北调中线补水工程，其水环境保护问题将直接影响补水工程的水质，因此，完善水环境应急管理意义重大，提高水源区的应急管理水平，做好水污染事件的预防与应急准备、监测与预警、应急处置与救援、事后恢复与重建各个环节的工作[26,27]。

突发性环境污染事件应急管理体系由四部分组成，即组织机构、应急机制、应急预案与应急法制（图2-11）。

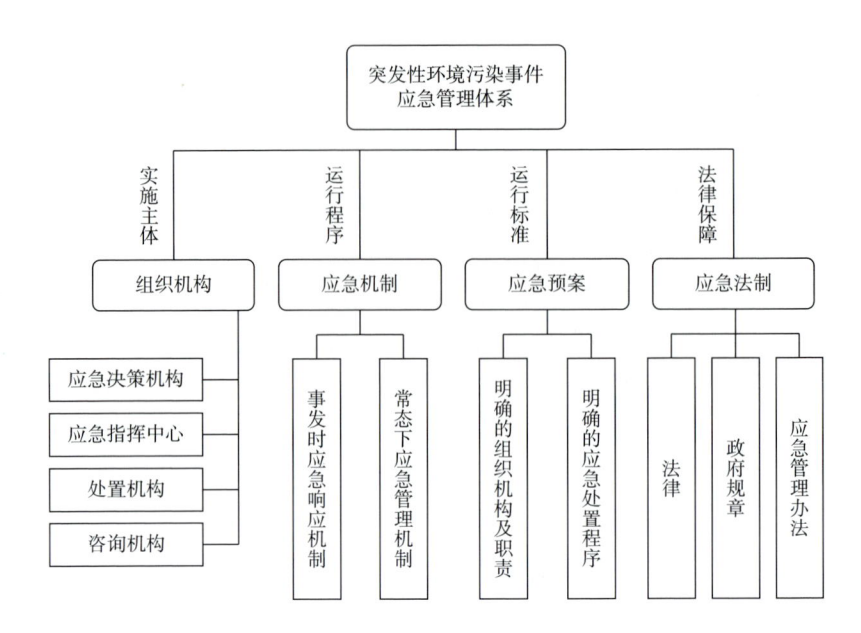

图2-11 突发性环境污染事件应急管理体系

第四节 水资源保护利用的政策建议

根据重庆市政府提出的渝东北生态涵养发展区的定位，以提升生态涵养功能、促进富民就业为核心，强化生态修复与水源保护，完善生态补偿和后期管护机制；大力发展生态农业、生态旅游业等生态友好型产业，并积极引入总部经济及高端产业发展；推动城市公用设施和服务向生态涵养发展区延伸，促进生态特色城镇和新农村建设。具体政策和建议如下。

第一，推行水权、排污权、生态补偿等市场化体制来刺激涉水行业和部门进行水资源高效利用及水资源保护；借鉴美国、澳大利亚等发达国家的水市场运行机制[28]，试行秦巴山脉重庆片区以生态涵养和南水北调水源地功能等为特色的水市场机制，对南水北调水源区的汉江流域的源头水源，如任河、大宁河等实行生态补偿机制，实现水资源的高效利用和有序保护。

第二，秦巴山区属于高山丘陵区，山洪、泥石流灾害频发，应建立完善的水文站网、山洪泥石流在线监测站网及预测预警机制，利用水文模型、在线监测体系等，实时监测灾害情况并及时进行通知和预警。

第三，优化水功能区的划定，并按照最严格水资源管理制度保护水环境[29]，全面控制污染物排放，狠抓工业污染防治，加快城镇污水处理设施建设与改造，推进南水北调水源地及三峡库区农业农村污染防治，防治畜禽养殖污染，并加强奉节、云阳等船舶港口污染控制。加强水环境管理及环境执法监管力度，完善水环境监测网络，提高监管能力，严厉打击环境违法行为。

第四，加强水利工程投资，开发水力资源等清洁能源。利用工程措施解决降水时空分布不均导致的水资源短缺，尤其是农村及边远地区饮用水困难问题。

第五，加大公众意识及教育在水资源保护与管理中的作用。国外发达国家的经验证实，从小学、中学到大学的教育对涉水资源的保护和利用起着尤为重要的作用。另外，对公民的水资源保护及节约利用的教育也应该普及，使水资源得到每一位公民的保护，以实现水资源可持续利用。

第六，利益相关者共同参与（stakeholder participation），用水户协会的运行和管理是水资源保护和管理中的成功案例[30]。例如，荷兰的水务委员会在水资源管理中起着至关重要的作用，只有让每一个涉水利益相关者参与水资源的利用和保护，提高用水者的主人翁意识，才能更好地管理和利用水资源。

执笔人：张卫华　靳军英
　　　　汪明星　寇青青

第三章　秦巴山脉重庆片区矿产资源绿色开发利用战略研究

第一节　战略研究总体思路

一、指导思想

以马克思列宁主义、毛泽东思想、邓小平理论、"三个代表"重要思想、科学发展观及习近平新时代中国特色社会主义思想为指导，深入贯彻落实党的十八大和十八届三中全会、十八届四中全会、十九大和重庆市委四届三次、四届四次全会精神，认真落实"创新、协调、绿色、开放、共享"的发展理念，坚持"在保护中开发，在开发中保护"，积极融入"一带一路"倡议、长江经济带发展大战略，以秦巴山脉重庆片区矿产资源禀赋条件和生态环境承载力为基础，按照经济社会发展和重庆市五大主体功能区建设的总体部署，将秦巴山脉重庆片区明确定位为重庆市的生态涵养发展区，以"面上保护，点上开发"为宗旨，以生态环境保护为目标，以改革创新为动力，转变矿业发展方式，有序勘查开发、综合利用矿产资源，加强矿山地质环境保护与恢复治理，着力构建绿色矿业发展体系，推进生态建设和环境保护，促进矿产资源开发利用、生态环境和经济社会的协调发展。

二、基本原则

（一）坚持依法管理的原则

严格依法管理矿产资源，健全完善管理制度，促进矿产资源保护和合理利用的法制化、规范化和科学化。

（二）坚持开源与节流并举、开发与保护并重的原则

遵循开源与节流并举、节约优先、开发与保护并重，保护为主、把节约集约

放在首位，加强并超前进行矿产资源调查评价与勘查，提高资源的可供性；依靠科技进步，合理开采，综合利用，提高资源利用效率，减缓资源耗竭速度。

（三）坚持资源开发与环境保护协调发展

落实生态文明建设总体要求，树立绿色发展理念，推进绿色矿业发展，统筹资源开发经济效益和环境效益，促进矿产资源开发的经济效益、环境效益和社会效益相协调。实现矿产资源开发与三峡库区生态环境保护和渝东北生态涵养发展区建设同步。

（四）坚持以改革创新为动力

实施创新驱动的发展战略，增资源、转方式、调结构，谋转型升级；构建矿产资源管理新机制，探索矿业改革发展新平台、新抓手、新举措，增强矿业发展的活力与动力。

三、发展目标

通过分析秦巴山脉重庆片区矿产资源赋存及开发利用的现状，立足绿色化发展道路，构筑布局合理、结构优化的矿业开发利用体系，实现矿产资源的有序开发、有偿开采、集约利用、有效保护；通过产业结构调整，开发优势矿产，提高矿产资源的综合利用水平；改善矿山环境，发展循环经济，实现资源环境、经济环境及生态环境的和谐发展；提出秦巴山脉重庆片区矿产资源绿色化综合利用的目标与支撑绿色发展的工程技术，并对秦巴山脉重庆片区矿产资源进行整体布局及产业优化，形成矿业循环的发展体系及绿色化的支撑技术，同时提出支撑秦巴山脉重庆片区矿产资源绿色化综合利用的对策建议。

第二节　秦巴山脉重庆片区矿产资源勘查开发整体布局

遵循区域经济协调、可持续发展，坚持"面上保护，点上开发"的原则，以资源为基础，优化矿产资源开发利用布局，构建具有特色的区域矿业集群，谋划矿产品加工运输通道，依靠科技进步和技术创新，延长资源加工产业链，促进区域经济快速、健康发展。加强公益性地质调查，根据矿产资源的禀赋和国民经济发展的需求，规划重点调查评价区，培育一批特色优势矿业开发基地，在生产力布局、基础设施建设、资源配置、重大项目设置及相关产业政策方面给予重点支持。

一、规划矿产资源调查评价区

依据矿产资源赋存条件、经济社会发展需要、开发利用状况、产业政策等，将秦巴山脉重庆片区的天然气、页岩气、煤层气、地热水、锰、毒重石、岩盐和水泥用灰岩规划为重庆市主要优势矿产，将页岩气、煤层气、锰、毒重石等确定为重点勘查矿种，将页岩气、煤层气、地热水、岩盐、矿泉水等确定为重点开采矿种。规划开州—巫溪页岩气、城口县地热等5个清洁能源重点调查评价区，城口、巫溪饰面石材等3个非金属矿重点调查评价区，城口锰矿、三叠系海相钾盐等2个金属矿重点调查评价区[31]，保障能源供应，优化调整能源结构，推进锰、海相钾盐等紧缺或急需矿产的调查评价（表3-1）。

表3-1 秦巴山脉重庆片区规划重点调查评价区

序号	名称	主攻矿种	所在行政区	面积/平方千米	预测资源量
1	开州—巫溪页岩气重点调查评价区	页岩气	巫溪、开州	2 356	200亿立方米
2	巫山页岩气重点调查评价区	页岩气	巫山	2 870.92	100亿立方米
3	尖山—文峰饰面用灰岩重点调查评价区	饰面用灰岩	巫溪	953.84	8 000万立方米
4	通城乡—双阳乡饰面用灰岩重点调查评价区	饰面用灰岩	巫溪	263.49	2 000万立方米
5	城口锰矿重点调查评价区	锰	城口	495	8 766.9万吨
6	城口县双河—明中页岩气调查评价区	页岩气	城口	990.35	1 000万立方米
7	城口县桃园饰面用灰岩重点调查评价区	饰面用灰岩	城口	62.35	1 000万立方米
8	城口县地热重点调查评价区	地热	城口	3 292.4	410米^3/日
9	开州城南地热水资源重点调查评价区	地热水	开州	22.09	1 000米^3/日
10	云阳县中部岩盐、菱铁矿及非金属矿成矿重点调查评价区	岩盐、铁矿	云阳	943.75	岩盐20.26亿吨，铁矿150万吨

二、规划矿业开发基地

（一）城口—开州—巫溪锰钡及饰面石材矿业开发基地

该开发基地[32]位于城口、开州、巫溪，面积4 821.13平方千米，其中城口锰钡开发基地面积867平方千米。分布有锰、毒重石中型矿床5处，矿山企业23家，矿业总产值7.56亿元，占重庆市矿业产值的3.26%。该开发基地需要加大锰、毒重石矿深加工产品的研发力度，推进锰工业、钡化工基地的建设，促进贫困地区经济的发展。一是依托毒重石矿的资源优势，引入有实力、有技术的大型开发加工企业，开发钡盐系列深加工产品，力争建成我国最大的钡化工基地。二是严格控制锰矿开采总量，推进锰矿开采、加工一体化，鼓励企业生产低消耗、低污染、高附加值的深加工产品，延长产业链，促进企业上规模、上档次，做大做强锰加工产业，建成重庆市重要的锰工业基地。依托资源赋存优势，发展巫溪、开州、巫山等地饰面石材产业基地。

（二）云阳—万州—长寿天然气、岩盐矿业开发基地

该开发基地[33]位于长寿、垫江、忠县、万州、云阳，面积5 984.79平方千米，分布有岩盐、天然气，储量分别为34 908.8万吨、544.96亿立方米。该开发基地应发展沿江经济带天然气、岩盐资源产业，继续推进国内领先长江上游大型化工基地建设，发展精细化工和新材料系列产品。

（三）开州—巫溪页岩气矿业开发基地

该开发基地[34, 35]位于开州、巫山、巫溪，面积2 356平方千米，主要矿产资源为页岩气，已设探矿权2个。应依托涪陵页岩气勘探开发示范基地建设，督促协助加大开州—巫溪区块页岩气勘探开发力度，加强页岩气地质理论和技术攻关，深化勘探开发的合资合作，为尽快实现页岩气的商业化开发提供勘探基础。

秦巴山脉重庆片区矿业开发基地情况如表3-2所示。

表3-2　秦巴山脉重庆片区矿业开发基地

序号	名称	所在区县	面积/平方千米	主要矿产	资源储量	主要矿产品	矿业产值/万元
1	城口—开州—巫溪锰钡及饰面石材矿业开发基地	城口、开州、巫溪	4 821.13	锰	760.91万吨	锰矿石、磷铁	66 686
				钡	874.93万吨	毒重石	7 892
				饰面石材	10.00万吨	饰面石材	1 040
						合计	75 618
2	云阳—万州—长寿天然气、岩盐矿业开发基地	长寿、垫江、忠县、万州、云阳	5 984.79	岩盐	34 908.8万吨	岩盐	62 544
				天然气	544.96亿立方米	天然气	
3	开州—巫溪页岩气矿业开发基地	开州、巫山、巫溪	2 356	页岩气	预测储量200亿立方米	页岩气	

第三节　矿产资源勘查片区划分

以秦巴山脉重庆片区地质背景与成矿控制条件为基础，综合考虑成矿地质条件、资源赋存特征、资源潜力等因素，根据成矿区带划分、矿产资源勘查现状、矿产开发布局，以生态保护为前提，开展矿产资源综合区划。

一、分区原则

（一）重点勘查区

划分依据：按照国家产业政策及资源环境承载能力，在成矿条件有利、找矿前景良好，预期可能形成资源基地的成矿远景区的区域；具有资源潜力的大中型老矿山的深部和外围，预期可能形成市级或国家级的矿产资源开发区的地区。重点勘查锰、毒重石、岩盐、地热水、矿泉水、页岩气、天然气等资源。

政策措施：重点勘查区是地质勘查投入的重点区域，由政府引导和鼓励进行勘查，建立和完善中央、地方、企事业单位多方联动的勘查新机制，发挥各方面的积极性，实现资源的整装勘查开发。

（二）限制勘查区

划分依据：包括国家生态功能区、世界自然遗产、自然保护区、地质遗迹保护区、风景名胜区、森林公园和历史文物、名胜古迹所在地、重要饮用水水源保护区等矿产资源开发对生态环境具有不可恢复影响的地区；地质灾害危险区；三峡库区两岸第一山脊线之间区域；重要工业区、大中型水利工程及其淹没区、铁路、公路、港口、机场、军事禁区、军事管理区、国防工程区等地区。限制勘查砂金、砖瓦黏土及对生态环境有影响或后续开发利用技术不成熟的矿产。

政策措施：限制勘查区原则上不新设、流转商业探矿权，逐步有序退出已设置的商业探矿权。如确需进行勘查，应进行充分论证，取得限制勘查区管理部门同意并制定有效的环境保护措施。限制勘查区允许国家和地方政府投资项目勘查，允许资源储备型勘查，允许以研究为目的，或为促进当地经济发展而进行的矿产勘查。

二、勘查规划分区

按照《国土资源部关于开展第三轮矿产资源规划编制工作的通知》（国土资发〔2014〕35号）文件要求的原则，将秦巴山脉重庆片区划分为两类勘查区，即重点勘查区 4 处和限制勘查区 41 处（表3-3）。

表3-3　秦巴山脉重庆片区矿产资源勘查分区表

序号	名称	所在行政区	类别	面积/平方千米	主要矿种	已设探矿权数	规划投放数
1	城口锰矿重点勘查区	城口	重点	387	锰	3	2
2	城口毒重石重点勘查区	城口	重点	31	毒重石	1	5
3	城口县矿泉水重点勘查区	城口	重点	182	矿泉水	0	1
4	开州—巫山—巫溪页岩气	开州、巫山、巫溪	重点	3 198.15	页岩气	4	4
5	重庆九重山国家森林公园	城口	限制	101.70	无	0	0
6	重庆巴山湖国家湿地公园	城口	限制	11.71	毒重石	0	1
7	大巴山国家级自然保护区	城口	限制	1 157.57	煤、钒、金、矿泉水、银、硒	煤2，钒矿2，金矿1	矿泉水3，钒矿、银矿、硒矿1
8	九重山风景名胜区	城口	限制	82.35	铅矿、煤	铅矿1，煤4	0
9	长江三峡重庆段国家级风景名胜区	云阳、巫山、巫溪、奉节	限制	246.65	煤、地热水、铜矿	煤2	地热水1，铜矿1
10	梅溪河沿岸湿地保护区	奉节	限制	29.53	无	0	0
11	天鹅湖县级自然保护区	奉节	限制	12.74	无	0	0
12	天坑地缝市级自然保护区	奉节	限制	257.77	无	0	0
13	梅溪河湿地县级自然保护区	奉节	限制	49.35	无	0	0
14	奉节天坑地缝风景名胜区	奉节	限制	397.00	无	0	0
15	重庆市三岔河森林公园	奉节	限制	18.86	无	0	0
16	长江三峡（重庆）国家地质公园	奉节	限制	54.35	地热水、铁矿	0	地热水1，铁矿1
17	雪宝山国家级自然保护区	开州	限制	232.70	铁矿、煤	铁矿1，煤2	0
18	彭溪河湿地市级自然保护区	开州	限制	36.68	无	0	0

续表

序号	名称	所在行政区	类别	面积/平方千米	主要矿种	已设探矿权数	规划投放数
19	重庆汉丰湖国家湿地公园	开州	限制	12.68	无	0	0
20	重庆市龙头嘴森林公园	开州	限制	3.07	无	0	0
21	重庆市南岭森林公园	开州	限制	1.79	无	0	0
22	重庆市南山国家森林公园	开州	限制	4.67	无	0	0
23	重庆雪宝山国家森林公园	开州	限制	97.72	无	0	0
24	江南市级自然保护区	巫山	限制	426.79	煤、铁矿	煤6，铁矿2，硫铁矿1	0
25	重庆五里坡国家级自然保护区	巫山	限制	380.76	煤	煤1	0
26	长江三峡巫山湿地县级自然保护区	巫山	限制	244.27	无	0	0
27	梨子坪县级自然保护区	巫山	限制	13.71	无	0	0
28	大昌湖国家湿地公园	巫山	限制	14.14	无	0	0
29	巫山梨子坪森林公园	巫山	限制	13.33	无	0	0
30	重庆小三峡国家森林公园	巫山	限制	20.00	无	0	0
31	大宁河小三峡风景名胜区	巫山、巫溪、奉节	限制	370.00	煤、地热水、铜矿	煤2	地热水1，铜矿1
32	重庆红池坝国家森林公园	巫溪	限制	357.80	煤、硫铁矿	煤1，硫铁矿2	0
33	巫溪县阴条岭自然保护区	巫溪	限制	55.91	无	0	0
34	红池坝风景名胜区	巫溪	限制	357.80	硫铁矿	0	1
35	重庆市白果森林公园	巫溪	限制	10.00	无	0	0
36	重庆市四十八槽森林公园	云阳	限制	12.57	无	0	0
37	七曜山市级自然保护区	云阳	限制	91.10	无	0	0
38	小江湿地县级自然保护区	云阳	限制	99.10	无	0	0
39	重庆云阳龙缸国家地质公园	云阳	限制	234.57	地热水	0	1

续表

序号	名称	所在行政区	类别	面积/平方千米	主要矿种	已设探矿权数	规划投放数
40	彭氏宗祠文物保护区	云阳	限制	0.74	无	0	0
41	栖霞宫文物保护区	云阳	限制	0.77	无	0	0
42	张飞庙文物保护区	云阳	限制	1.41	无	0	0
43	重庆市云阳磐石城城市森林公园	云阳	限制	1.59	无	0	0
44	重庆市七曜山森林公园	云阳	限制	23.36	无	0	0
45	重庆市栖霞宫森林公园	云阳	限制	2.58	无	0	0

第四节 可开采矿种和开采区域划分

一、可开采矿种

根据秦巴山脉重庆片区矿产资源的分布特征，规划区域内应重点开发利用的矿种，并在保护矿产资源的条件下，本着规模开发、环境优先的原则，明确重点开采区、限制开采区和禁止开采区范围。

按照"鼓励开采短缺的矿产，限制开采供过于求的矿产，对出口优势矿产实行限产保护"的总方针，走资源加工产业一体化道路，重点开采利用天然气、浅层气、页岩气、煤和煤层气、地热、锰、盐、钡、硅等优势矿产资源；限制开采水泥用灰岩、饰面石材、建筑石料、耐火黏土矿（高岭黏土）、硫铁矿等对环境可能产生严重影响或后续深加工利用不成熟的矿产。禁止开采汞、砂金、砖瓦黏土、泥炭，以及对环境可能产生严重破坏且不可恢复的矿产。禁止采用落后生产工艺和技术的开采活动。

二、划分原则

（一）重点开采区

划分依据：重点考虑国民经济社会发展规划和矿产资源行业发展规划的需要与可能，包括为建设大中型矿山而确定的需要控制的矿产资源分布区；成矿条件有利、找矿潜力大，开发利用条件好，探明储量在大中型以上的矿产地；需要统筹协调资源开发与环境保护、资源开发与城市建设的矿区。

管理措施：重点开采区要在空间上统筹开发利用与保护活动，已设采矿权按照科学合理利用的原则进行重点整合，新设采矿权根据开采规划区块进行设置，资源优先配置于开采加工一体化企业，以促进矿产资源整合和有序开发，优化矿山布局和矿山企业结构。

（二）限制开采区

划分依据：矿产资源开采活动可能诱发地质灾害，但可采取措施控制的区域。具有生态环境保护功能的限制开采区，包括各类自然保护区外围地带，地质公园、地质遗迹（一定范围）、重要饮用水源地保护区的二级保护区、基本农田。

管理措施：限制开采区内坚持环境保护优先，适度开发的原则，严格矿山企业采选技术准入条件，不突破环境承载能力。在生态保护区内新设及改建矿山，必须进行经济效益和环境效益的合理性论证。城市规划区内的现有矿山应在充分开发利用矿产资源的同时，随着城市发展逐步退出，原则上不扩大矿区范围，并制订矿山地质环境治理方案和措施。不符合规划要求的应限期整改。基本农田范围内禁止露天开采，地下开采应符合环境保护有关法律法规的要求，不影响基本农田及其周边土壤、水、大气等环境。

（三）允许开采区、备选开采区、集中开采区

针对第三类矿产（包括建筑石料用石灰岩、砖瓦用砂岩、砖瓦用黏土、砖瓦用页岩）给予区县级发证矿产划定允许开采区、集中开采区、备选开采区。

允许开采区：充分考虑区域内矿产资源特点、勘查程度及资源分布情况，综合考虑工业产业布局、新型城镇化发展方向和基础设施建设规划等因素，以及环保、林业等要求，针对本级发证矿产划定的允许开发利用的区域。允许开采区明确开采的规划准入条件，保障本级发证矿产资源的合理开发利用。

集中开采区：在矿产资源比较集中、开发利用条件较好并允许进行矿产资源开发利用的地区，主要针对本级发证矿产划定的可进行集中开发利用的区域。

备选开采区：因重大基础设施项目建设需要，在充分考虑区域内矿产资源特点、开发利用现状、矿山环境保护、交通运输等因素的基础上，针对本级发证矿产资源划定的可进行开发利用的临时用矿区域。

（四）禁止开采区

划分依据：自然保护区、森林公园、地质遗迹、风景名胜区、文物古迹、重要饮用水水源地、铁路和高速公路两侧一定范围、油气管道安全保护区范围；重要城镇、军事禁区、地质灾害危险区及其他重大基础设施安全范围。

管理措施：除经国土资源部（2016年以前）批准并颁发许可证或市政府批准保留的矿山外，禁止开采区内原则上禁止新建、扩建开矿、挖沙、采石等活动，原则上不允许探转采、新设、流转采矿权，已有开发活动退出后应及时复垦被破坏的土地。逐步退出自然保护区的核心区和缓冲区范围内已设置的商业探矿权、采矿权和取水权。三峡库区、长江及其主要支流上游沿江河地区禁止建设排放有毒有害物质、重金属及存在严重环境安全风险的矿产资源开发利用项目。铁路两侧禁止开采区内确需从事露天采矿、采石或者爆破作业的，应当与铁路运输企业协商一致，依照有关法律法规的规定报县级以上地方人民政府有关部门批准，采取安全防护措施后方可进行。铁路、国道、省道、长江及其主要支流两侧直观可视范围内禁止露天开采。

三、开采区划分

根据矿产资源法及有关地方法规，结合国家和秦巴山脉重庆片区经济发展需求、矿产的赋存规律、产业结构调整及区域经济布局，将重点规划矿种的主要矿区和矿产资源集中区划分为重点开采区5个、允许开采区16个、集中开采区4个、备选开采区4个和禁止开采区42个[32-37]（表3-4）。

表3-4　秦巴山脉重庆片区矿产资源开采分区表

序号	名称	所在行政区	类别	面积/平方千米	主要矿产	储量	已设采矿权数	拟设采矿权数	备注
1	城口锰矿重点开采区	城口	重点	462.15	锰矿	1 130.20万吨	30	6	
2	城口毒重石重点开采区	城口	重点	126.21	毒重石	874.93万吨	13	3	
3	巫山赤铁矿重点开采区	奉节、巫山	重点	496.35	铁矿	4 259.64万吨	1	0	
4	尖山镇—文峰镇石灰岩开采区	巫溪	重点	174	石灰岩	6 000.00万吨	11	3	
5	云阳—万州岩盐资源重点开采区	云阳、万州	重点	1 030.72	岩盐	8 798.50万吨	1	0	
6	城口县建筑石料用灰岩允许开采区	城口	允许	1 802.85	建筑石料用灰岩		3	10	包括后裕—巴山、双河—坪坝、双河—咸宜、高燕—厚坪4个开采区
7	公平、朱衣、石岗乡允许开采区	奉节	允许	220.5	建筑石料用砂岩、页岩		2	1	

续表

序号	名称	所在行政区	类别	面积/平方千米	主要矿产	储量	已设采矿权数	拟设采矿权数	备注
8	奉节建筑石料用灰岩允许开采区	奉节	允许	775.37	建筑石料用灰岩		36	7	包括竹园、新政等9个乡镇
9	五马、新民允许开采区	奉节	允许	858.13	建筑石料用灰岩、页岩		27	9	
10	满月—岩水允许开采区	开州	允许	517.23	煤矿、石灰岩	5 086.60万吨	4	1	
11	紫水—温泉允许开采区	开州	允许	804.85	煤、地热水、石灰岩、页岩等	固体矿15 306万吨、地热水1 000米^3/日	41	25	
12	龙洞坝允许开采区	开州	允许	449.62	地热水、铁、石灰岩、页岩	固体矿1 740万吨、地热水1 000米^3/日	23	12	
13	铁峰山允许开采区	开州	允许	110.74	石灰岩、石英砂岩	1 725.60万吨	4	3	
14	页岩允许开采区	开州	允许	110.26	页岩		5	6	包括岳溪—南门、南雅—临江、清河
15	石灰岩允许开采区	巫山	允许	969.77	石灰岩		30	19	包括官渡向斜、横石溪背斜、大溪—巫峡、福田—龙溪、金坪—大昌、官阳、骡坪
16	长梁子背斜—雪花向斜允许开采区	巫山	允许	224	煤、铁矿、石灰岩		15	8	
17	巫山向斜西翼允许开采区	巫山	允许	26.96	石灰岩、耐火黏土		1	2	
18	煤、石灰石允许开采区	巫溪	允许	2 983.5	煤、石灰岩	8 500.00万吨	25	3	包括古路镇—蒲莲乡、宁厂镇—双阳乡、中鹿乡—凤凰镇、高楼乡—白鹿镇

续表

序号	名称	所在行政区	类别	面积/平方千米	主要矿产	储量	已设采矿权数	拟设采矿权数	备注
19	砖瓦用页岩允许开采区	云阳	允许	72.98	砖瓦用页岩		8	8	包括渠马河向斜、铁峰山背斜中段、故陵向斜、方斗山背斜北翼
20	铁峰山背斜东段段允许开采区	云阳	允许	25.52	建筑用石灰岩		1	1	
21	建筑用砂岩允许开采区	云阳	允许	17.41	建筑用砂岩		3	4	包括铁峰山背斜西段、水口镇
22	重庆九重山国家森林公园	城口	禁止	100.89	煤	136.00万吨	1	0	
23	重庆巴山湖国家湿地公园	城口	禁止	11.71	无	0	0	0	
24	大巴山国家级自然保护区	城口	禁止	962.39	饰面用灰岩		1	0	
25	九重山风景名胜区	城口	禁止	80.35	无	0	0	0	
26	长江三峡重庆段国家级风景名胜区	丰都、奉节、巫溪、云阳	禁止	281.27	地热	0	0	1	
27	梅溪河沿岸湿地保护区	奉节	禁止	29.53	煤	172.40万吨	2	0	
28	天鹅湖县级自然保护区	奉节	禁止	12.74	煤	249.50万吨	3	0	
29	天坑地缝市级自然保护区	奉节	禁止	257.77	无	0	0	0	
30	梅溪河湿地县级自然保护区	奉节	禁止	49.35	无	0	0	0	
31	奉节天坑地缝风景名胜区	奉节	禁止	397.00	无	0	0	0	
32	重庆市三岔河森林公园	奉节	禁止	18.86	煤	74.70万吨	1	0	
33	长江三峡（重庆）国家地质公园	奉节、巫溪	禁止	54.35	无	0	0	0	

续表

序号	名称	所在行政区	类别	面积/平方千米	主要矿产	储量	已设采矿权数	拟设采矿权数	备注
34	雪宝山国家级自然保护区	开州	禁止	232.70	无	0	0	0	
35	彭溪河湿地市级自然保护区	开州	禁止	36.68	页岩	6.00万吨	1	0	
36	重庆汉丰湖国家湿地公园	开州	禁止	12.68	无	0	0	0	
37	重庆市龙头嘴森林公园	开州	禁止	3.07	无	0	0	0	
38	重庆市南岭森林公园	开州	禁止	1.79	无	0	0	0	
39	重庆市南山国家森林公园	开州	禁止	4.67	煤、陶瓷土	煤39.38万吨、陶瓷土25.70万吨	2	0	
40	重庆雪宝山国家森林公园	开州	禁止	97.72	无	0	0	0	
41	雅安至武汉1000千伏特高压线路工程巫山段保护范围	巫山	禁止	33.57	石灰岩		1	1	
42	江南市级自然保护区	巫山	禁止	426.79	煤、水泥用灰岩	煤1 054.30万吨、水泥用灰岩631.00万吨	12	0	
43	重庆五里坡国家级自然保护区	巫山	禁止	380.76	无	0	0	0	
44	长江三峡巫山湿地县级自然保护区	巫山	禁止	244.27	无	0	0	0	
45	梨子坪县级自然保护区	巫山	禁止	13.71	无	0	0	0	
46	大昌湖国家湿地公园	巫山	禁止	14.14	无	0	0	0	
47	巫山梨子坪森林公园	巫山	禁止	13.33	无	0	0	0	
48	重庆小三峡国家森林公园	巫山	禁止	20.00	无	0	0	0	

续表

序号	名称	所在行政区	类别	面积/平方千米	主要矿产	储量	已设采矿权数	拟设采矿权数	备注
49	大宁河小三峡风景名胜区	巫山、巫溪、奉节	禁止	370.00	无	0	0	0	
50	重庆红池坝国家森林公园	巫溪	禁止	242.00	无	0	0	0	
51	巫溪县阴条岭国家级自然保护区	巫溪	禁止	55.91	无	0	0	0	
52	红池坝风景名胜区	巫溪	禁止	357.80	无	0	0	0	
53	重庆市白果森林公园	巫溪	禁止	10.00	无	0	0	0	
54	重庆市四十八槽森林公园	云阳	禁止	12.57	无	0	0	0	
55	七曜山市级自然保护区	云阳	禁止	91.10	煤、建筑石料用灰岩	93.86万吨	2	0	
56	小江湿地县级自然保护区	云阳	禁止	99.10	煤、砖瓦用页岩	煤40.40万吨、砖瓦用页岩70.40万吨	3	0	
57	重庆云阳龙缸国家地质公园	云阳	禁止	234.57	煤	46.2万吨	1	0	
58	彭氏宗祠文物保护区	云阳	禁止	0.74	无	0	0	0	
59	栖霞宫文物保护区	云阳	禁止	0.77	无	0	0	0	
60	张飞庙文物保护区	云阳	禁止	1.41	无	0	0	0	
61	重庆市云阳磐石城城市森林公园	云阳	禁止	1.59	无	0	0	0	
62	重庆市七曜山森林公园	云阳	禁止	23.36	无	0	0	0	
63	重庆市栖霞宫森林公园	云阳	禁止	2.58	无	0	0	0	
64	安坪、永乐集中开采区	奉节	集中	246.52	石灰岩、石膏		8	15	

续表

序号	名称	所在行政区	类别	面积/平方千米	主要矿产	储量	已设采矿权数	拟设采矿权数	备注
65	开州石灰岩集中开采区	开州	集中		石灰岩		38	19	包括温泉背斜、龙洞坝背斜
66	建筑用灰岩集中开采区	巫山	集中	105.85	石灰岩			6	包括培石乡、三溪乡
67	通城镇饰面石材集中开采区	巫溪	集中	43.43	石灰岩	1 800.00万吨	4	1	
68	城口县建筑石料用灰岩备选开采区	城口	备选	123.91	建筑石料用灰岩		0	8	包括明通—鸡鸣、高燕片区
69	朱衣镇备选开采区	奉节	备选	0.37	砖瓦用页岩		0	1	
70	开州石灰岩备选开采区	开州	备选	0.578	石灰岩		0	0	包括温泉镇、大进镇、南门镇开采区
71	巫溪石灰岩备选开采区	巫溪	备选	398.42	石灰岩	1 550.00万吨	4	2	包括拟建古路镇—红池坝快速通道、拟建巫溪—镇坪高速公路备选开采区

第五节 矿业循环发展体系及绿色化支撑技术

对秦巴山脉重庆片区的矿产资源开发与利用要符合重庆市的功能区定位和绿色矿产的循环发展，在坚持"面上保护，点上开发"，保护青山绿水，保护长江母亲河，保护三峡库区脆弱的生态系统的前提下，遵循矿产资源开发利用与矿山生态环境保护相协调，经济效益、社会效益和环境效益相统一的原则。通过调整与优化矿业结构、调控矿产资源开发利用方向和布局等方法，从早期的勘查、中期的开发利用和后期环境的恢复与治理三个阶段对矿产资源进行详细的勘查与评价，合理地开采与利用和进行采后生态的恢复与治理，实现矿产资源的可持续、绿色化发展，构建绿色循环、布局优化、效益优良的矿产资源开发利用体系及支撑技术。

一、矿产资源勘查及其支撑技术

基础地质是矿产资源勘查的先驱工作，为矿产资源勘查与评价提供基础资料。依靠科技进步，突出重点，加强矿产资源调查评价与勘查工作，提高地质勘查工作及资源的保障能力。

（一）基础地质勘查

在原有地质成果的基础上，加大大比例尺（1∶50 000）基础地质调查和区域地质勘查工作的投入，特别是重要成矿区带及主要成矿远景区的基础地质综合研究，全面提高基础地质工作程度，为地质找矿提供依据。加强新兴能源页岩气的研究、勘探工作，以重要成矿区带及主要成矿远景区为依托，加大优势矿产资源（能源矿产天然气、煤和煤层气、页岩气和非能源重要矿产锰、钡、铁、岩盐等）及危机矿山的地质找矿与勘查力度，力争实现地质找矿的重大突破，缓解资源危机状况，促进矿业和资源加工业的可持续健康发展。

（二）勘查矿种的分级与布局

在地质勘查的基础上，对秦巴山脉重庆片区赋存的矿产资源的勘查方向进行级别划分，有目的、有重点地开发和利用矿产资源。鼓励勘查具有找矿潜力的矿产、经济社会发展所需的矿产和短缺矿产，以及综合开发利用、后续加工工艺成熟的矿产；限制勘查因开发对生态环境具有影响的矿产和后续深加工利用技术不成熟的矿产，以及国家保护性开采的特定矿种；禁止勘查因开发对生态环境具有破坏性影响的矿产及国家规定禁止勘查的其他矿种。

以重要成矿区带及主要成矿远景区为依托，以勘查程度较低的矿区及老矿区深部和外围作为主攻区域，加大优势矿产资源的地质找矿与勘查力度，力争实现地质找矿的重大突破。秦巴山脉重庆片区勘查主要布局在城口锰、钡成矿带，开州—巫溪页岩气，云阳—万州天然气及岩盐成矿带。

（三）重要矿产资源调查评价

结合现有地质工作程度，通过系统总结地质调查和矿产勘查的工作成果，全面掌握秦巴山脉重庆片区的矿产资源现状，科学评价未查明矿产资源潜力，基本摸清重要矿产资源潜力及其空间分布规律，建立真实准确的矿产资源数据，利用现代先进科学技术和地理信息系统（geographic information system，GIS）评价技术，推动地质科学的进步，为实现找矿重大新突破提供资源勘查依据。对秦巴山脉重庆片区的页岩气、煤层气、浅层地温能等清洁能源加强调查评价，圈定重点调查评价区，保障能源供应，优化调整能源结构，促进低碳经济发展。推进锰、铝土矿、煤系地层共伴生矿产、海相钾盐等紧缺或急需矿产调查评价，圈定新的靶区，满足经济发展对矿产的需求。

（四）矿产资源勘查分区

根据矿产资源赋存特点、勘查程度、资源储量规模、开发利用现状、技术经济条件和矿山环境保护等影响因素，按照科学布局、优化结构、规模开发的要求，合理有序地开展矿产资源勘查，对秦巴山脉重庆片区矿产资源在空间上划分出重点勘查区和限制勘查区。重点对重要成矿区带、重点矿区和大中型矿产地，以及其他地区的地质找矿工作划定勘查规划区块。

（五）支撑技术

（1）培养一批综合型地质人才，组建具有地质、遥感、地化、计算机等专业基础知识，有实战工作经验和极强学习能力的地质队伍，依靠先进的设备和科学技术，学习、借鉴发达国家的先进技术和经验，在矿产的勘查、评价、预测、开发利用等方面做出重要的成绩。

（2）加强与专业地勘单位、高等院校的技术合作，根据秦巴山脉重庆片区矿产资源开发利用的实际状况，积极申报锰、钡、煤、页岩气等优势矿种的科技攻关项目，大力发展绿色矿业，提高秦巴山脉重庆片区重要矿产资源的市场竞争力，促使矿产业持续健康发展。

（3）充分应用现代矿产资源预测评价的理论方法和GIS评价技术，以成矿地质理论为指导，深入开展各成矿区（带）成矿规律研究；对圈定的成矿远景区进行资源潜力评价，建立全国重要矿产资源潜力预测相关数据库，为科学合理地规划和部署矿产勘查工作提供依据。

（4）建立矿产开发前的准入管理制度、严格的矿产开发审批制度，将环境保护和生态恢复放在重要位置，设立"复垦保证金"[38]、风险金[39]和"矿山关闭基金"[40]等，完善矿山关闭及复垦制度等相关政策。

二、矿产资源开发利用及其支撑技术

秦巴山脉重庆片区重点开发利用天然气、地热水浅层气、页岩气、煤和煤层气、锰、铁、钡等优势矿产资源；对资源保障程度低、利用水平低的锰、钡等优势资源严格控制开采总量，形成技术先进、利用合理、集约化可持续发展的加工业体系，建立安全稳定的矿产资源供给体系，保障重庆市经济社会可持续健康发展[41]。

（一）整体布局

遵循区域经济协调发展、可持续发展的原则，以资源为基础，优化矿产资源开发利用布局，构建具有特色的区域矿业集群，依靠科技进步和技术创新，延长资源加工业产业链，做大、做强资源加工业，促进区域经济快速、健康发展。在开发利用矿产资源前对秦巴山脉重庆片区矿产资源进行科学布局，划分三个矿业开发基地，即城口开州—巫溪锰钡及饰面石材矿业开发基地、云阳—万州长江沿线天然气及岩盐开发基地、开州—巫溪页岩气开发基地。

（二）开发利用矿种分级

鼓励开采短缺的矿产，限制开采供过于求的矿产，秦巴山脉重庆片区鼓励开采矿产有天然气、页岩气、煤层气、铁、毒重石、岩盐、建筑用石灰石，以及规模化开采低品位矿产。限制开采锰及对环境可能产生严重影响的矿产。禁止开采砂金、砖瓦黏土，目前经济性差、选冶技术不成熟的低品位矿产及其他难选冶的矿产，对环境可能产生严重破坏且不可恢复的矿产。优势矿产原则上由具备深加工能力的大中型企业进行开采；低贫、难选冶资源必须由具有成熟选矿技术的深加工企业进行开采。

（三）开采分区

根据秦巴山脉重庆片区矿产资源的分布特征，规划区域内应重点开发利用的矿种，并在保护矿产资源的条件下，本着规模开发、环境优先的原则，划分重点开采区、禁止开采区，对第三类矿产的开采划分集中开采区、备选开采区和允许开采区。

（四）矿产资源的综合利用

提高矿产资源开发水平，提高主要矿产开采回采率、选矿回收率和综合利用率；鼓励和支持矿山企业应用、推广、开发先进适用的采选技术、工艺和设备，不断提高矿产资源采选水平，减少储量消耗和矿山废弃物排放。

加强矿产资源综合利用，加强低品位、共伴生矿产资源的综合勘查与综合利用，充分利用矿产资源。加强大宗短缺矿产，特别是铁、锰等低贫资源的规模化开发利用、综合利用和保护性开采技术研究；发展高科技含量、高附加值的综合利用技术和产品。对具有工业价值的低品位、共伴生矿产，统一规划，综合开采，综合利用。

加强矿山固体废弃物、尾矿和废水的资源化利用。充分利用选矿尾矿在生产建筑材料、化工产品、用做井下充填材料、改良土壤等其他领域的利用。鼓励矿山企业内部或不同企业之间的原料、产品、排放物的合理循环，充分利用矿山固体废弃物和尾矿资源中的有用成分，通过废弃物的减量化、无害化和资源化，促进资源环境协调发展[42]。

（五）支撑技术

（1）积极推进矿山企业在矿产资源勘查、开采、加工领域的技术更新；加强复杂难采矿山安全、高效开采技术研究和应用。加大大巴山毒重石和高燕锰的开发利用力度，提高锰矿开采水平和深加工水平，鼓励规模化、集约化生产；加大对天然气、页岩气、煤层气等清洁能源的开发与利用技术的研究，推行清洁生产，提高矿产的综合利用率，达到资源与环境协调发展。

（2）低品位矿产资源综合利用：对开采利用技术不成熟的贫矿或选冶技术不成熟的富矿应保护或禁止开发；企业与高等院校、科研院所联合进行技术攻关，开发贫矿、尾矿综合利用的新工艺和新技术。不断开发利用新的选冶技术和设备，降低矿石品位利用门槛，提高资源利用率，延长矿山的服务年限；利用贫矿资源开发具有新用途的产品，提高贫矿的利用率。

（3）共伴生矿资源及综合利用：秦巴山脉重庆片区各类矿产中，共生、伴生矿产较多，这些共伴生矿综合回收利用率低，贫矿及共伴生矿利用技术落后，应用规模小，综合回收水平低，应借鉴学习国外的先进技术，加强共伴生矿的回收利用上的技术攻关。

（4）矿山尾矿和固体废弃物综合利用：多年的矿产资源开发，留下了大量的矿山固体废弃物和尾矿，如各种剥离废石、煤矸石、粉煤灰、矿渣、尾矿等。因此，必须进行工业固体废弃物资源化利用关键技术创新，包括矿山固体废料开发建材产品技术、煤矸石开发矿物材料技术和矿山废弃物开发硅产品技术。

（5）加强矿产开发利用过程中的监督管理，发现问题及时处理。监督管理主要是对生态环境保护的监督和矿区复垦的监督，以免造成后期无法弥补的损失。

三、矿山地质环境保护与恢复治理及其支撑技术

按照对秦巴山脉重庆片区矿山生态环境实行统一规划、分类指导、分级治理、分区推进的总体思路开展有效保护与恢复治理，建立和完善矿山环境的动态监测体系，完善矿山环境法律法规体系和管理体系，合理开发利用矿产资源，最大限度地减少或避免矿业开发造成的环境污染和资源破坏，着力构建绿色矿业体系及长江上游生态屏障，实现矿产资源开发利用和生态环境保护协调发展及人与自然和谐发展的局面。

（一）矿山地质环境保护与恢复治理分类

实行矿山地质环境恢复治理分类管理、区别对待，实行差别化资金筹措政策，加快矿山地质环境恢复治理的进程，促进新老矿山及资源枯竭型城市的生态

恢复。根据重庆市矿山地质环境评估分区结果，结合矿山地质环境现状及发展趋势分析，划定三大类矿山地质环境保护与治理区，包括重点保护区、重点治理区（表3-5）、一般治理区。

表3-5 秦巴山脉重庆片区地质环境及矿区损毁土地重点治理区

序号	名称	所在行政区	治理恢复面积/平方千米	土地复垦面积/平方千米	存在问题
1	城口县金属矿区	城口	88.91	1.2	修齐、高燕的曹家山、石墙沟、高燕等锰矿区采矿产生的矸石、尾矿占用及破坏土地资源、水土污染及滑坡地质灾害
2	奉节县煤炭矿区	奉节	18	11	奇峰、大树、天池、兴隆等乡镇煤矿区采煤产生的煤矸石堆放场占用破坏土地资源、地下水疏干及地面塌陷、地裂缝、滑坡、危岩与崩塌等地质灾害
3	开州区煤炭矿区	开州	1.40	1.25	采矿产生的矸石、尾矿占用破坏土地资源、水土污染、地下水疏干及地面塌陷、滑坡、危岩崩塌等地质灾害
4	城口县煤矿区重点治理区	城口	73.45	0.76	矿坑封闭、矸石利用、尾矿坝绿化、塌陷土地复垦
5	城万快速通道重点治理区	城口	56.13	0.05	矿坑封闭、矸石利用、尾矿坝绿化、塌陷土地复垦
6	云阳县煤炭矿区	云阳	5.28	1.58	采矿产生的矸石、尾矿占用破坏土地资源、水土污染、地下水疏干及地面塌陷、滑坡、危岩崩塌等地质灾害
7	巫山、巫溪煤矿区重点治理区	巫山、巫溪	2.5	0.4	煤矸石占用破坏土地资源、地下水疏干及地面塌陷、地裂缝、滑坡等地质灾害

1. 重点保护区

重点保护区包括：国家、市级风景名胜区、森林公园、自然保护区及地质公园；主干铁路、高速公路、国道、省道、县道两侧可视范围；三峡库区；城市规划区、基本农田保护区、生活饮用水水源地、水系；国防工程设施圈定的军事禁区；重要文物保护区等。

2. 重点治理区

重点治理区优先治理区域包括国有大中型老矿山、闭坑矿山和责任人灭失的矿山，矿产资源开发造成的环境问题随时对当地人民生命财产构成严重威胁的矿山，以及矿山环境恢复治理后社会、环境、经济效益明显的地区；矿产资源开发对环境造成较大破坏的区域，以及矿山环境问题对生态环境、工农业生产和经济发展造成一定影响的区域。

治理的内容为采矿塌陷治理，采矿损毁土地和地貌景观恢复治理，矿区崩塌、滑坡、泥石流等地质灾害治理，矿区水土污染治理，等等。

3. 一般治理区

除重点治理区以外的矿山分布区，作为一般治理区，允许开展矿产资源勘查开采活动。

考虑到三峡库区矿产资源分布及开发利用现状，为保护好库区生态环境，促进库区经济的可持续发展，划定包括云阳县、奉节县、巫山县的三峡库区绿色生态环境保护带。三峡库区两岸第一道山脊线之间的区域为生态屏障区，云阳县、奉节县、巫山县除生态屏障区以外的区域为水土流失防治区。

（二）矿山地质环境恢复治理与土地复垦

按照"整体推进、分步实施"的原则，合理部署矿山环境恢复治理重点工程，继续实行并完善"谁复垦、谁使用、谁受益"的鼓励政策，引导和鼓励各方力量从事矿区土地复垦，完善矿山地质环境恢复治理长效机制，严格矿产资源开发利用的土地复垦准入管理，加强闭坑矿山的管理及矿山土地的再利用，加快矿区土地复垦进程。

（三）矿山地质环境监测网络

加强各类矿山的生态环境监测，遏制采矿造成的生态环境破坏。对开采后的矿山进行土地复垦，重建矿山生态防护林，保护秦巴山脉重庆片区的生物多样性。在矿区建立矿山地质环境动态监测网点，以区县地质环境监测站为基础，组建秦巴山脉重庆片区各区县矿山地质环境监测机构，初步形成覆盖重庆市重要矿区的矿山地质环境监测网络，实现土地复垦与生态修复全过程的动态监测，促进矿山环境的良性循环发展。

（四）支撑技术

1. 分区评估

对矿山环境进行治理与恢复前先对矿山环境影响进行分区评估，根据矿山开采诱发和加剧的环境地质问题的严重程度做出综合分级评价，即严重区（Ⅰ）、较严重区（Ⅱ）和一般区（Ⅲ）三类区域。Ⅰ类区是矿山环境保护与治理的重点，宜采取预防与治理措施相结合的方式进行综合防治；Ⅱ类区主要采取以预防为主、治理为辅的方式进行防治；Ⅲ类区主要采取预防措施进行防治。

2. 划分等级

根据矿山地质环境评估分区结果，以及对人居环境、工农业生产、区域经济社会发展造成的影响，按照区内相似、区际相异等原则，划分出不同等级的矿山地质环境保护与恢复治理区，即重点保护区、重点预防区、重点治理区、一般治理区。重点保护区内圈定的范围和禁采区内不得新建（改建、扩建）矿山，对已有开采矿山要关闭；重点预防区内要严格执行矿山建设准入制度和矿山环境影响评价制度；重点治理区内采取预防与治理措施相结合的方式进行综合防治；一般治理区内主要采取以预防措施为主、治理措施为辅的方式。

3. 建立动态的网络监测体系

应用先进的计算机技术，建立秦巴山脉重庆片区矿山环境动态监测体系，地质环境监测网由市级、区县级、乡镇级监测网点构成。充分发挥"互联网+"的优势，网络体系共享于相关部门，同时跟踪土地复垦和生态环境修复的全过程，时刻掌握矿山环境动态变化，预测矿山环境发展趋势，为矿山环境保护与恢复治理提供基础资料和依据。

4. 借鉴先进经验

矿山环境的恢复与治理、特别是土地的复垦要借鉴学习发达国家（如美国、加拿大、澳大利亚等，土地复垦率达50%以上，我国为10%左右）的经验[43]，这些国家在土地复垦方面有成熟的技术与丰富的经验，可以派人员去调查研究并学习相关技术。

第六节　矿产资源绿色化综合利用对策建议

在贯彻中央关于人口资源环境的基本国策，坚持"资源效益、经济效益和社会效益统一"和"在保护中开发，在开发中保护"的原则及矿产资源尽量少开发的基础上，正确处理矿产资源开发与水环境和生态环境保护的关系，努力提高矿产资源利用效率，建立矿产资源法制保护体系，加强矿产资源保护和管理，保护秦巴山脉的青山绿水，保持秦巴山脉的自然氧吧，走绿色化的矿产资源发展道路[44]，特提出如下对策与建议。

一、人才配备

首先，培养一批综合型地质人才，组建具有地质、遥感、地化、计算机等专业基础知识，有实战工作经验和极强学习能力、具备相应的资质和勘查能力的地质队伍，依靠先进的设备和科学技术，在矿产的勘查、评价、预测、开发利用等方面做出重要的成绩；其次，加强与专业地勘单位、国内外高等院校的技术合作，开展秦巴山脉重庆片区矿产资源在勘查、开发与利用和矿山环境治理与恢复等方面的科技攻关项目，依靠科技进步和技术创新，争取早日投入生产实践，促使矿产业持续健康发展；最后，适时引进国外先进的科技与设备，定期派出人员学习国外先进技术，将国外的先进经验与我国矿山的实际情况相结合，开创符合本地矿产开发利用和矿山保护的方法与技术，提高矿产的采选冶水平和综合利用水平，协调好矿产资源的开发和对生态环境的保护。

二、建立绿色矿山示范单位

通过建立国家级的绿色矿山试点示范单位，鼓励矿山企业按绿色矿山标准进行建设，带动类似矿山的绿色化建设，显著提高资源集约节约利用水平，有效保护矿山环境，全面提升矿区土地复垦水平，促进矿山企业与地方和谐发展，带动其他矿山企业向绿色矿山转变[45]。坚持长久地实施"矿山复绿"工程，尽早完成所有矿山的绿色化建设。

三、区县协同发展

在秦巴山脉重庆片区实行各区县的协同发展，甚至各省市的协同发展。秦巴山脉各个区县具有相同的地理环境、生态条件和资源条件，可以在空间格局、生态环境、资源共享、经济社会等方面高度关联互动形成高度聚集的若干个城镇，促进人口、资源、环境、经济的协同发展。建议国家在资金和政策上适当倾斜，发挥资源禀赋的优势，促进秦巴山脉重庆片区经济持续、快速发展，提升整个区域的竞争力。

四、矿山企业园区化

根据矿产的禀赋特征、成矿地质条件和资源潜力评价等因素，推进矿山企业园区化。矿业园区尽量远离城镇群；鼓励矿产品加工企业基地化、规模化发展，延长产业链和产品链，提高产品的附加值。这既可以解决当地居民的就业问题，也可以作为教育实习基地。前提是相应的配套设施要完善，如道路交通、水资源等。

鼓励大中型矿山企业通过合理补偿、整体收购、联合经营等方式整合周边小矿山，鼓励中小型矿山企业按照市场规则实施兼并重组，促进矿业集中化、规模化、园区化发展，降低对矿山环境的破坏，培育集勘查、开采、加工、科研于一体的大型矿业集团。

五、建立矿山开采的高效利用机制

在矿山开采前，严格遵守国家现行法律法规及有关产业政策，合理设置和投放探矿权，严格审查探矿权资格和范围，完善矿产勘查准入制度，充分发挥政府的宏观调控职能，建立政府引导、市场配置的矿产资源勘查新体制。严格采矿权的审批制度，对已有采矿权且符合规划要求的予以保留，对布局不合理的按规划进行调整；已有的探矿权符合开采准入条件的依法申请设立采矿权；新增采矿权必须符合重庆市采矿权设置方案，采矿权及资源配置向资源开采、深加工一体化的大中型企业倾斜。对可开发的优势矿产，如锰、钡等要严格控制开发总量，依靠科技进步和技术创新，延长资源加工产业链，发展高科技、高附加值的综合利用技术和产品；对中低品位矿石和共伴生矿石的开发利用应借鉴国内外的先进技术和设备，提高矿产的综合利用率；对开采技术或选冶技术不成熟的矿产应加强技术攻关，在技术不成熟时应禁止开发并保护好，等条件具备再规划开采。

六、严格执行矿山环境恢复与治理措施

（一）针对不同时期形成的矿山环境的治理采取不同的措施

坚持"采前预防，采中治理，采后恢复"的原则，对新建矿山、生产矿山、关停矿山（也即闭坑矿山）进行分类指导。

新建矿山应严格执行矿山地质环境保护与治理恢复方案、矿山建设用地和环境影响评价制度。矿山生产建设项目必须有矿山地质环境治理实施措施。缴纳地质环境恢复治理保证金，承诺恢复治理率和土地复垦率均达到100%。

对生产矿山要进行矿山地质环境调查评价工程，缴纳地质环境恢复治理保证金。生产期间要做到边开采边治理，确保开采后的矿山地质环境得到及时、有效的恢复。对开采造成的地质环境破坏、诱发的次生地质灾害和环境污染严重的生产矿山，责令限期整改，逾期不达标的，予以关闭。在矿山关闭时地质环境恢复治理率、土地复垦率均需达到100%。

对拟闭坑矿山加强监督管理，开展闭坑矿山地质环境保护与治理恢复。应向县、区国土资源、环境保护行政主管部门提交闭坑报告。待矿山地质环境保护与

治理恢复方案实施后，经国土资源、环境保护行政主管部门检查验收合格后，方可退还矿山地质环境保护与治理恢复保证金。

历史遗留矿山由政府投资进行矿山环境治理，也可以鼓励个人或团体投资或者接收环保人士赠款进行治理。对难以恢复和治理的矿山可开发为旅游景点和科普教育场所，情景再现矿产的开采过程，树立公众的环保理念。

（二）矿山环境保护与治理

根据矿山地质环境评估分区结果，将矿山地质环境保护与恢复治理区划分不同的等级。不同分区的要求和管理措施也不同。

（三）矿山环境恢复与治理

依据环境地质问题的严重程度做出综合分级评价，不同级别影响区采取相应的治理措施。治理措施主要以生态恢复、土地复垦、排水等措施为主，对个别影响大、危害重、治理效益不显著的矿山环境问题采取工程措施进行治理。同时，探索建立矿山生态环境恢复补偿制度，促进矿产资源合理利用，维护矿区良好的生态环境。

（四）将矿山环境保护与恢复治理保证金缴纳和采矿许可挂钩

将保证金专项用于矿山地质环境治理和生态恢复，由政府部门组织有关单位启用保证金进行治理，财政和审计部门应加强对保证金管理及使用情况的监督。

（五）建立秦巴山脉重庆片区甚至重庆市的矿山环境动态监测体系，加强矿山环境监测预警

全面掌握矿山环境动态变化，预测矿山环境发展趋势，做到发现问题及时整改，把对环境的影响降低到最小。

（六）加大宣传力度，增强全社会对矿山环境保护的责任感、使命感

让公众积极参与矿山环境的保护和监督，营造矿山环境保护与恢复治理的良好氛围，提高矿山企业遵规、守法的自觉性，合理开发利用矿产资源。

通过以上措施的实施，树立生态矿山的理念，把"环境第一"放在首位，把建设生态矿山的方案和政策落在实处，治理好每一个生产环节，实现矿山开采过程无尘化、生产过程清洁化、管理过程信息化、治理过程景观化，从而实现矿山的绿色可持续发展。

执笔人：严宁珍　黄兴成

第四章　秦巴山脉重庆片区绿色工业与信息业发展战略研究

第一节　绿色工业与信息业发展现状、思路及定位

一、秦巴山脉重庆片区工业与信息业发展现状

（一）秦巴山脉重庆片区六区县工业基本情况

秦巴山脉重庆片区现有工业主要包括制盐、建筑材料、纺织服装、食品药品、机械电子等。2015年工业总产值471.6亿元，占重庆市工业总产值的2.2%，与重庆市其他区县相比规模很小，且发展较为缓慢[2]。

重庆城口工业园区是位于城口县的新建工业园区，采取"一区多园"模式分组团、分批次建设。首批园区建设分为高燕组团和庙坝组团，主要分别发展锰矿高端产品和农林特色产品精深加工骨干产业。2015年，城口县实现工业总产值8.62亿元。工业园区"一区三组团"和产城融合项目加速推进，累计入驻企业42家，产业集中度达到71亿元/千米^2。经过优化重组，城口县形成了硅锰合金、电解金属锰、废锰矿渣磁选精品锰矿规模性生产能力[45]。

重庆开州区工业园区重点形成了"一区三园多点"的发展格局，园区重点建成能源、建材、绿色食品加工、轻工电子服装、天然气精细化工五大支柱产业。开州区制定了"646"产业体系规划，着力培育六大工业集群，打造四大三产亮点，建设六大农业基地；大力推进"百千万项目集群储备工程"，储备三次产业和城市开发、创意产业。2015年，开州区工业增加值达到99.65亿元，增长11.2%。规模以上企业达到110户，产值超亿元的企业达到40户。园区建设加快推进，入驻企业87户，园区工业集中度达到58%。工业创新能力不断增强，高新技术企业

达到2家，市级企业工程技术研究中心达到6个[46]。

巫溪县有能源矿产、环保建材、生物医药、食品轻纺四大资源型特色产业。凤凰组团规划发展低污染、高产值产业，布局医药业、丝绸纺织业、绿色农副产品加工业、林特产品加工业等劳动密集型产业。尖山组团规划发展以矿电联营项目为主的循环经济，布局钒钼矿、硅矿、电石、硫酸等资源开采与加工型项目。2015年，巫溪县实现工业总产值70亿元，规模以上工业产值达到23.3亿元，水电装机达到46万千瓦。工业园区开发面积达到1.5平方千米，建成标准厂房9.4万平方米，协议引资19.2亿元，17家企业落户入驻，新增规模以上工业企业10户、产值5 000万元企业4家[47]。

重庆云阳工业园区位于三峡库区腹心地带云阳县境内，与云阳新县城相连，水陆空立体交通运输便利，区位优势明显，由人和组团、松树包组团、黄岭组团和水口组团四大部分组成。人和组团主导产业分两大类：一是塑料制品及结构材料；二是农副产品加工。松树包组团主导产业分两大类：一是制盐及新材料；二是商用车。黄岭组团主导产业分两大类：一是化工及医药；二是重型装备。水口组团作为园区的扩展区，主导产业分两大类：一是硅产业；二是机械制造。2015年，云阳县实现工业产值126亿元，增长32.6%。工业增加值净增10亿元，增幅在渝东北排名第一，完成工业投资47.7亿元，新增规模以上工业企业22家，总数达到56家，规模以上工业企业产值77亿元，增长41.4%，新增产值过亿元企业4家。工业园区实现产值73亿元，投产企业产出强度超过每平方千米50亿元。认证高新技术产品2个，重庆知名产品3个，名牌产品、著名商标、地理标志各1个，云阳曲轴成为中国驰名商标[48]。

巫山县以职教中心人才、技术优势为依托，组建巫山县职教工业园；着力发展以电子信息、轻纺服装、小型机械加工、农副产品加工、旅游产品加工等为重点的劳动密集型加工业和制造业。2015年，完成工业总产值22.21亿元，同比增长3.5%；实现工业增加值10.23亿元，同比增长9.0%。规模以上工业实现产值9.01亿元，增长4.5%。其中重工业实现产值7.56亿元，增长6.3%；轻工业实现产值1.45亿元，下降3.9%[49]。

奉节县移民生态产业园是经重庆市人民政府批准成立的市级特色工业园区，是奉节县实施工业强县战略和对外开放的重要窗口，分安坪、草堂和朱衣3个组团。其中，安坪组团为能源、化工及建材产业园；草堂组团为特色农副产品和特色旅游产品加工产业园；朱衣组团为出口贸易加工产业园。2015年，奉节县全年实现工业增加值280 071万元，比2014年增长10.8%。其中，规模以上工业企业32个，规模以上工业总产值291 384万元，比2014年增长19.2%，增加值增速10.9%，实现经济效益综合指数176.3%，比2014年增长0.1个百分点。工业对经济增长的贡献率为7.5%，拉动地区生产总值增长0.9个百分点[50]。

（二）秦巴山脉重庆片区电子政务现状

秦巴山脉重庆片区电子政务应用基本普及。基础网络已覆盖了政府机关、重点企事业单位和全部乡镇街道，基础网络已形成体系；完成了电子政务监察系统接入工作，保障了网上政务服务工作的开展和推进，电子政务平台已具备较大规模，具备对各区县网络系统管理、控制和运行支撑能力。网络化、集中式行政审批系统发挥良好作用，各区县电子政务内网平稳运行，促进了办公方式的重大创新，提高了工作效率和服务水平。

近年，各区县各部门和有关单位针对存在的个别单位领导不重视、制度不健全、工作不落实、管理不严格等导致工作延误、效率低下的现象，加强了政务值班和县（区）长公开电话、县（区）长公开电子信箱承办工作，在提高办事效率、推进各项工作、解决群众困难、维护社会稳定等方面取得了一定成效（表4-1）。

表4-1　重庆市电子政务外网建设示范区县（第一批）名单

序号	示范区县	电子政务外网建设运维单位
1	渝中区	重庆市渝中区党政信息中心
2	北碚区	重庆市北碚区人民政府办公室
3	云阳县	重庆市云阳县经济和信息化委员会
4	奉节县	重庆市奉节县人民政府办公室
5	涪陵区	重庆市涪陵区人民政府电子政务办公室
6	黔江区	重庆市黔江区信息化管理办公室
7	长寿区	重庆市长寿区经济和信息化委员会
8	南川区	重庆市南川区经济和信息化委员会
9	武隆县	重庆市武隆县经济和信息化委员会
10	合川区	重庆市合川区电子政务网络管理办公室

注：运维单位名称为截至2015年底的名称，2016年11月武隆县改为武隆区

（三）秦巴山脉重庆片区各区县综合信息网络现状

城口县网络通信基本实现全覆盖。截至2015年，城口县已建成通信线路4 100千米，无线通信信号行政村覆盖率达到98%，自然村覆盖率达到95%，县城街道光纤覆盖率达到98%，乡镇场镇实现100%通光纤，行政村有线宽带覆盖率达到98.3%。为转变经济发展方式，推进新型工业化进程，提质信息化发展水平，城口县制订了《城口县信息化与工业化深度融合专项行动计划（2014–2018年）》。城口县着力推进信息技术与设计、制造技术的融合，着力推进信息技术与传统产业的融合，着力推进信息技术与服务业的融合，着力推进信息化与企业生产、

经营、管理的融合，着力推进信息化与资源、能源供给体系的融合。城口县开展了"企业两化融合管理体系标准"推广行动、"企业两化融合示范"推广行动、"中小企业两化融合能力提升"行动、"电子商务和物流信息化集成创新"行动等"八大两化"深度融合专项行动，成功申报了重庆鹏程源食品开发有限公司重庆市两化融合贯标试点企业。

开州区统筹推进3G（third generation mobile communication technology，第三代移动通信技术）/LTE（long term evolution，长期演进）网络覆盖、移动基站建设，着力打造互联网数据中心，实现数据的无缝连接；实施"光网·无线宽带"工程，以汉丰湖等重要景区为重点，启动实施智慧旅游、智慧政务、智慧社区、智慧商圈等应用示范工程；加快推进社会公共信息资源整合与应用，构建政务共享、信息惠民、信用体系、社会治理等公共应用平台；新建和改造地下管网40千米，整治城市道路81万平方米；建成4G（fourth generation mobile communication technology，第四代移动通信技术）基站347个，宽带网络覆盖所有行政村。开州区积极推动工业化与信息化深度融合，2015年以新型工业化为牵引，突出集群发展、链条延伸，培育产业竞争新优势，工业增加值增长13%；以信息技术应用为重点，以智能化、数字化、虚拟化、网络化为方向，对传统企业设计、生产流程进行再造，推进开州区能源及天然气、建筑材料等特色工业在"以信息化创新研发设计、生产装备智能化和生产过程自动化、企业管理信息系统综合集成"等重点领域的两化融合示范工程。

巫溪县信息基础设施建设加快。2015年，巫溪县建成301个基站，实现城区、重点乡镇和重点村4G网络全覆盖；发展智能终端用户9.5万户，其中4G用户1.34万户；积极响应"宽带中国"号召，完成城区新建小区光纤入户和重要场镇光网建设；大力推进工业化与信息化深度融合，改造提升传统产业，引导企业用信息技术对管理、生产、市场营销等环节进行改进和改造。巫溪县加快信息技术在制造领域关键环节的应用；加快培育互联网经济，扩大信息技术应用的深度和广度。

云阳县截至2015年已有一千多个通信基站，但还有不少村没有信号或者信号很差，为了促进这些地区的经济发展，云阳县目前已着手为没有信号或信号很差的地区建设通信基站。

巫山县2015年实现邮电业务收入31 750万元，比2014年增长4.2%；年末拥有移动电话用户405 331户，增长2.7%；固定电话用户52 131户，下降1.2%；互联网用户56 705户，增长28.9%。

奉节县电网改造基本完成，电力系统运作良好；通信事业进入4G时代，广电网络进一步扩展升级。奉节县加强电子信息技术改造传统产业，推动产业结构调整，促进企业信息化发展取得成效，建材、印刷和制药企业在新建和技术改造中采用智能制造设备建设智能车间和生产线,大幅提高了生产效率和产品质量。

(四)重庆片区各区县使用互联网进行电子商务的现状

1. 城口县

城口县积极推进农村电子商务发展。城口县地处大巴山腹地,生态资源富集,农林产品丰富。城口县希望在大力推进生态产业化、产业生态化的同时,把电子商务作为特色农产品走出大山、迈向市场的重要途径,切实加大对电子商务的培育力度。

城口县创立了电子商务综合运营公共服务中心,电子商务综合运营公共服务中心是联结各乡镇电子商务服务站的综合电子商务服务平台,该平台将构建为"技术支持+培训孵化+产品对接+品牌建设+网络推广+其他增值服务"的全方位服务模式,助力传统企业转型升级。

该中心将成为城口县商务孵化器和电子商务创业区,可提供摄影美工、品牌培育、创意设计等系统性全面电子商务服务;可为有意向或正在从事电子商务事业的人士提供一对一的电子商务技能培训、客服托管、订单协管等多方面的扶持帮助;还可提供政策扶持、线上运营管理、企业融资帮助等电子商务支撑服务。

重庆宅乐居电子商务有限公司被重庆市商务委员会纳入重庆市重点电子商务企业目录支持。京东、淘宝特色中国重庆城口馆、重庆时报爱达财富公司、蓝田网入驻城口县。重庆市城口县赵孝春野生食品开发有限公司、重庆鹏城源食品开发有限公司等一批传统农产品生产企业,已实现线上销售。截至2015年,城口县从事电子商务的市场主体34家,258家企业已在互联网上建库,990家企业建档。

2. 开州区

开州区积极培育发展医疗器械制造、药品包材、辅材生产等企业,以及医药仓储、物流、交易、医药技术服务、健康服务等医药配套服务企业。开州区建设了环汉丰湖商贸经济服务带,推进县城核心商圈提档升级,强化农产品批发市场的功能定位和效率提升;规范发展电子商务,创新现代流通方式;抓好农村流通体系建设。开州区大力发展现代物流业,形成以"渠口临港物流园、歇马生活物流园和长沙综合物流园"为核心,大型专业批发交易市场为支撑,第三方物流为主体的便捷高效物流网络体系。开州区以物流专业化、配送共同化、设备标准化、仓储集约化、操作机械化、企业规模化为方向,建设区县公共配送中心、城市共同配送网点、末端配送网点;推动电子商务、冷链、再生资源、生产资料等专业物流体系建设;加快物流业与制造业、商贸业的联动高效发展,到2020年,建成渝川陕鄂边区商贸物流枢纽。

3. 巫溪县

巫溪县电子商务2015年交易额突破1 000万元。巫溪县强力推进物流园区、亿联商贸城、马镇坝核心商圈、重百和新世纪入驻、美食一条街、夜市等商贸"六个一"工程；重点抓好汽车4S店、冷藏冷冻库、山羊交易市场等商贸项目建设；建立完善农产品流通、商贸物流配送、粮油收储供应体系；建立渝中·巫溪商贸联合互动机制；推动传统服务业转型发展，支持会展、金融保险、养生养老、电子商务等产业加快发展；强化旅游从业人员培训和行业监管，提升旅游服务水平；创新宣传营销方式，扩大规模效应和品牌效应；建设智慧旅游体系，扩大区域交流合作；围绕"两环一线"大力发展乡村旅游。

4. 云阳县

云阳县电子商务迅猛发展，建成了互联网产业孵化园、淘宝特色中国云阳馆、互联网产业协会三大平台，构建起同城物流配送、电子商务人才培训、镇乡村服务站点三大体系，开发了微信公众号"云创星空"和"go928"网络平台，2015年电子商务出件109万票，增长122%，交易额突破1亿元，增长415%。云阳县创建市级乡镇商圈2个；新培育限额以上商贸企业102家，总数达454家；新增亿元商贸企业3家，总数达13家。商贸龙头企业新建农村网店16个；新增O2O（online to offline，线上到线下）电子商务平台2家；新培育外贸企业8家，总数达51家。

云阳县在天猫、京东、1号店等大型电子商务平台建设"云阳馆"，为本地特色产品上网交易提供便利；支持传统企业开辟网上销售渠道，支持有条件和实力的企业打造农特产品B2C（business to customer，企业对消费者）、O2O等销售平台，新增20户电子商务企业，建设10个农村电子商务示范点，发展2户农产品网商企业。云阳县大力发展电子商务物流，引进全国知名电子商务物流企业，打造区域电子商务配送中心；吸引社会资本，建设仓储基地；加大对电子商务的宣传培训力度，营造全社会发展电子商务的良好氛围。

5. 巫山县

巫山县重视电子商务发展，投资400多万元完成了电子商务公共服务平台，规范设置了培训中心、销售中心；巫山县发展了电子商务数百户，其中登记注册电子商务企业300余户。

巫山县建设网上旗舰店，由网商协会牵头，重庆桦锐农业开发有限责任公司等4家企业产品成功入驻天猫、京东，开展网上购销，以电子商务综合服务平台为载体，在淘宝成功开设巫山农产品店，巫山粉条、腊肉、庙党等50多种特色农产品进入网上销往全国各地。

6.奉节县

奉节县打造"电商洼地"的势头持续升温，从农村淘宝与奉节县签订战略合作协议开始，奉节县历来"靠山吃饭"的老传统得以改变，并向现代科技靠拢，实现传统农业与互联科技的完美接轨。2015年8月4日，奉节县人民政府与阿里巴巴集团签订农村淘宝战略合作协议，标志着阿里巴巴集团正式进驻奉节县。

奉节县全力为农村经济发展织就一张巨大的网，通过这一窗口把奉节县特色品牌打响、造亮，既可以实现传统农业与互联科技的完美结合，又可以推动现代从农人员的思想观念转变，从根本上解决了致富瓶颈，可谓奉节县经济社会发展的又一大跨越。

二、秦巴山脉重庆片区绿色工业与信息业发展思路

（一）工业与信息业发展的有利条件和制约因素

秦巴山脉重庆片区工业与信息业发展优势包括四方面。一是党中央、国务院高度重视区域协调发展，就加大扶贫开发力度、深入推进西部大开发和促进中部地区崛起做出了一系列战略部署，为加快重庆片区发展提供了根本保证；二是国家大力推进区域生产力布局调整和产业结构优化升级，为重庆片区承接产业转移、发展特色优势产业提供了机遇；三是关中—天水经济区、成渝经济区、武汉城市圈、中原经济区的快速发展为重庆片区提供了良好的周边环境；四是南水北调中线工程、《三峡工程后续工作规划》实施等重大建设任务，为重庆片区加快转变发展方式、推动科学发展提供了契机。习近平总书记提出，"福建山区多、老区多，当年苏区老区人民为了革命和新中国的成立不惜流血牺牲，今天这些地区有的还比较贫困，要通过领导联系、山海协作、对口帮扶，加快科学扶贫和精准扶贫，办好教育、就业、医疗、社会保障等民生实事，支持和帮助贫困地区和贫困群众尽快脱贫致富奔小康，决不能让一个苏区老区掉队"[①]。这也将为秦巴山区全面建成小康社会提供坚实保障。生态建设和节能环保上升到国家战略层面，将为重庆片区新的经济社会发展提供有力支撑。

目前，国际、国内电子商务蓬勃发展，电子商务应用领域逐步扩大和深入，国务院明确提出了"互联网+"的发展战略，先后出台了培育主体、税费优惠、人才培养、配套产业发展等多项政策文件，有效地推动电子商务健康、快速发展。新型城镇化的不断推进，将为秦巴山区电子商务发展提供更便利、快捷的网

---

① 习近平在福建调研：强调全面深化改革全面推进依法治国 为全面建成小康社会提供动力和保障. http://jhsjk.people.cn/article/25960195，2014-11-03.

络基础环境。新型城镇化会逐步改变落后的消费观念，提高城镇化消费群体利用信息化手段进行网上购物的普及程度，为加快发展电子商务开辟较大增量市场。

秦巴山脉重庆片区工业与信息业发展制约因素包括四方面。一是信息化意识薄弱。农民文化水平普遍偏低，信息接收能力较差。广大市民和多数企业管理者信息技术、电子商务相关知识匮乏，对信息化理解仅停留在电子商务层面，对电子商务的理解也还停留在上网或网站建设阶段，对突破传统交易的制约因素、提高经济效益等优势认识不足，对信息化管理、提高生产效率的认识更少。二是硬件基础条件较差，网络覆盖差距大，资金投入不足。重庆片区电子商务起步较晚，硬件基础设施欠缺，导致物流成本较高，电子商务指导服务中心机构、物流中心、城市公共配送体系、乡镇村综合电子商务服务站点等电子商务基础设施有待建设完善。由于信息产品的消费偏高，存在农民的购买力不足的问题。三是企业产业技术低，市场竞争力小。秦巴山区区县传统工业品缺乏市场竞争力，现代商贸流通业尚不发达，战略性新兴产业培育不足，第三产业在电子商务领域发展滞后。特色农林产品种类多、品质好，虽然市场需求大，但缺乏规模化生产、标准化加工，远远不能满足市场需要。四是市场主体和专业人才欠缺。区域内缺乏上规模、技术含量高的电子商务企业，原有电子商务企业少、带动能力弱。外出务工人口多，专业信息人才匮乏，主要是电子商务快速普及应用所造成的人才需求膨胀，特别是电子商务高端的技术、管理、营销、运营人才缺乏，导致县内企业不善于利用电子商务进行产品营销与品牌提升，影响电子商务的发展和运用。

（二）工业与信息业发展总体思路

秦巴山脉重庆片区地处重庆渝东北生态涵养区，整体采取"面上保护，点上开发"的发展思路，工业产业主要是发展有资源的特色产业。绿色工业与信息业发展应以加快生态文明建设为主线，将工业与信息业发展同生态环境保护进行有机结合，立足于生态，着眼于经济，因地制宜，不断调整优化工业与信息业布局和产品结构，推进信息化与工业化融合发展，走低碳绿色循环发展道路，提高工业与信息业整体效益[51]。

第一，进行产业绿色化改造，缓解人与自然的不和谐发展并逐步保护自然，因此，应该大力投入农林产品深加工产业，并大力发展生物医药等新兴产业，同时发展特色文化产业、休闲度假养生业、旅游业、餐饮住宿业，对矿业、建材、化工等传统重工业进行存量绿色化改造和增量绿色化构建，加大信息化技术投入，让信息技术改进工业发展中的不足和工业发展中存在的对自然破坏的不利因素，同时提高能源的利用率和生产的高效率。

第二，物流是消费者和卖家之间的一个桥梁，尤为重要，发展现代物流会带给消费者和卖家更大的利益，同时也可以更好地推动经济的发展。因此，发展现代物流首先应该推广无线射频识别、物联网、导航技术等现代物流技术和节能设备的应用。其次，发展产地物流、多式联运和共享第三方物流，建立公共配送体系，促进运输减量化。再次，大力合理规划和优化仓储布局，建设绿色物流园区，推广低能耗、低排放的运输工具和仓储设施。最后，大力发展逆向物流，鼓励生产者、回收企业及资源再生利用企业联合开展废旧产品回收、处理和再利用，建立专业化再生利用物流体系。

第三，要建立循环经济产业链。循环经济产业可以更加高效地利用资源，将资源的可利用率达到最高，减少资源的浪费和处理不当带来的困扰。例如，建立生物医药的循环经济产业链：以生物药材生态种植基地为核心，可以将原药材输送出去，制作中药饮片，同时可以利用药材的副产物制作化妆品、洗浴用品、保健品等；在制药过程中生产的药渣可以制作有机肥或者制作饲料添加剂用于养殖家禽，家禽产生的粪便可以做有机肥再输送至生态养殖中使用，形成循环经济产业。

第四，要大力发展清洁能源（水电、风电、生物能源等），清洁能源不仅可以减少带给自然的危害，还可以节约更多的资源，因此应该更加广泛地发展清洁能源来供给我们的生活所需。例如，水电，不仅可以用水资源进行养殖和运输，还可以利用势能发电进行电网供电。又如，风电作为自然带来的有效能源，不会对自然带来破坏，其开发具有很好的利用空间。再如，利用农林生产的废弃物作为生物能源来发电，实现生物能源的有效利用。

第五，实施"互联网+"战略。目前，国际、国内电子商务蓬勃发展，电子商务应用领域逐步扩大和深入，国务院明确提出了"互联网+"的发展战略，先后出台了培育主体、税费优惠、人才培养、配套产业发展等多项政策文件，有效地推动电子商务健康快速发展。一是"互联网+农业"。首先是建立农产品交易平台，提供农业信息的交流沟通平台，为农业的生产和交易提供更好的平台，发展更好的农业和生产优质的农产品，让农产品通过互联网卖得更好、卖得更多、卖得更远。其次是对接城乡专业网站，将原生态特产带入城市，可以使农产品通过农产品交易平台更加容易地进入城市，同时带动农业的发展。这是一个主要的渠道。最后是做农村淘宝，不仅可以带动农村创业，还可以拓广特色农林产品市场，建立云农场，将农村电子商务、农村物流、农技服务、农村金融集于一体，不仅可以惠农、惠商还可以惠需求农产品的消费者。二是"互联网+旅游"。利用互联网不仅可以进行网上推广与宣传，还可以结合O2O，同时利用互联网可以将旅游咨询和旅游服务同步，让消费者可以更好地了解旅游资讯引导其更好地消费，从而提升旅游发展空间。三是"互联网+特色资源"。建立当地特色资源交易平台，提供特色资源的交流和沟通平台。将当地的特色资源引到整个社会群体中，让更多的人了解当地的特色资源和了解当地的文化，不仅可以促进当地特色资源的发展，还可以带动旅游的发展。

三、秦巴山脉重庆片区绿色工业与信息业发展定位

秦巴山脉重庆片区六区县按照重庆市五大功能区的战略定位，同属于渝东北生态涵养发展区[52]。除了城口以外，其他五个区县都与三峡库区发展相关联。根据三峡库区后续发展的国家战略，对渝东北地区涵养区的定位，主要有三个方面：它属于国家重点生态功能区，属于长江流域重要生态屏障，还是一个特色的资源加工基地[53]。

由于目前秦巴山脉重庆片区六区县所处地位不一样，巫山、城口、巫溪、奉节处于工业发展初期，水平相对比较低，规模比较小。开州、云阳工业发展水平比较高，规模比较大，开州有200多亿元，云阳有170亿~180亿元，规模相对比较大。

立足秦巴山脉重庆片区地形地貌条件和产业发展基础，按点轴开发的模式调整优化产业空间布局，引导产业适当集中发展，分类开发、分类指导，重点发展云阳、开州，引导发展巫溪、巫山、奉节、城口。在"十三五"期间，发展云阳、开州工业经济，形成按照其现有的工业规模及特色资源为主导的特色产业，如纺织、农户产品加工、装备制造等。对于巫山、巫溪、奉节和城口，主要是围绕其今后特色的旅游产业，发展珠宝等的旅游产品加工业，以及有限的矿产加工产业。

万开云综合产业发展区以万州为核心，整合开州、云阳城市发展区，统筹规划布局，加快产业集聚和产业提升，逐步成为渝东北地区重要的产业密集区[54]。该发展区充分利用天然气、岩盐、中药材、农副产品等优势资源，以及机械、建材、能源等产业基础，发挥万州特有的水陆空立体交通优势，依托万州工业园区、开州白鹤工业园区、赵家工业园区和云阳工业园区，发展盐气化工和天然气石油精细化工、纺织服装、机械制造、绿色食品、现代制药、新型建材等产业，加快商贸、物流、金融等现代服务业发展，建设成渝东北地区最大的综合产业基地和商贸物流中心。

奉节、巫山、巫溪、城口四个特色产业布局点，县域内矿产、农林、旅游和能源资源丰富，但自然条件和环境容量有限，不具备大规模开发条件。要充分考虑环境承载能力，发展旅游业、绿色农林产品加工业、清洁能源和环保建材，形成生态特色经济。特别是要整合巫山、奉节、巫溪旅游资源，打通交通联系通道，建立协作开发机制，打造旅游"金三角"。

第二节 绿色工业与信息业发展战略布局研究

依据国家主体功能区规划、秦巴山区各地区所在省市的主体功能区规划，综

合考虑秦巴山脉重庆片区的地理位置、气候条件、资源承载能力、工业发展需求及地区信息化现状等条件提出具有区域特色的绿色工业与信息业发展战略布局，明确重点产业发展区域。

一、秦巴山脉重庆片区的功能划分

（一）主体功能区规划

国务院根据不同区域的资源环境承载能力、现有开发密度和发展潜力，编制《全国主体功能区规划》（国发〔2010〕46号），将国土空间划分为优化开发、重点开发、限制开发和禁止开发四类[55]。

国家优化开发区域的功能定位是：提升国家竞争力的重要区域，带动全国经济社会发展的龙头，全国重要的创新区域，我国在更高层次上参与国际分工及有全球影响力的经济区，全国重要的人口和经济密集区。

国家重点开发区域的功能定位是：支撑全国经济增长的重要增长极，落实区域发展总体战略、促进区域协调发展的重要支撑点，全国重要的人口和经济密集区。

国家限制开发区域的功能定位是：资源承载能力弱、大规模集聚经济和人口条件不够好并关系到全国或较大区域范围生态安全的区域。

国家禁止开发区域的功能定位是：我国保护自然文化资源的重要区域，珍稀动植物基因资源保护地。

重庆市依据国家主体功能区规划制定了《重庆市主体功能区规划》。《重庆市主体功能区规划》把重庆市国土空间分为国家和市级重点开发区、国家和市级重点生态功能区、农产品主产区及国家和市级禁止开发区四类。到2020年主体功能区布局基本形成后，重庆市将呈现生产空间集约高效、生活空间舒适宜居、生态空间山清水秀的美好图景。

（二）秦巴山脉重庆片区区县重点开发区域

重点开发区域的资源环境承载能力较强，进一步集聚人口和经济的条件较好，发展潜力较大，是重庆市推进工业化和城镇化的重点区域。区域范围包含云阳、开州等30个区县（自治县）的全部区域及其余10个县的中心城区规划区（不含其中的禁止开发区）。规划将万开重点开发轴线——以万州为中心，以万州和开州中心城区为重点、以万开高速为轴线，建成渝东北地区最重要的经济和人口集聚区。万州重点开发区域主导产业有化工、高技术产业、轻纺食品加工、装备制造、服务业、能源产业、建材、中药材、旅游。

中心城区重点开发区域含云阳、奉节、巫山、巫溪、城口。中心城区重点开发区域主导产业：云阳，非金属矿物制造、绿色食品加工、旅游业；奉节，能源产业、以脐橙为重点的绿色食品加工业、旅游；巫山，旅游、烤烟、煤炭产业；巫溪，清洁能源、生态旅游；城口，旅游、农林产品加工、采掘业、中药材、清洁能源。

（三）秦巴山脉重庆片区区县限制开发区域

限制开发区域的资源环境承载能力较弱，大规模集聚人口和产业条件有限，关系较大范围的生态安全或食品供给安全，要加强统筹规划和保护，使其成为保障重庆市生态安全的主体区域和保障重庆市食品供给安全的重要基地，成为重要的生态功能区、人与自然和谐发展的示范区。

重庆市限制开发区域主要包括两翼地区的云阳县、彭水苗族土家族自治县、城口县、巫溪县、巫山县、奉节县、石柱土家族自治县、武隆区、酉阳土家族苗族自治县、秀山土家族苗族自治县等10个县（自治县）中心城区规划区以外部分。其中秦巴山脉重庆片区区县为城口、云阳、巫溪、巫山、奉节。

限制开发区域要以稳定提高农业综合生产能力和生态产品生产能力为首要任务，增强水源涵养、水土保持、维护生物多样性等能力，因地制宜地发展特色农业等资源环境可承载的适宜产业，引导超载人口逐步有序转移。

二、绿色工业和信息业发展布局

立足渝东北地区地形地貌条件和产业发展基础，延续点轴开发的模式并融入功能区定位（渝东北水涵养区）调整优化产业空间布局，引导产业适当集中发展，形成"一区两轴四点"产业布局，即万开云综合产业发展区、丰忠特色产业发展轴、垫梁特色产业发展轴，奉节、巫山、巫溪、城口特色产业布局点，实现渝东北地区与一小时经济圈产业联动发展。

充分发挥区域内生物资源、矿产资源和劳动力资源丰富的优势，结合现代互联网优势，努力沿功能区定位要求使资源优势转化为经济优势。

绿色食品。与特色农产品种养基地建设相配套，加快培育农林产品加工龙头企业，重点发展优质柑橘、优质粮油、优质生猪、草食牲畜、榨菜、笋竹、茶叶、食用菌、干果、烟叶等特色农产品加工，努力建成全国最大的柑橘加工基地、全国重要的有机食品基地、名优酒品基地、优质调味品基地、优质烤烟基地和生态林产干果基地。

现代中药及生物医药。依托奉节、巫溪的贝母，巫山、巫溪、奉节的党参，巫溪的红豆杉，城口的杜仲、薯蓣，开州区的木香、玄胡等资源及产业基础，发展中药材加工及生物医药制药，建成全国重要的中药产业基地。

能矿建材。依托丰富的天然气、煤炭、岩盐、硅、锰等矿产资源，提高环境保护准入条件，发展清洁能源生产、矿产资源深加工和建材产业。重点发展开州、奉节、巫山的煤电，奉节、巫溪和城口的水电，加快开发开州的绿豆岩，巫溪的钒钼矿，云阳、开州的粉石英，巫山的铁矿，城口的锰矿和钡矿等矿产。以提高产品质量档次为重点，加快整合建材工业，重点发展竹系列装饰材料、塑料建材、人造板、陶瓷建材等产业。

盐气化工和天然气石油精细化工。在严格保护环境的前提下，适当集中布局，拓展产品链，形成一批有竞争力的化工产品和重点企业。大力发展盐气化工，培育发展联碱、离子膜烧碱、氯酸钠、聚氯乙烯、盐碱玻璃等系列产品，引导发展相关配套产业，把万州建设成为全国重要的盐气化工产业基地，合理布局部分乙烯下游、工程塑料、涂料等系列产品。

机械制造。围绕建设"中国汽车名城""摩托车之都"和装备制造业基地，以云阳为重点，积极发展汽摩及配件、船舶修造、液压机械、热压机械、仪器仪表、导航设备、喷涂喷沙、蓄电池铸板机等机械制造产业。

纺织及服装。充分利用丰富的苎麻、桑蚕等特色资源，开发棉纺、毛纺、丝绸和其他植物纤维纺织系列产品，发展高档面料、印染、服装等关联产业，打造名、特、优纺织服装产品，建成西部地区最大的棉、麻、丝绸纺织服装基地。

商贸物流业。推进区域性商贸中心的规划建设。把万州建成辐射渝东北地区和川东、陕南、鄂西、湘西的商贸流通中心，把开州、奉节、忠县建成渝东北地区区域性商贸中心。在开州、奉节等地高起点规划建设中心商圈，增强对城市功能的完善和档次的提升。发展云阳滨江公园美食休闲街、丰都旅游文化用品一条街等特色商业街。

三、绿色工业与信息业发展配套措施建议

1. 加快专业市场建设

建设和发展汽摩、建材、家具、机电、化医、服装、农产品、农业生产资料等批发市场，构建与特色产业发展相适应、与综合运输体系相结合的批发市场体系。在开州、云阳等地建设和发展一批大中型批发市场、特色专业市场，建成在全国具有重要地位的三峡库区中药材批发市场。以县城和中心镇为重点建设轻工业品、特色农产品批发市场。

2. 积极发展新型商贸流通业态

创新批发零售业态，促进业态合理均衡发展。引导传统批发市场向专业卖场、订单交易中心、品牌展示中心等新型业态转型。大力发展连锁经营，积极推进家电、汽车、农资、图书、品牌专卖等专业连锁，推动连锁经营向社区发展。

鼓励支持商贸流通连锁经营龙头企业向区县、乡镇渗透。加快发展专业店、便利店、仓储会员店、折扣店等。

3. 加快农村商贸流通业发展

加强农村消费品流通体系建设，围绕新农村建设推进农村流通领域的"双建工程"，依托商贸龙头企业改造、整合农村商贸网点，采用统一配送模式将农村市场纳入多层次立体消费市场，推进城乡消费市场逐步一体化。推进农产品批发市场标准化，逐步形成布局合理、功能互补、产销结合、高效顺畅的农产品流通体系。鼓励发展农资连锁经营，支持有条件的农资企业采取特许经营方式，吸引小型农资经营企业加盟，建设规范的农业生产资料流通体系。

4. 大力发展现代物流业

充分利用长江水位升高、航运条件改善的新优势，加快库区港口、码头建设，与高速公路、铁路等进行多式联运，形成重庆市物流的东向出海大通道。重点发展商贸、工业和农业中转及配送物流，建设以万州为核心，以忠县、奉节等物流中心为节点，布局合理、层次分明、功能完善的区域性物流体系。积极培育忠县、奉节、开州等综合性、专业性物流中心，结合工业园区、各县中心市场等物流服务需求，发展若干工业原材料、产成品及生活消费品物流配送中心。

第三节　绿色工业与信息业发展重点工程研究

一、绿色循环经济工业园区建设

（一）现状及问题

1. 资源依赖性强，结构相对单一

目前部分区县工业发展较大程度上主要依赖资本、劳动力投入和资源消耗等方式外在扩张，低附加值产业模式仍未改变，工业结构相对单一，食品加工、机械制造、电子信息等产业基本处于产业链上游和价值链低端，缺乏科技含量和附加值较高的深加工品牌产品。云阳现有企业多为移民搬迁后新发展的资源加工型、劳动密集型的中小企业，工业基础和产业布局主要依托于自然资源优势和劳动力资源优势，制造业还处于起步阶段；工业生产技术含量低，企业竞争力不够，煤炭工业独大，比重明显偏高，直接影响工业经济的稳定运行。行业内龙头企业带动作用不强，大中小企业之间没有形成充分的分工协作关系，生产效率偏低。

2. 产业链条短，产业集群尚未形成

规模以上工业企业在区县工业中还没有形成绝对优势，工业集约化程度低，小型或作坊式生产企业在区县工业经济中仍占较大比重。产业链条较短，主要集中在煤炭采掘、电力、燃气、建材等几大领域，产业前向关联和后向关联不够，规模以上企业未能形成上下游产业紧密联系的集群。

3. 企业创新能力不足，科技成果转化率不高

区县工业企业基本以传统型企业为主，企业运用新技术生产能力较弱，缺乏原创技术和核心知识产权，产品的技术含量较低，自主创新能力不足。企业研发投入不足，研发投资的渠道、投融资的要素聚集不够。高层次创新科技人才偏少，产学研合作推进相对缓慢，科技成果转化率不高。

4. 基础条件落后，对工业发展形成较大制约

目前区域内高速公路虽实现突破，但尚缺乏铁路运输，交通体系不完善，运营能力和效率低，对工业发展的支撑弱。一些区县尚不具备铁路运输能力，港口的物流吞吐能力未能有效释放，现有运输以公路运输为主，运输成本相对较高。企业之间的联系紧密度不够，分工协作程度不高，原材料生产、包装、仓储、物流等产业配套基础不够完善，致使企业的物流成本增加，企业的竞争力降低。

5. 资金缺乏，招商引资困难，重大支撑项目少

六区县都曾经是国家级贫困县，地方财力有限，财政无力承担工业园区大规模建设资金投入；国家和市级对口支援帮扶力度不大，投入不足；资金缺乏引起的基础设施建设不完善、缺乏专业人才的引进和招商引资网络的不发达等原因，使工业园区的总体竞争力不强；现入驻企业较少，经济总体规模不够大，企业整体经济实力有待提高，基础设施配套相对也不完善。受现状用地条件的影响，在工程造价上投入相对较高，从而带来相当大的资金压力。同时，招商引资项目库的建设不完善，产业定位缺乏科学系统论证，使得工业园区的产业支撑项目策划储备不足，且部分重点项目由于受政策、环境、资金等因素制约，推进十分缓慢。

6. 工业发展平台功能不够完善，集聚发展效果不明显

尽管部分工业园区现已初具规模，但入驻企业不多，招商困难，且西部新区小微企业创业园（或都市工业园、工业楼宇），以及重点乡镇小企业创业基地

（或者特色产业基地、返乡创业园）等平台尚未完全成形，工业集聚发展成效不显著。一些返乡农民工规划就近在集镇办厂，因缺工业用地规划和用地指标，项目难以落地。

（二）重点发展四大特色产业

1.加快发展能源及天然气综合利用产业

按照超前发展、保证供给、优化结构、提高效益的原则，以结构调整为主线，以市场需求为导向，大力推广天然气的综合利用，鼓励发展城市燃气、工业燃料和天然气发电。着眼资源优化配置，提升区县资源利用结构，以开发水能和生物质能为重点，积极开展生物柴油的研发，强化产业支撑，实现新能源和可再生能源有效补充、多种能源全面协调发展。

能源及天然气综合利用产业链见图4-1。

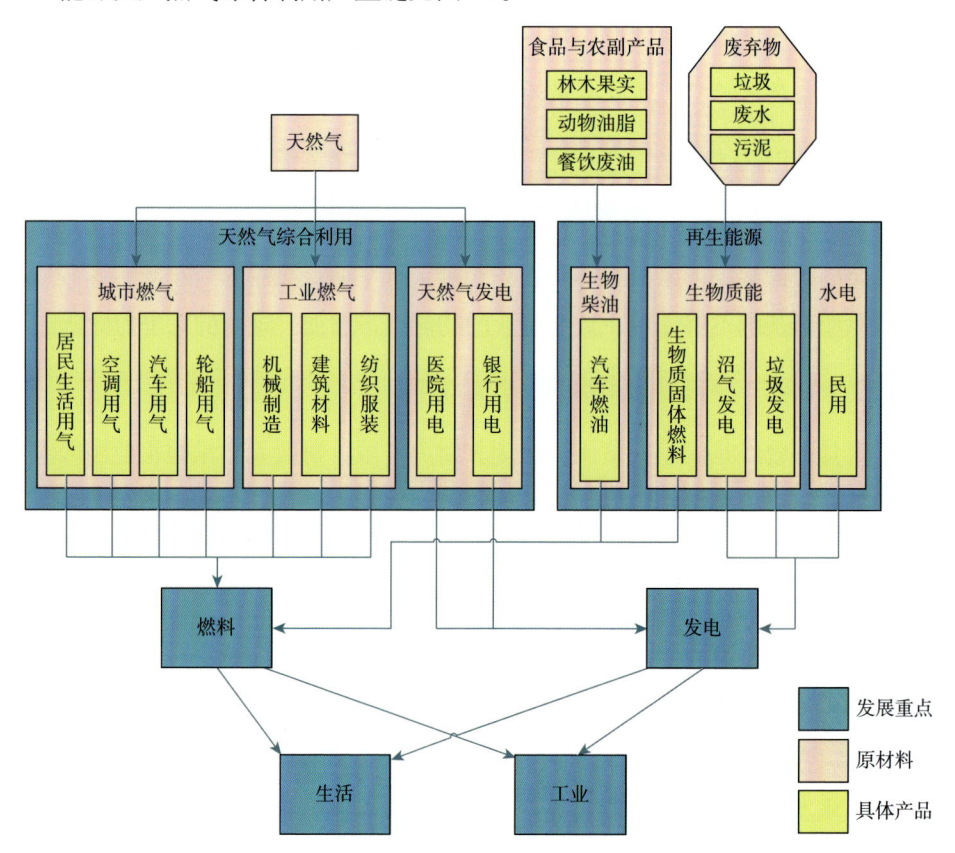

图4-1 能源及天然气综合利用产业链

2. 转型升级建筑材料产业

积极抓住城镇化建设的机遇，以科研院所为技术研发支持，壮大现有企业规模，培育更多更优生产品牌，形成原材料供给、复合型材料生产、成品加工和销售为一体的生产链体系。重点发展满足城市居民家庭和各类建筑装修用途的中高档建筑陶瓷、木塑材料、新型墙体材料，横向拓展门和玻璃产品种类，最终实现从低端制造向高端制造转变，从能源资源消耗型向低碳节约型转变，从单一材料制造向完善产业链转变。

建筑材料产业链见图4-2。

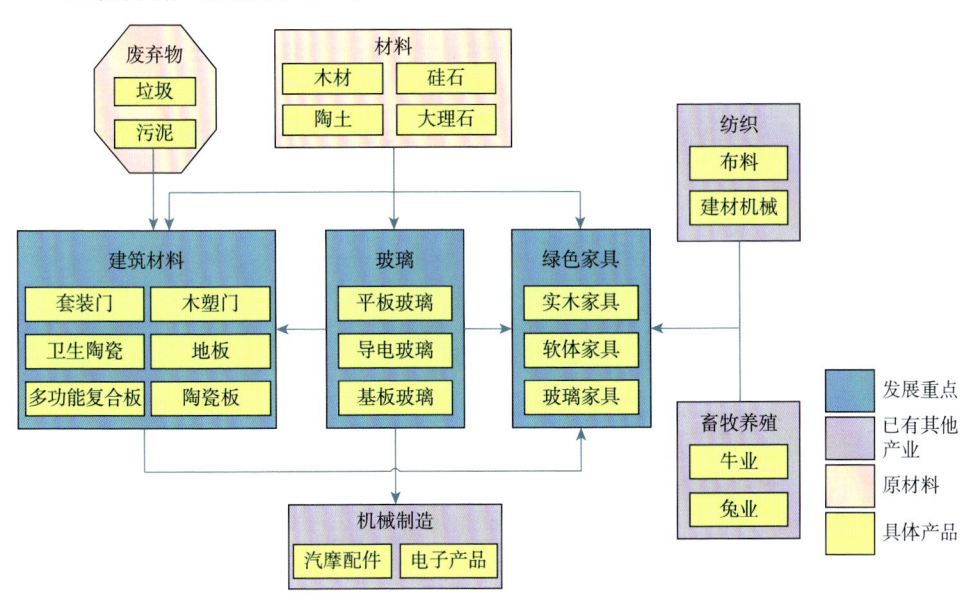

图4-2 建筑材料产业链

3. 逐步壮大食品与农副产品加工产业

依托秦巴山脉重庆片区六区县丰富的优质特色生物资源优势，以产品深加工为目的，以品牌塑造为重点，延伸特色生物资源开发产业链条，带动特色食品与农副产品加工种养殖基地规范化、规模化发展。重点发展果蔬、食用菌、禽畜、茶叶、粮油和水产等农副产品精深加工，实现特色生物资源优势向经济优势的转变，最终形成其支柱产业之一。

食品与农副产品产业链见图4-3。

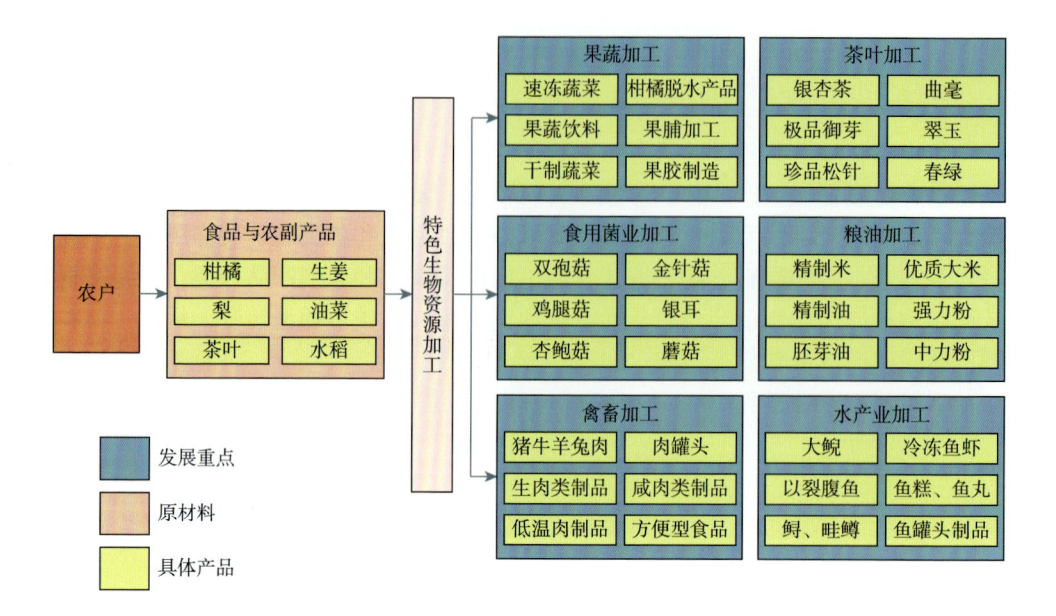

图4-3 食品与农副产品产业链

4. 优化提升纺织服装产业

紧抓重庆市打造千亿元级服装城的机遇，积极承接东部沿海服装加工的产业转移，推进服装产业集群招商项目建设。对接再生纤维加工、动物纤维加工、化学纤维加工等企业，引进购买原色纤维纺纱线，加强面料、先进服装和服饰制造工艺，逐步壮大产业集群并延伸产业链条。狠抓服装出口代加工生产，推进本土企业自主服装品牌的发展。推广电子商务和实体店相结合的营销方式，扩大销售和出口，打造中国西部轻纺服装城。

纺织服装产业链见图4-4。

（三）积极培育三大接续产业

1. 大力推进机械制造产业

紧抓国家和重庆市产业调整与振兴规划的实施机遇，按照壮大产业规模、提升产业质态的要求，推动产业聚集，拉长产业链条。拓展汽摩零部件种类，着力引入模具、机床、电机等配套生产企业，实现自行车整车制造、汽车零部件制造、轻工机械制造的集聚效应。同时，以清洁生产理念为指导，提高原材料的使用效率和延长产品的使用周期，增加零配件的重复使用次数，降低能源消耗，推动机械制造产业快速发展。

机械制造产业链打造思路见图4-5。

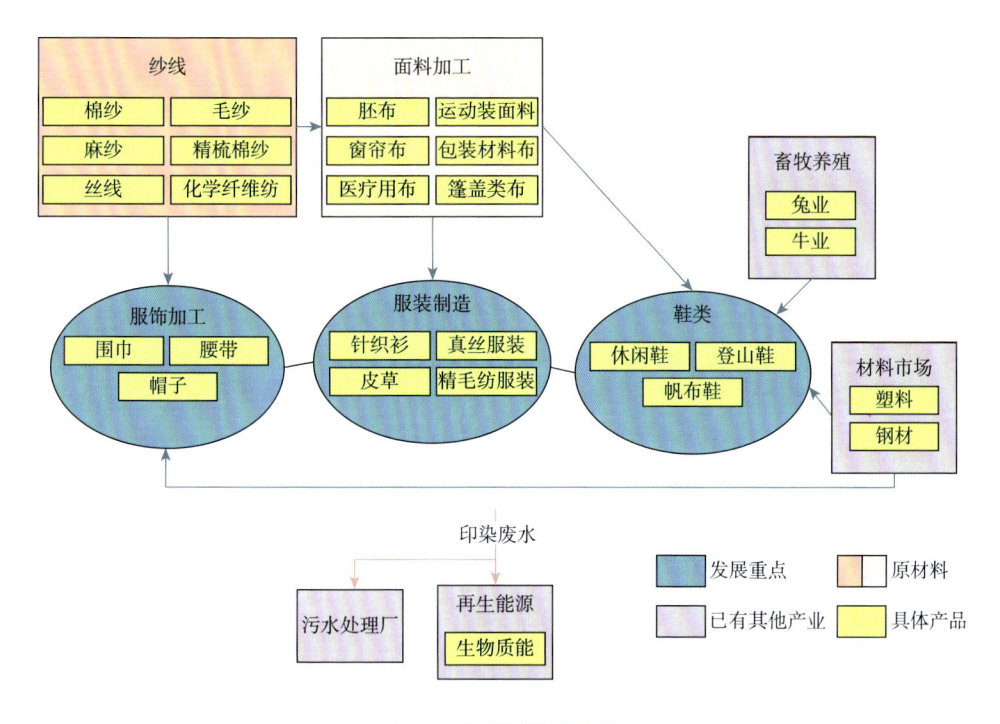

第四章　秦巴山脉重庆片区绿色工业与信息业发展战略研究

图4-4　纺织服装产业链

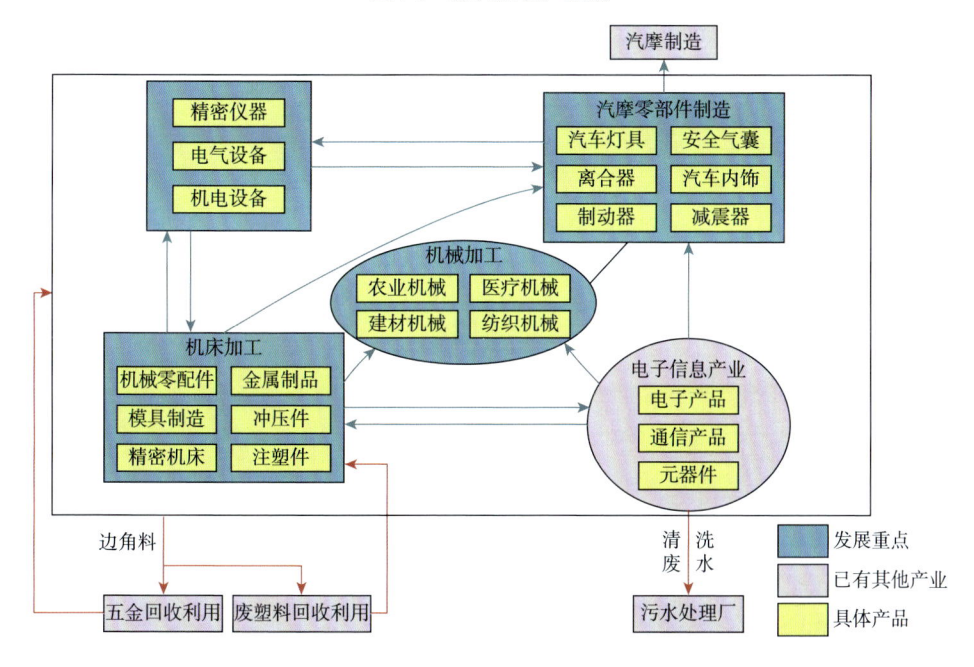

图4-5　机械制造产业链打造思路

2. 加速拓展医药制造产业

以市场需求为导向，以提升创新能力为核心，以产业化和规模化为重点，推进医药产品研发从仿制为主向自主创新转变，研发生产具有自主知识产权和核心技术的名、特、优产品。重点建立中草药优质种植基地，提升对优势药材的开发层次和利用水平，着力进行药材提取物、保健品、新药、日化产品、兽药等的开发和规划，推行清洁生产，形成培育良种选育，种植技术研发，中药饮片、中药保健品、中成药制剂、医药器械及其他产品深加工和中药材交易市场的产业格局，促进当地医药制造产业结构优化升级。

医药制造产业链打造思路见图4-6。

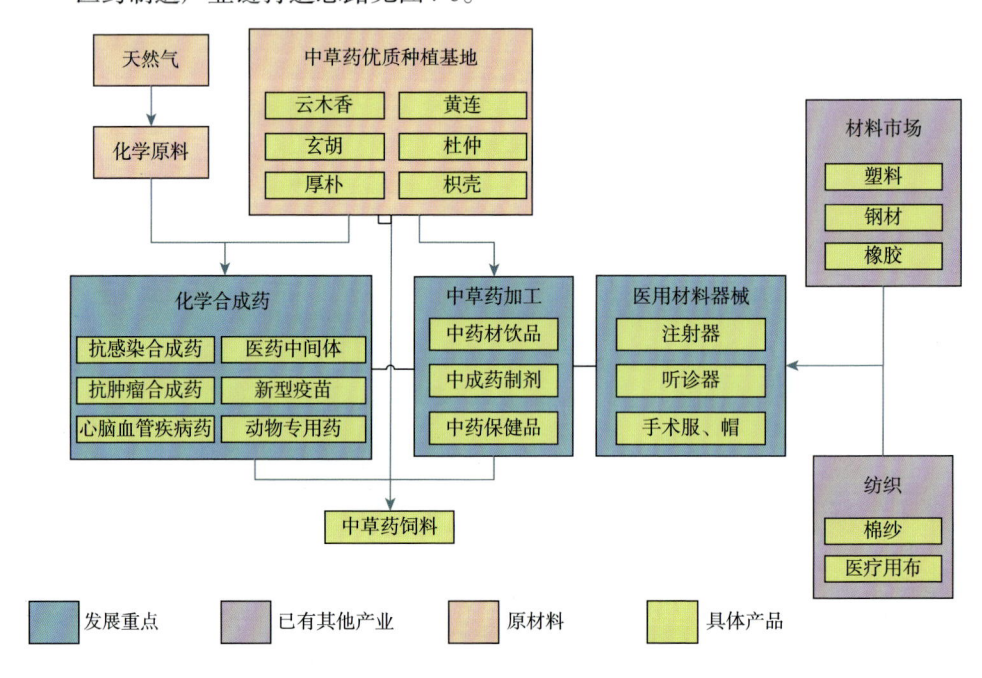

图4-6　医药制造产业链打造思路

3. 稳步推进电子信息产业

借助开州区电子元器件制造业优势，重点布局设备终端、家电制造、电子材料、LED（light emitting diode，发光二极管）照明设备及其配套产业，打造以科研院所为智力支撑，以原材料器件供应、配套生产厂商、整机生产厂商和销售商为一体的产业链体系。以高性能半导体、片式元器件、半导体照明等电子器件产品和新型电池为突破口，形成与周边区县笔电产业的合理配套互补。积极部署智能可穿戴设备在医疗监测、生活保健方面的应用。在做大做强空调、冰箱、洗衣机、热水器等传统家电产业的同时，带动家电产品向智能化、自适应化、网络化方向转型发展。大力发展电子材料等配套产业，加大LED节能照明设备生产投入，紧扣重庆市重点招商项目，逐步提升开州区电子信息产业的产品研发能力和制造水平。

电子信息产业链见图4-7。

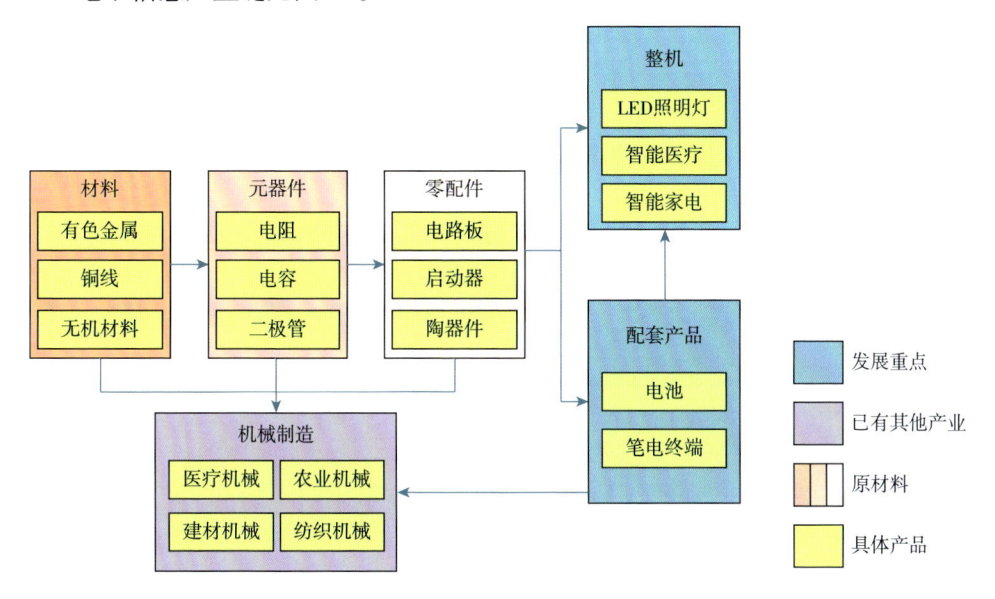

图4-7 电子信息产业链

4. 配套发展生产性服务业

紧紧围绕各区县特色化服务业的总体思路，结合各区县工业产业发展战略和发展重点，坚持以专业化、产业化、社会化和市场化为方向，重点发展现代物流业、电子商务业、金融服务业、技术服务业及公共服务平台，以提升工业竞争力为目标，通过政府积极引导，整合服务资源、创新发展模式、拓展服务领域、增强服务功能、规范市场，促进新型工业体系与生产性服务业的生态融合、互动发展。

（四）企业落户准入

1. 基本条件

（1）工业企业的建设应符合产业政策，不得采用国家和重庆市淘汰的或禁止使用的工艺、技术和设备，不得建设生产工艺或污染防治技术不成熟的项目。

（2）新建和改造的工业清洁企业生产水平不得低于国家清洁生产标准的基

本水平。

（3）工业企业选址应符合产业发展规划、城乡总体规划、土地利用规划等。新建有污染物排放的工业企业应进入工业园区或工业集中区。

（4）严格限制可能对三峡库区水源、土地、森林等国家重点保护资源带来安全隐患的化工、造纸、印染及排放有毒有害物质和重金属的工业企业落户。

（5）禁止新建、扩建排放重金属、剧毒物质和持久性有机污染物的工业企业。

（6）工业项目排放污染物必须达到国家和地方规定的污染物排放标准。

2. 工业企业的环境条件

（1）空气污染物排放标准见表4-2~表4-4。

表4-2　环境空气污染物基本项目浓度限值

序号	污染物项目	平均时间	浓度限值	单位
1	二氧化硫（SO_2）	年平均	20	微克/米³
		24小时平均	50	
		1小时平均	150	
2	二氧化氮（NO_2）	年平均	40	
		24小时平均	80	
		1小时平均	200	
3	一氧化碳（CO）	24小时平均	4	毫克/米³
		1小时平均	10	
4	臭氧（O_3）	日最大8小时平均	100	微克/米³
		1小时平均	160	
5	颗粒物（粒径≤10微米）	年平均	40	
		24小时平均	50	
6	颗粒物（粒径≤25微米）	年平均	15	
		24小时平均	35	

表4-3　环境空气污染物其他项目浓度限值

序号	污染物项目	平均时间	浓度限值	单位
1	总悬浮物颗粒（TSP）	年平均	80	微克/米³
		24小时平均	120	
2	氮氧化物（NO_x）	年平均	50	
		24小时平均	100	
		1小时平均	250	
3	铅（Pb）	年平均	0.5	
		季平均	1	

续表

序号	污染物项目	平均时间	浓度限值	单位
4	苯并(a)芘(BaP)	年平均	0.001	微克/米³
		24小时平均	0.002 5	

表4-4 环境空气中镉、汞、砷、六价铬和氟化物浓度限值

序号	污染物项目	平均时间	浓度限值	单位
1	镉(Cd)	年平均	0.005	微克/米³
2	汞(Hg)	年平均	0.05	
3	砷(As)	年平均	0.006	
4	六价铬〔Cr(Ⅵ)〕	年平均	0.000 025	
5	氟化物(F)	1小时平均	20	
		24小时平均	7	
		月平均	1.8	微克/(分米²·天)
		植物生长季平均	1.2	

(2)水污染物排放标准见表4-5~表4-7。

表4-5 第一类污染物最高允许排放浓度

序号	污染物	浓度限值
1	总汞	0.05毫克/升
2	烷基汞	不得检出
3	总镉	0.1毫克/升
4	总铬	1.5毫克/升
5	六价铬	0.5毫克/升
6	总砷	0.5毫克/升
7	总铅	1.0毫克/升
8	总镍	1.0毫克/升
9	苯并(a)芘	0.000 03毫克/升
10	总铍	0.005毫克/升
11	总银	0.5毫克/升
12	总α放射性	1贝可[1]/升
13	总β放射性	10贝可/升

1)Bq,放射性活度单位

表4-6 第二类污染物最高允许排放浓度（一）　　　　单位：毫克/升

序号	污染物	适用范围	浓度限值
1	pH	一切排污单位	6~9
2	色度（稀释倍数）	染料工业	50
		其他排污单位	50
		采矿、选矿、选煤专业	100
		脉金选矿	100
3	五日生化需氧量	染料、洗毛、有机磷农药工业	100
		医药原料药、生物制药、皮革、化纤浆粕工业	100
4	化学需氧量	一切排污单位	100
5	硫化物	一切排污单位	1.0
6	氨氮	医药原料药、染料	15

注：截至1997年12月31日建设的单位

表4-7 第二类污染物最高允许排放浓度（二）　　　　单位：毫克/升

序号	污染物	适用范围	浓度限值
1	pH	一切排污单位	6~9
2	色度（稀释倍数）	其他排污单位	50
		采矿、选矿、选煤专业	70
		脉金选矿	70
3	五日生化需氧量	染料、洗毛、有机磷农药工业	100
4	化学需氧量	医药原料药、生物制药、皮革、化纤浆粕工业	100
5	硫化物	一切排污单位	1.0
6	氨氮	医药原料药、染料	15

注：1998年1月1日开始建设的单位

（3）主要行业资源环境绩效水平限值见表4-8~表4-11。

表4-8 电力行业资源环境绩效水平限值

序号	指标	火电	热电 亚临界 300兆瓦	热电 超高压 200兆瓦	热电 高压 100兆瓦	热电 超高压 50兆瓦	热电 高压 50兆瓦	热电 高压 25兆瓦	单位
1	单位产品能耗	305	340	372	395	407	446	464	克标准煤/千瓦时
2	单位产品二氧化硫排放量	1.20							克/千瓦时
3	单位产品氮氧化物排放量	0.53							
4	单位产品烟尘排放量	0.70							

表4-9　水泥行业资源环境绩效水平限值

序号	指标	限值	单位
1	单位产品能耗	100	千克标准煤/吨产品
2	单位产品二氧化硫排放量	0.31	克/千瓦时
3	单位产品氮氧化物排放量	1.58	
4	单位产品烟尘排放量	0.15	

表4-10　平板玻璃行业资源环境绩效水平限值

序号	指标	限值	单位
1	单位产品能耗	16.0	千克标准煤/重量箱
2	单位产品二氧化硫排放量	0.05	千克/重量箱
3	单位产品氮氧化物排放量	0.22	
4	单位产品烟（粉）尘排放量	0.03	

注：普通平板玻璃的计量方法一般以重量箱来计算，一个重量箱等于2mm厚的平板玻璃10平方米的重量（重约50kg）。

表4-11　汽车制造行业（涂装）资源环境绩效水平限值

序号	指标	限值				单位
1	新鲜用水量	0.1				吨/米²
2	单位产品化学需氧量排放量	8.5				克/米²
3	单位产品氨氮排放量	1.275				
		2C2B涂层	3C3B涂层	4C4B涂层	5C5B涂层	
4	单位产品有机废气排放量	50	60	70	80	

注：废水排放量按新鲜用水量的85%计

二、绿色工业与信息业发展基础设施改造工程

目前，秦巴山脉重庆片区农村信息网络化存在基础设施薄弱、农村网络信息发布渠道不畅、农村信息网络化管理及服务队伍整体素质不高等问题，建设满足绿色工业未来需要且适应山区复杂地形的信息基础设施，并加以有效利用和管理，需要开展以下主要工作。

（一）推动农村信息基础设施建设

建设下一代互联网（next-generation internet，NGI）示范城区和智慧城区，

推进电信网、广播电视网和互联网"三网融合",升级骨干网络,扩容通信枢纽,建设极高带宽的基础通信带宽,结合秦巴山脉重庆片区的城乡发展规划,新建区域加快光纤接入网和光缆的优化,已建区域加大光纤化改造力度,积极推进光纤到户。实现城区光纤到户覆盖家庭达到100%,行政村实现村村通光纤。推进移动通信网络升级工程建设,实现4G网络覆盖城乡,无线局域网基本覆盖城区热点区域。

积极推动以新一代互联网协议（internet protocol version 6, IPV6）为代表的下一代互联网建设,实现大规模商用,推动网络资源的智能化调配,提高骨干网互联互通水平。建设下一代广播电视网（next generation broadcasting, NGB）干线传输网络和接入网络;加快推进基于高清交互机顶盒的家庭网关的研究、开发、推广与普及。鼓励交互式网络电视（internet protocol television, IPTV）、手机电视等核心业务大规模应用,以及交互数字电视、多媒体终端、智能家电等产品的批量应用。针对山区复杂地形,研发适应性强的网络设备,研究提出山区网络设施建设、部署、信号覆盖与信息服务等一系列解决方案。

推进数据开放与共享,联动建设信用信息、地理空间、自然资源、人口、法人、金融、税收、统计等基础数据库,推动电子政务、公共安全、市政管理等信息资源共享。强化信息安全保障,建立健全与"三网融合"相适应、面向下一代互联网和4G技术的信息安全防护管理设施和协作机制,加强互联网和无线电安全管理。

（二）建立完善的农村信息服务体系

第一,需要建立完善的市、区、乡农业信息服务机构,建设各级信息服务的管理队伍、专家队伍和信息员队伍,尤其是强化农村一线信息服务人员的业务服务水平。第二,开发多种型号、不同成本、适应多种网络接入方式的农村信息服务终端机,根据农村当地的信息化现状和经济承受能力,加强各种信息服务终端在区县、乡镇各级的部署。第三,着力构造农产品展示平台、采购交易平台、信息发布平台,开发适用于信息服务终端机及智能手机终端的各类应用服务,收集、加工、处理、传输、发布与农业相关的生产、销售、服务信息,向信息用户及时、准确、快速地传播各种农业信息,帮助农业生产者、经营者和管理者特别是农民适应变化多端的市场,从而实现农业生产、管理、营销的信息化和规范化。第四,整合现有各区县的农村信息网。目前秦巴山脉重庆片区各区县均建立了自己的农村信息网,但还没有建立起有效的统筹协调管理机制,信息共享程度低,在信息分类分级、收集渠道和信息应用环境等方面还没有形成统一的标准体系和软件平台,信息结构不尽合理,给农户和企业的信息查询使用带来很大困难。

（三）普及培训与人才培养工程

联合当地高校，针对农村信息服务体系中的各级管理队伍和信息员队伍开展定期培训和网络教学。邀请高校、研究机构、信息企业等部门的学者、专家组成信息服务的专家队伍，指导农村信息建设。吸引、扶持高校毕业生到农村服务、创业，并对其进行经济支持、知识培训、业务指导，培育农村绿色工业与信息业发展的复合型本土人才。加强电子商务相关知识的培训和宣传，提高电子商务在农户中的可信度，通过举办形式多样、图文并茂的电子商务科技宣传和培训，传播电子商务的应用方法和注意事项，扩大农民对电子商务的认知，培育积极参与农产品网上交易的群体。

三、"互联网+"农业示范工程

（一）建立农产品网上展示和交易平台

结合秦巴山脉重庆片区农产品流通实际需要，建设专业性电子商务平台，为农产品贸易公司、生产企业、农村合作社、农业生产基地及农特产品经营者（农户）提供网店建设、供求信息发布、产品展示宣传等服务功能。同时，制定农产品网上销售的质量标准、分类标准、分级标准等，制定标准化生产技术规程，统一耕地质量，统一选种、种植、采摘技术，建设服务体系和管理制度，确保农民种植出来的农产品品质基本达到一致。加大对网上销售的农产品质量监管力度，严格审核入驻电子商务平台的农户或企业，成立质量安全监管机构，定期查看消费者的评价，实行动态监管，为消费者提供质量保障。发挥农村经济组织的作用，开展定制化服务，集中对农产品进行信息收集和发布。

（二）建立农产品网上分销和零售平台：农村淘宝

按照网上商城的经营模式，从一批标准化程度较高、出货配送相对便利并具有一定市场需求的农产品入手，推动涉农企业开展电子商务交易，并逐步向更多品种延伸。推动农特产品经营者进行网上分销和在零售平台上开设品牌专柜进行网上交易，扩大农产品销售，提升品牌影响力。

（三）建设农产品实体销售网络和社区配送网络：对接城乡电子商务平台

结合农产品网上展示和销售，在重庆市及周边的相关重点城市建设原生态农产品展示和销售连锁网点，在扩大实体市场销售的同时，将该网点作为电子商务平台的实体提货点、配送站和服务中心。按照提高居民生鲜农产品消费便利性和安全性的要求，建设线上订货、线下配送网络，形成一个服务于重庆市城市居民的网上生鲜商品购物平台。城区消费者通过网上订货后，企业按照消费者要求提供定时送货上门或者就近店铺提货的服务，推动原生态产品、净菜配送进家庭，为城市居民提供便捷、安全的消费渠道。

（四）构建农业信息大数据平台：云农场

建设包括农业专家数据库、农业技术数据库、农业法规及标准规范数据库、涉农企业数据库、农业人才数据库、农用生产资料数据库、重点农户数据库等各类数据库，构建服务于农村电子商务、农村物流、农技服务、农村金融的农业信息大数据平台：云农场。

四、"互联网+"旅游示范工程

（一）建立旅游综合服务门户

为游客提供最新、最全、最权威的旅游资讯，同时提供宣传交流平台，如美图分享、视频分享、体验分享等互动栏目。

（二）建设旅游自助服务平台

引入O2O模式，将线下商务的机会与互联网结合在一起，让互联网成为线下交易的前台，实现旅游产品的在线定制、手机预订和网上支付。引导、整合重点景区、宾馆饭店、乡村休闲旅游、旅游购物、旅游娱乐等旅游服务单位加入应用平台，提供旅游信息查询、旅游产品预订、智能导游、导览、导购等服务。为游客提供全程个性化、便利化的智慧旅游服务，包括景区订票、交通出行、宾馆住宿、娱乐项目、特产购买等，在网站的帮助下完成"吃、住、行、游、购、娱"的旅游活动。旅游管理部门通过旅游自助服务平台发布相关公共信息，联合有关企业通过该平台分送旅游优惠券、参观券及门票等电子票证，扩大旅游营销效果。此外，以三峡文化、巴渝文化、移民文化等为线索，在旅游自助平台上进行旅游产品的整合打包与宣传推介，打造旅游名片，提升旅游产品的品位。

（三）构建旅游大数据平台

旅游大数据平台的主要建设项目包括旅游资源信息数据库、旅游地理信息空间数据库、旅游业态信息数据库、旅游电子政务信息数据库、旅游电子商务信息数据库等，构建服务于游客行前、行中、行后的各类合理需求的旅游大数据平台。

第四节　绿色工业与信息业发展机制研究

一、"绿色制造"实现机制

（一）积极推进实施技术创新和制度创新

根据生态工业园的要求，工业园要从实施技术创新和制度创新上全面推进清洁生产。重点抓好工业园区内企业主体治理工程。

首先，工业园区企业在进行技术改造时，应采用能够使资源能源最大限度地转为产品、污染物排放量少的新工艺，以代替污染物排放量大的落后工艺；采用无毒、无害或低毒、低害原料，以代替剧毒有害原料；采用无污染、少污染、低噪声、节约资源能源的先进设备，以代替浪费资源能源、严重污染环境的陈旧设备；采用先进技术和工艺，最大限度地利用工业"三废"，生产有市场需求、质量好、能满足环保要求的产品。其次，工业园区企业在生产过程中，应充分回收利用余热、余压和各种可燃气体；生产对环境无污染、少污染、易回收利用的产品。企业生产中排放的废弃物，应坚持"谁排放、谁治理、谁利用、谁受益"的原则，广开途径，因地制宜，积极开展工业"三废"综合利用；凡企业能进行综合利用或者利用不完全的工业"三废"，应当提倡给其他企业进行综合利用或者进行联合经营利用。最后，对不同层次的园区企业实行不同的清洁生产的费用方案。

另外，要增强企业自主创新能力。强化企业技术创新主体地位，引导和支持企业加大研发投入，组织实施一批重大技术改造项目和科技专项，开发新产品和新技术，加快高新技术产业化和传统产业高新技术化，力争在创新型产业规模、研发平台建设、体制机制创新等方面取得新突破。大力培育企业创新平台，鼓励企业建设技术中心，搞好与高校、研究院所等共建的产学研合作研发中心，促进各工程技术研究中心、重点实验室与各园区对接。

（二）加快发展方式转型

继续推进产业集群化发展。着力发展壮大材料工业、能源产业、消费品工业三大主导产业，打造锰新材料、钡新材料、建筑新材料、能源产业、有机农产品等产业集群。加快传统优势产业改造升级，切实将优势转为实力。充分利用水能资源优势，加快小水电站建设，打造小水电基地，突破发展风能、太阳能等，打造能源产业集群。充分利用特色农产品丰富的资源优势，以农产品加工工业园为载体，以农林特色产业基地为依托，大力发展城口老腊肉、城口干果、城口蜂蜜、城口山地鸡、城口茶叶、城口竹笋等无公害、绿色、有机食品，打造有机农产品产业集群。

加快推进企业规模化发展。加强对矿产资源的整合，鼓励有实力的龙头企业加快步伐通过市场运作收购兼并小企业，避免低水平重复建设。重点打造重庆泰正矿产资源开发有限公司等8个产值过亿元和城口县通渝铁合金有限公司等15个产值过3 000万元的工业企业，积极扶持中小型企业向"专、精、新、特"方向发展，优化企业组织结构。

加快培育中药饮片、节能环保、矿热炉余热发电、镁材料等新兴产业。充分利用区县生物资源丰富的优势，加强中药炮制研究，引进中药炮制设备，积极发展中药饮片。建成工业锰渣、钡渣集中处置场，引进先进废渣综合利用技术，发展水泥矿化剂、非承重砖等节能环保产品，形成循环经济产业。围绕国家新环保法规及节能减排要求，探索采用PPP（public private partnership，公私合营）模式或合同能源管理模式推动企业采用先进的工艺技术进行矿热炉余热发电，创造条件进行余热发电设备制造，促进节能降耗，提高企业竞争力。围绕丰富的镁资源，进行金属镁的综合开发利用，打造镁新材料产业。培育壮大以漆器、海宝玉等为代表的工艺美术品工业，大力发展旅游小商品加工产业，打造重庆旅游商品基地。提速发展纺织服装、金属制品工业，适度发展室内装饰材料业。创造条件探索发展高附加值、低能耗、无污染的手表、珠宝等"两头在外"的加工业。

二、绿色循环产业融合机制

（一）构建循环经济体系

在工业领域全面推行循环型生产方式：实施清洁生产，促进源头减量；推进企业间、行业间、产业间共生耦合，形成循环链接的产业体系；鼓励产业集聚发展，实施工业园区循环化改造，实现能源梯级利用、水资源循环利用、废弃物交换利用、土地节约集约利用，促进企业循环式生产、园区循环式发展、产业循环式组合，构建循环型工业体系。

第一，园区五个一体化循环发展模式。坚持产业项目、公用工程、环境保护、物流配送、管理服务等五个一体化循环发展模式，形成比较完善的产业链，实现相关产业耦合和废产品再利用融合。

第二，实现农产品生产、加工、流通专业化，推动农业循环再利用，在给农民带来经济利益的同时，减少废弃物产生排放。

第三，工业综合利用，循环经济模式。注重各生产环节相互依存和相互作用，充分考虑工业企业的内部资源、能源的合理利用，大力发展工业领域产品的深加工、精加工，延长产业链，促进资源有效利用和循环利用。

第四，仓储垃圾处理和资源化利用模式。通过引进先进工艺技术，将仓储垃圾进行油水分离，加工成生物柴油，将泔水经高温处理后，用来发电或者生产压缩天然气。用循环利用的方式，把产业发展起来，实现企业的规模化。

绿色工业与信息化循环经济发展体系见图4-8。

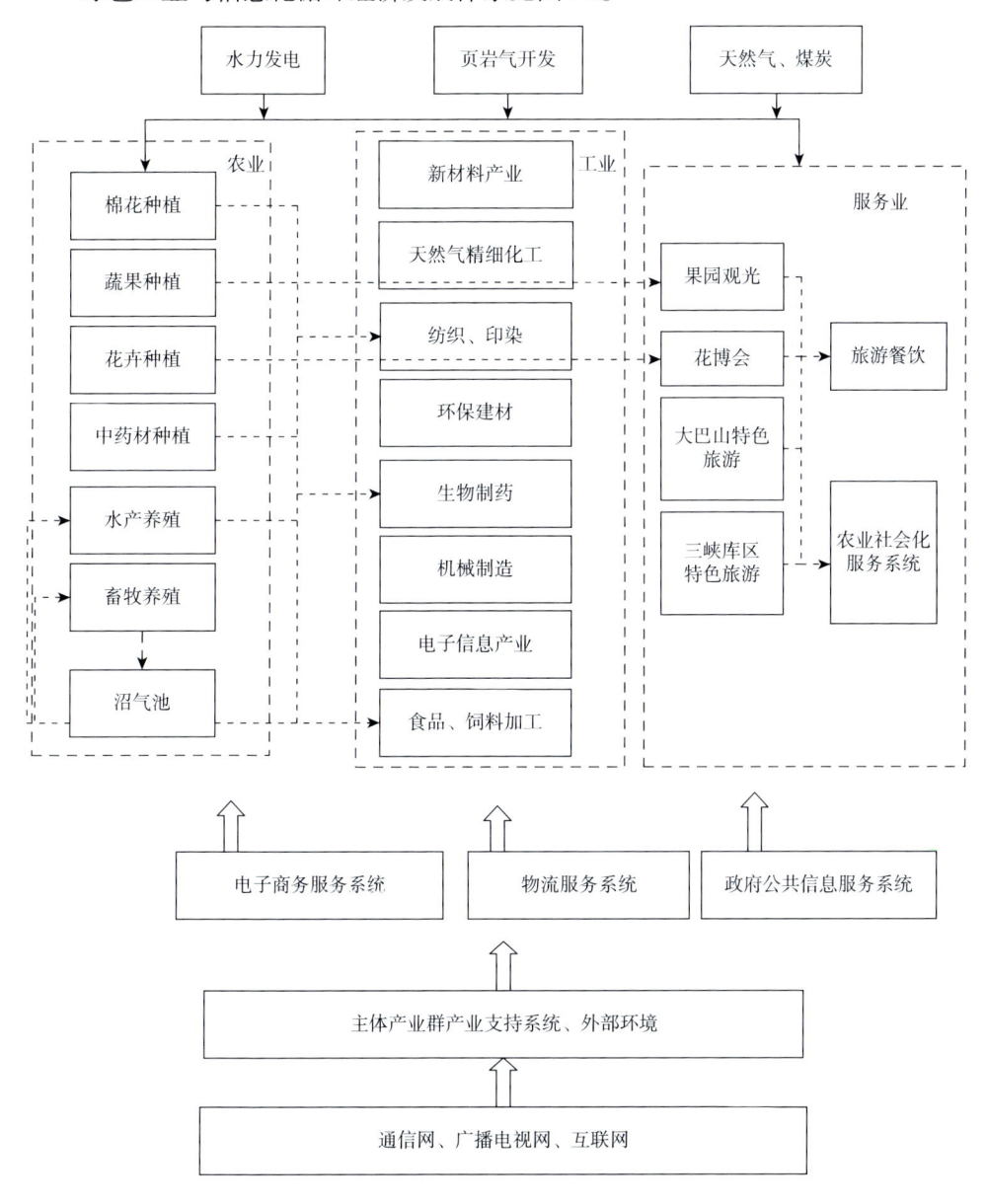

图4-8　绿色工业与信息化循环经济发展体系

（二）加快企业内部循环链条的形成

工业园的项目与企业是循环经济发展的主体，因此要按照"减量化、再利用、资源化"的原则，打造企业内部循环链条，实施以清洁生产为核心的资源循环利用模式，提高资源利用效率。清洁生产的主要途径是完善产品设计，实行原材料替代，改进生产工艺、技术，更新改造设备，实施资源循环利用和综合利用，改善运行管理等，以期实现经济效益、环境效益和社会效益相统一。清洁生产谋求达到两个目标：一是通过对资源的综合利用、短缺资源的代用、二次资源的利用，以及节能、节水和省料，合理利用自然资源，减缓资源的耗竭；二是通过减少废料和污染物的生产和排放，促进工业产品的生产、消费过程与环境相容，降低整个工业活动给人类和环境带来的风险，以保证国民经济的持续发展。

第五节　绿色工业与信息业支撑技术研究

一、技术创新的发展机遇及主要困境

（一）发展机遇

1. 国家扶贫攻坚规划及技术创新政策引领

党中央、国务院高度重视秦巴山区区域协调发展，就加大扶贫开发力度，深入推进西部大开发和促进中部地区崛起做出一系列战略部署。例如，2012年，国务院扶贫开发领导小组办公室、国家发展和改革委员会（简称国家发改委）发布《秦巴山片区区域发展与扶贫攻坚规划（2011-2020年）》，提出大力开展科技扶贫，突出科技创新重点，"开发一批新技术、新品种、新工艺，着力推进资源循环利用、清洁生产、农业生物技术和生态修复与环境治理等技术的研发和配套集成，重点攻克一批支撑片区区域发展与扶贫攻坚的关键技术。支持片区中心城市创建国家级高新技术产业开发区，培育企业技术创新中心和孵化基地"，建设一批科技扶贫产业基地和科技扶贫项目，完善科技服务体系等措施，为秦巴山脉重庆片区绿色工业与信息技术支撑体系建设提供政策导向引领，并通过投资政策、产业政策、生态与资源补偿政策、帮扶政策等多种举措，为片区加快转变发展方式，推动科技创新提供了政策保证。

国务院发布的《中国制造2025》、工业和信息化部发布的《工业绿色发展

规划（2016-2020年）》《绿色制造工程实施指南（2016-2020年）》等纲领性文件，围绕工业绿色发展提出的总体要求、主要任务、保障措施，为秦巴山脉重庆片区绿色工业与信息业发展指明了技术创新的实现路径。

2. 重庆市技术创新环境的改善

在地区层面，技术创新环境得到较大改善。"十二五"期间，重庆市深入实施创新驱动发展战略，大力推动科技创新，出台了《重庆市深化体制机制改革加快实施创新驱动发展战略行动计划（2015-2020年）》《重庆市科技创新"十三五"规划》等一系列政策性文件，为创新驱动提供了政策保障；科技金融发展迅猛，科技创业风险投资规模由90亿元增加到220亿元。2016年3月，重庆市先进制造产业创新发展基金设立，投资布局先进制造业的所有创新领域，涉及新能源、新材料、高端设备、核心零部件、物联网、企业应用软件等，帮助企业解决资金紧缺制约创新的难题。

技术创新潜力逐渐增强。2015年，重庆市引进组建了中国科学院重庆绿色智能技术研究院、中国信息通信研究院西部分院等高端研发机构，重庆市重点实验室、工程技术（研究）中心、企业技术中心等各类研发基地超过1 100个。"十二五"末，重庆市两院院士、国家"千人计划"人选、新世纪百千万人才工程国家级人选等高层次人才达到484人。R&D（research and development，科学研究与试验发展）活动人员由2010年的5.88万人增加到2015年的9.78万人。

技术创新效率明显提高。2011~2015年，开发突破新能源汽车、工业机器人、轻轨装备、石墨烯、海上风力发电装备、人脸识别等一批关键技术和新产品。"十二五"末，重庆市高技术产业化指数全国排名第四位，战略性新兴产业产值占工业总产值的比重为19.6%。大数据、云计算、移动互联网等新一代信息技术同机器人、先进智能制造技术相互融合，呈现加速渗透新趋势。科技创新能力、综合实力和竞争力有了较大进步，为秦巴山脉重庆片区绿色工业与信息业技术支撑体系发展奠定了坚实基础。

3. 新一代信息技术发展提供了良好的硬件条件

重庆云计算、大数据和物联网产业已初步形成规模。重庆大数据产业链上游的网络基础设施、中游的数据中心和云计算服务、下游的大数据应用等产业协同发力。重庆国家级互联网骨干直联点，各项网络指标位居全国前列；两江国际云计算产业园发展迅速，中国联通西南数据中心、太平洋电信（重庆）数据中心等高水平数据中心相继投用，容纳服务器规模达到5万台。其中，在云计算产业方面，已实现服务器托管1万余台，累计发展物联网用户500万户，销售物联网模组70余万片。

2016年10月,重庆成为国家大数据综合试验区,从国家层面获得发展支撑。重庆大数据产业集聚呈现特色化发展,大数据与人工智能、云计算、物联网等技术的融合创新更加深入,工业大数据对智能制造的赋能效应进一步释放。大数据、云计算的发展,为秦巴山脉区域实现数字化,建立信息、数字秦巴,提供了很好的硬性条件,为秦巴山脉重庆片区绿色工业与信息业技术支撑体系建设奠定了良好的信息技术环境。

(二)主要困境

当前,秦巴山脉重庆片区仍处在欠发达阶段,经济发展水平低、总量小,产业结构不合理。秦巴山脉重庆片区六区县工业情况基本特点如下。

工业基础弱,规模小,发展不均衡。六区县的工业总规模仅占重庆市的6.5%。区县发展非常不均衡,开州、云阳工业发展水平比较高,规模比较大,2015年工业总产值开州约268亿元,云阳是126亿元,规模相对比较大。规模最小的是巫山,2015年工业总产值仅22.21亿元,占重庆市的0.1%。由于本身的地理环境和工业基础差异,六区县的发展非常不均衡。

产业空心化严重。以奉节为例,2010年以前,46%的财政收入都来自煤矿,包括资源税、交易税;伴随着三峡水库成库后工矿企业的关闭,传统优势产业衰退,主导产业乏力,产业空心化特别严重。自身"造血"功能不足,影响着三峡库区经济增长。

龙头企业小,特色效益不突出。六区县中规模上10亿元的工业企业不多,龙头企业有支撑的产业化项目非常少。各区县工业集群发展程度高,与同类产品集聚发展水平不高。

区县工业企业自主技术创新能力较弱。六区县基本以传统型企业为主,企业运用新技术生产能力较弱,具有自主知识产权的产品少,大多数产品处于产业链中低端,附加值低。企业研发投入不足,研发投资的渠道、投融资的要素聚集不够。高层次创新科技人才偏少,产学研合作推进相对缓慢,科技成果转化率不高。缺乏有效支撑工业快速增长的能力。

两化融合程度不够。信息网络基础设施仍不能满足两化深度融合的需要,"互联网+"、O2O等信息融合程度不足;数据资源开发利用水平不高,数据共享安全隐患突出;部分企业生产装备相对落后,自动化水平较差,管理粗放,企业管理团队能力及员工素质亟须进一步提升。

二、聚焦重点产业的技术支撑体系创新

绿色工业与信息业发展依赖绿色技术支撑体系,没有技术支撑的绿色工业与信息业是"空中楼阁"。当前秦巴山脉重庆片区实现工业与信息业绿色发展,

应紧跟科技革命和产业变革的方向，加快绿色科技创新，加大关键共性技术的研发力度，增加绿色科技成果的有效供给，发挥科技创新在工业绿色发展中的引领作用。

秦巴山脉重庆片区绿色工业与信息业技术支撑体系建设应紧扣本地区重点产业提质增效升级需求，坚持把绿色化、信息化作为提升产业竞争力的技术基点，聚焦先进制造技术、新一代信息技术，兼顾新材料、新能源、生态环保等领域的技术创新，通过企业与高校、科研院所协同攻关，面向该地区的重点产业攻克一批新技术，以创新要素的相互渗透形成持久创新动力，培育示范产业的创新发展新优势（图4-9）。

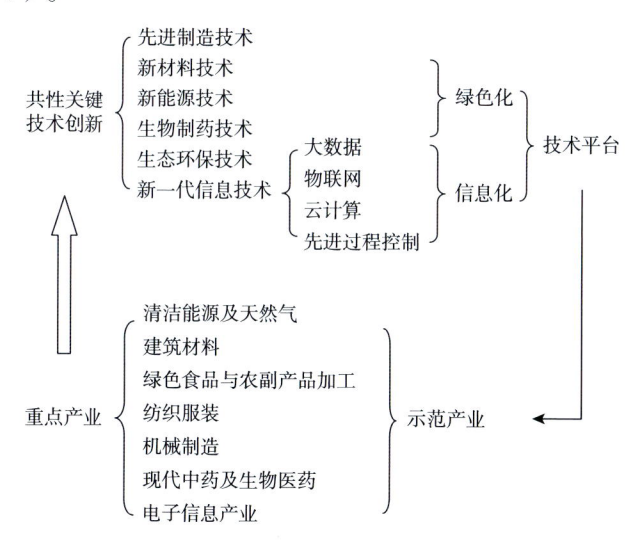

图4-9　秦巴山脉重庆片区绿色工业与信息业技术支撑体系

1. 先进制造技术

作为老工业基地，重庆是国家定位的先进制造业基地，国家设立先进制造产业投资基金，重庆也是首批合伙人。秦巴山脉重庆片区积极贯彻落实"中国制造2025"战略，推动先进制造技术发展，依托先进材料、生产技术平台、先进制造流程、基础工艺、数据和设计基础设施、基础软件等共性关键技术突破，围绕发展智能机器人及核心功能部件、数控机床整机及关键功能部件、现代农业机械装备、绿色食品加工制造、新能源汽车等重点领域（表4-12）。此外，还包括智能制造和绿色制造技术。针对先进制造技术，开展关键性工艺和战略性产品研发攻关，突破一批关键核心技术，开发一批具备自主知识产权的产品和成套设备，大幅提升制造业的绿色化、智能化、个性化水平，促进该地区绿色工业发展。

表4-12 秦巴山脉重庆片区先进制造技术的重点发展领域

发展领域	关键技术	核心产品	发展区域
智能机器人及核心功能部件	工业机器人国产化核心部件关键技术、工业软件、智能识别系统、机器人视觉触觉感官系统技术等	工业机器人、服务机器人、电子装配机器人、检测机器人、六轴机械手、搬运机器人等	重庆云阳县（渝东北首家集"研发、生产、销售"为一体的工业机器人生产基地）
数控机床整机及关键功能部件	数控系统、主轴单元、数控刀架和转台、误差智能补偿技术、数字化精密量具量仪、高光束质量激光器及光束整形系统、高品质电子枪及高速扫描系统等	应用于汽配、船舶制造等行业的数控机床	重庆云阳县
现代农业机械装备	以电控技术为基础实现自动化应用，朝着以信息技术为核心的智能化与先进制造方向发展	粮食、肉蛋奶、果蔬生产和棉、油、糖等作物关键生产环节农机装备、集成全程机械化成套设备	重庆云阳县围绕装备农业，建成江南农机具展示展销中心，打造路阳、渠马、双土等10个农业机械化示范乡镇
绿色食品加工制造	绿色食品的加工、包装、运输与贮藏保鲜技术等	猪牛羊屠宰及肉制品、柑橘深加工、渔业休闲食品、魔芋休闲食品项目精深加工	秦巴山脉重庆片区六区县
新能源汽车	新能源汽车电池与电池管理、电机驱动与电力电子、电控系统	节能环保车、特种专用车等整车制造及零部件制造	秦巴山脉万开云板块

　　智能机器人及核心功能部件。 引进和培育机器人研发生产企业，建立创新平台，重点突破工业机器人国产化核心部件关键技术、工业软件、智能识别系统、机器人视觉触觉感官系统技术，开发具有国际竞争力的工业机器人、服务机器人产品，打造主机、配套、集成、服务全产业链。以秦巴山脉重庆片区云阳工业园区黄岭组团为代表，开建工业机器人项目，着力打造渝东北首家集"研发、生产、销售"为一体的工业机器人生产基地，生产电子装配机器人、检测机器人、六轴机械手、搬运机器人等产品，主要应用于汽车制造、物流自动化等领域。

　　数控机床整机及关键功能部件。 数控机床是制造业实现自动化、柔性化和集成化生产的基础。数控机床技术发展关键在于数控功能部件技术，包括数控系统、主轴单元、数控刀架和转台、误差智能补偿技术、数字化精密量具量仪、高光束质量激光器及光束整形系统、高品质电子枪及高速扫描系统等关键核心技术。重庆云阳县重点发展应用于汽配、船舶制造等行业的数控机床项目，组织实施一批研发及示范推广重大项目，初步形成高端数控装备产业链和产业集群。

　　现代农业机械装备。 农业机械装备历经以电控技术为基础实现自动化应用，朝着以信息技术为核心的智能化与先进制造方向发展。显著特点是以机械装备为载体，融合电子、信息、生物、环境、材料、先进制造等技术，不断增强装备技术适应性能、拓展精准作业功能，实现农业生态环境建设保护和资源综合循环利用，发展新型高效智能农业机械装备。重庆云阳县围绕装备农业，建成江南农机具展示展销中心，打造路阳、渠马、双土等10个农业机械化示范乡镇。

绿色食品加工制造。绿色食品生产过程中要求禁用或限用农药和化肥等化学合成物质，因而势必要求较高的生产技术与之配套。目前，在绿色食品生产过程中还有许多关键技术尚需解决，除了绿色食品的加工、包装、运输与贮藏保鲜技术等外，还包括前端的环境污染控制与综合治理技术、土壤生态培肥与地力维持技术、病虫草害综合防治技术、废弃物的资源化利用技术等。秦巴山脉绿色食品加工制造突出优质安全、生态绿色、营养健康和产地特色，以标准化、规模化、品牌化、个性化、定制化为重点，推进原料保障、农产品深加工，提升产业深加工水平，围绕猪牛羊屠宰及肉制品、柑橘深加工、渔业休闲食品、魔芋休闲食品项目精深加工，建设三峡库区绿色食品产业发展示范区。

新能源汽车。新能源汽车的重要核心技术包括整车控制器、电机控制器和电池管理系统，对整车的动力性、安全性、经济性、可靠性等有着重要影响。秦巴山脉万开云板块重点推进节能环保车、特种专用车等整车制造及零部件制造，重点突破新能源汽车电池与电池管理、电机驱动与电力电子、电控系统等核心关键技术配套新能源汽车，积极发展汽车锂电池、液化天然气气瓶等新能源汽车储能设备。

智能制造。智能制造是工业自动化和信息技术的融合，是一种高度网络连接、知识驱动的制造模式。涉及企业全部业务和作业流程，关键技术涉及射频识别技术、实时定位系统、无线传感器网络、网络安全技术等在制造全过程中的应用。秦巴山脉重庆片区依托网络协同技术，推进基于"互联网+"的创新设计、基于物联网的复杂制造系统、智能工厂、智能资源集成管控、全生命周期制造服务等技术实现，促进制造工艺的数字化控制、状态信息实时监测和自适应控制，加快产品全生命周期管理、供应链管理系统的推广应用，实现智能管控。

绿色制造技术。绿色制造技术主要包括绿色产品设计（绿色资源）、绿色生产过程、绿色产品等内容。秦巴山脉重庆片区绿色制造重点推进钢铁、矿产开采、化工、建材、轻工、印染等传统产业绿色改造，大力研发推广用地集约化、原料无害化、能源低碳化、生产洁净化、废物资源化的绿色制造模式，开展绿色设计和绿色采购，生产绿色产品，优先选用先进的清洁生产工艺技术和高效末端治理装备，建立资源回收循环利用机制，推广轻量化、低功耗、易回收等技术工艺，提高资源利用效率，减少污染物排放，实现工厂的绿色生产，推动制造业生态模式和产业形态创新。

2. 新材料技术

秦巴山脉重庆片区以新型功能材料、高性能结构材料、先进复合材料为发展重点，以电子信息、新能源、化工环保等领域对新材料的需求为导向，突破相关关键核心技术，培育一批具有国际竞争力的新材料企业，形成多个新材料产业集群。秦巴山脉重庆片区（重点集中在万开云板块）在新材料技术方面，积累了纳米半导体材料、PVB（聚乙烯醇缩丁醛）树脂、中间膜、增塑剂、显示屏用PET（聚对苯二甲酸乙二醇酯）薄膜、瓦楞纸包装、硅树脂、硅橡胶、纳米硅半导体材料、国际复合材料、PAN（过氧乙酰硝酸酯）基碳纤维、外墙保温板隔热复合材料等项目优势。重点发展以下几类。

新型塑料。依托BOPP（双向拉伸聚丙烯薄膜）、BOPA（双向拉伸尼龙薄膜）、聚丙烯和PVB树脂薄膜产业基础，优化制备工艺技术，横向拓展BOPP薄膜产品门类，积极发展复合制袋、胶带基材、镀铝薄膜、防伪食品包装等领域，推动BOPP塑料薄膜集群式发展；积极推进PVB树脂薄膜及下游产业，重点发展附加值较高的汽车夹层玻璃及太阳能光伏组件封装膜领域，促进PVB树脂/膜片产业集群发展。

硅材料。依托秦巴山脉重庆片区丰富的硅资源，积极发展硅微粉、特色硅矿精细加工；大力发展有机硅下游高附加值新材料种类，其中重点发展应用于航空航天和电路板的有机硅树脂，以及应用于汽车、电子封装材料和新型医疗器材的硅橡胶，机会发展纳米硅半导体材料和应用于最新显示技术OLED（organic light emitting diode，有机发光二极管）封装材料的气相白炭黑等新型硅下游新材料，形成硅微粉制品的完整产业链。

建筑新材料。积极发展功能性建筑新材料，聚焦保温隔热材料、防水材料、有机材料等。重点发展矿棉、玻璃棉、隔热薄膜、蜂窝材料、聚苯板等保温隔热材料及高分子合成防水卷材、聚氨酯防水涂膜等防水材料，机会发展高性能门窗、环保建筑涂料、塑料管材、板材高性能玻璃纤维等有机材料。

纳米材料。纳米纤维新材料具有渗透性好、重量轻、孔隙率高等特点，可广泛应用于光学器件、复合材料、高效过滤、生物医药等领域。重庆中纳科技有限公司投资1亿元在奉节县工业园区建设纳米新材料及其下游产品的生产项目。该公司拥有在纳米纤维材料制备技术开发、设备、工艺及应用等方面的核心技术。依托中纳科技有限公司，奉节县工业园区规划土地200亩、产值20亿元建设纳米产业园，建成后将成为西部地区纳米新材料产业化生产的重要研究中心和生产基地。

3. 新能源技术

秦巴山脉重庆片区清洁能源丰富，水能、风能、太阳能、生物质能、地热能等蕴藏丰富。以页岩气、水能为重点，以优化能源结构、提升能源利用效率为重点，加快发展和应用页岩气开采、生物质能源等关键技术；加强新能源产品设计、制造和应用推广，提升装备和工艺的融合技术及生产线自动化技术，形成产业化方案设计能力和生产线集成能力。

页岩气勘探与利用。页岩气是潜力很大的清洁能源，重庆市已经是全国页岩气的主战场，重庆市页岩气有利分布面积是7.6万平方千米，页岩气地质资源潜力达12.75万亿立方米，可采资源潜力为2.05万亿立方米，列全国第三位。重庆市已建设成为页岩主勘探开发、综合利用、装备制造和生态环境保护的国家级综合示范区。页岩气勘探开发技术的公关突破，对地方经济发展有较大的提升。重庆市将建立页岩气勘探开发技术研发平台，突破页岩气资源地球物理勘探、评价、钻完井、储层改造等核心技术，开发页岩气钻井、压裂、井下小工具等装备（产品），形成页岩气勘探新型高性能材料及装备制造、开采服务等产业。

先进电力装备。秦巴山脉重庆片区具有丰富的水、电、气资源，重点开展面向智能电网和能源互联网的先进电力装备及技术研究，掌握电力设备智能化、电力物联网、绿色环保电工材料等核心技术，开发应用于智能电网和能源互联网的装备新产品。以巫山为例，其清洁能源丰富，水能的蕴藏量有37万千瓦，风能蕴藏量更大。在水能开发上，已建成中硐桥水库和千丈岩、后溪河、三溪河梯级电站，进行平定河、官渡河、抱龙河、大宁河等的水资源深度开发。在风能开发上，巫山县自2017年起已签约启动大风口、青山头、界岭风等6个风力发电项目。

生物质能源利用。秦巴山脉重庆片区、三峡库区是国家生态环境建设重点治理领域，林木、农作物、牧草等资源十分丰富，每年产生大量的农林废弃物，重庆市年生产农林废弃物达1 200多万吨。农林废弃物原本是大自然给予的优质生物质资源，如果没有被科学地充分利用，而是被随意丢弃和焚烧，将对生态环境和人类生活造成重大影响。因此，秦巴山脉重庆片区应重点发展大型废弃生物质资源发电设备的研发、制造及其在垃圾焚烧发电项目中的应用，开展生物质颗粒燃烧机、生物质热炉等能源设备的研发、制造，重点突破关键部件自主设计与制造技术，拓宽生物质能利用领域。

节能技术。围绕制约节能产业发展的重大关键技术和装备，在节煤、节电、余能回收利用、高效储能、智能控制等领域加大研发和示范力度，突破节能关键技术装备，培育一批有核心竞争力的骨干企业，重点开发半导体照明、新型节能建材等高效节能产品，推动节能环保装备（产品）专业化、成套化、系统化、标准化发展。

4. 生物制药技术

中药产业关键技术研发。秦巴山脉重庆片区拥有独特的地形和气候，为党参、天麻、贝母、当归、紫杉醇和红杉等中药材提供了优质的生长环境，因此，应建设中药材规范化生产基地，重点发展中成药制剂产业、中药材良繁基地建设及深加工项目。开展种子、种苗繁育研究和中药材规范化生产技术研究，开发基于经典名方、医疗机构制剂的中药新药及特色中药饮片和精制配方颗粒。开展中药大品种工艺改进及质量标准提升研究，对上市后中药临床、药理药效进行再评价研究，推动中药大品种二次开发及产业化。

以奉节为例。奉节拥有红豆杉4万亩，油橄榄6万亩，党参、天麻、贝母、当归6万亩。依托资源优势，奉节园区发展生物制药和特色农产品深加工产业。重庆夔江红豆杉制药有限公司2015年投产，建成紫杉醇和红杉醇中间物提取生产线各1条，具备年产紫杉醇300千克、红杉醇6 000千克的能力。红杉醇衍生药物、中药材加工等一大批项目相继开工建设，预计到2020年，可实现年产值40亿元。

5. 生态环保技术

结合秦巴山脉生态文明建设重点任务和工程，以改善生态环境质量、带动环保高新技术产业发展为目标，通过实施主题专项及国家、地方的专项计划，形成地方标准与技术规范，提升环境污染控制能力和环保产业竞争力。

环境污染治理。其包括：三峡库区区域性大气环境资源承载能力和污染机制及综合控制措施；重点污染行业污染控制的技术措施；工业废水一体化处理的新技术；危险废弃物处置、固体废弃物处理技术；种植和养殖业污染控制技术、水体富营养化控制方案；生活垃圾处理新技术。

环境监测。重点进行典型工业行业烟气在线连续监测，监测项目有二氧化硫、二氧化氮、可吸入颗粒物和降尘；水污染高精度在线监测、土壤环境监测等关键技术，开发相关环境监测设备，并进行应用示范。开展生态环境突发事故应急监测及应急处置技术研究，并进行应用示范。按照动态监控、及时预警、准确计量的要求，建设重点污染源监督性监测和自动监测系统，实时监控排污状况。

生态保护与修复。开展生态环境监测预警技术及服务系统、生物多样性保护、长江上游生态屏障区建设、效益林业、湿地生态修复、森林质量精准提升等生态修复与保护关键技术及生态产业技术研发，并在适宜地区开展规模化示范应用，形成可复制的区域生态保护与修复技术模式；围绕秦巴山脉长江三峡生态环境保护，组织开展跨学科、跨区域的综合技术研究与应用。

固体废物及再生资源综合利用。其包括：大宗工业固体废物综合利用，重点开展冶炼渣及尘泥、化工废渣、尾矿、煤电废渣等的综合利用，推广冶炼废渣提取高值组分及整体利用；再生资源产业重点开展废旧材料、废旧机电产品等资源化利用，实施废钢加工配送系统，废有色金属、稀贵金属清洁分质高值化利用，废塑料自动分选及高值利用，废油除杂重整，报废汽车、船舶、工业设备绿色智能精细拆解与高效分选回收，废弃电器电子产品整体拆解与多组分资源化利用，建筑垃圾生产再生骨料的技术改造升级。

6. 新一代信息技术

紧紧抓住新一代信息技术的发展契机，充分发挥重庆市大数据、云计算、物联网的产业优势，大力发展运用泛在融合、绿色宽带、安全智能的新一代信息技术，推进研发设计数字化、装备智能化、生产过程自动化、管理网络化和决策智能化，促进信息技术在工业中的广泛渗透与深度融合。

实施绿色制造+互联网，提升工业智能水平。如图4-10所示，推动互联网与绿色制造融合发展，通过智能设备、智能分析和智能决策过程，提升能源、资源、环境智慧化管理水平，推进生产要素资源共享，用分享经济模式挖掘资源与数据潜力，促进绿色制造数字化提升。

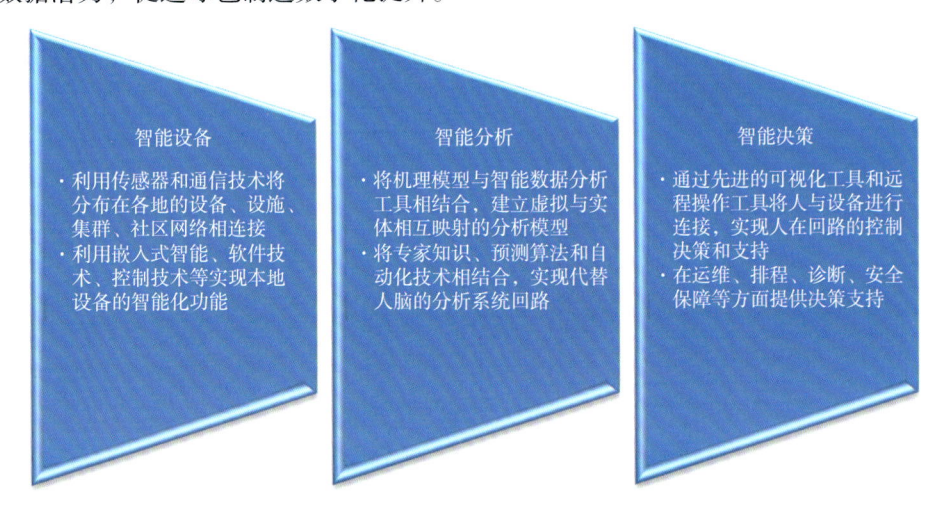

智能设备
- 利用传感器和通信技术将分布在各地的设备、设施、集群、社区网络相连接
- 利用嵌入式智能、软件技术、控制技术等实现本地设备的智能化功能

智能分析
- 将机理模型与智能数据分析工具相结合，建立虚拟与实体相互映射的分析模型
- 将专家知识、预测算法和自动化技术相结合，实现代替人脑的分析系统回路

智能决策
- 通过先进的可视化工具和远程操作工具将人与设备进行连接，实现人在回路的控制决策和支持
- 在运维、排程、诊断、安全保障等方面提供决策支持

图4-10 工业互联网要素

充分利用大数据+云计算+物联网等信息技术，推动工业智能化转型。如图4-11所示，大数据、云计算、物联网等密切结合，构成同人类大脑功能和结构高度相似的未来互联网[56]。大数据代表了互联网的信息层（数据海洋），是互联网智慧和意识产生的基础物；云计算是互联网的核心硬件层和核心软件层的集合，也是互联网中枢神经系统。物联网对应了互联网的感觉和运动神经系统。物联网、传统互联网、移动互联网源源不断地向互联网大数据层汇聚数据和接收数据。充分利用物联网、云计算和大数据及挖掘分析等信息通信技术，将推动能源管理智慧化、促进生产方式绿色精益化、资源回收利用方式创新化，推进供应

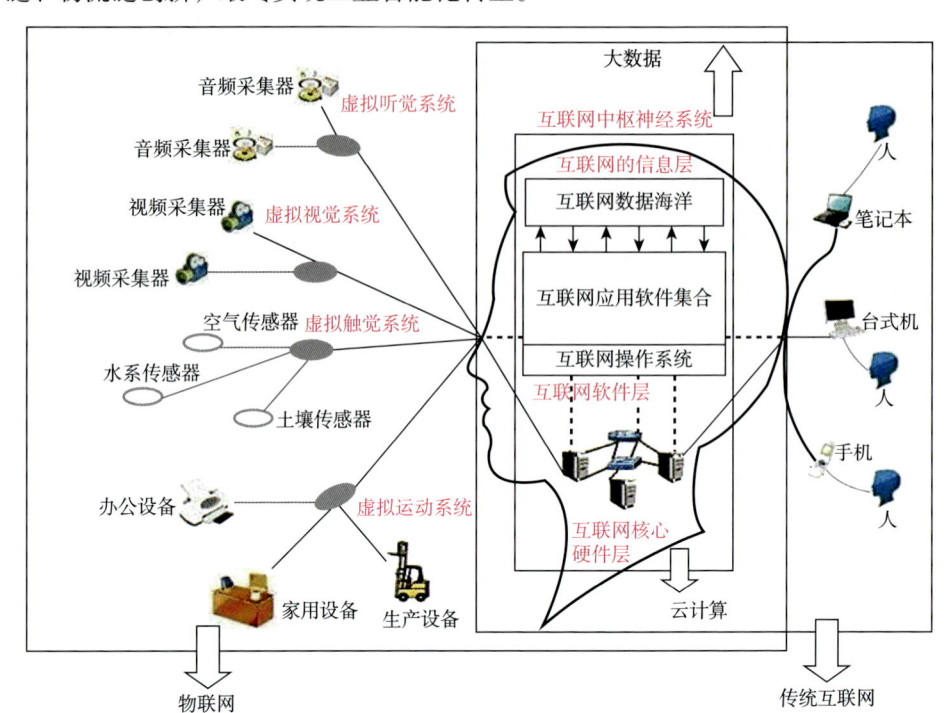

链、物流链创新，最终实现工业智能化转型。

图4-11　大数据+云计算+物联网关联

物联网。涉及的关键技术包括射频识别芯片和读写设备、无线传感网（智能型光电传感器、接近传感器等制造传感器）、中间件（分布式数字控制系统、可编程控制系统）、智能用户卡等，推广物联网技术在秦巴山脉重庆片区绿色工业中的示范应用，加快形成企业智能环境数据感知体系。支持利用物联网、大数据开展信息采集、数据分析、流向监测。

云计算。利用数据中心管理、虚拟化、海量数据处理、资源管理与调度、服务质量保证、安全与隐私保证等核心技术支撑，提高云安全保障、降低运营成本、支撑多元应用云服务等。面向秦巴山脉重庆片区工业智能化领域，构建一批云平台，推动研发设计、原材料供应、加工制造和产品销售等全过程精准协同，强化生产资料、技术装备、人力资源等生产要素共享利用，实现生产资源优化整合和高效配置。积极培育工业节能云服务市场，鼓励广大中小企业利用云计算技术共享能源管理；创新能耗监管模式，推进园区和区域能耗监测系统建设，建立分析与预测预警机制。

大数据及挖掘分析。大数据挖掘技术可以有效提升秦巴山脉重庆片区绿色工业的相关产品设计、制造、生产、展示等阶段的性能；采集生产、加工的实时数据，实现安全智能监测。通过大数据融合关键技术攻关，完成大数据技术系统架构、预处理、数据整合、数据挖掘、数据存储、可视化全技术链条在工业流程中的技术布局，促进秦巴山脉重庆片区绿色工业中大数据开放共享，鼓励行业应用示范。

执笔人：张自力　于同奎　张　敏
刘　波　肖富元

第五章　秦巴山脉重庆片区绿色城乡空间建设战略研究

第一节　区域战略定位分析

关于秦巴山脉重庆片区的战略定位，国家、重庆市和县三个层次均存在矛盾，其中国家定位和重庆市定位的矛盾尤其明显，原因在于重庆市的定位仅依托本地资源优势，低估了周边城市群对秦巴山区的辐射和涓滴效应。

一、国家对秦巴山区的战略定位

秦巴山区地处大西北与大西南交汇地带，北接关中—天水经济区、东临中原经济区、西毗成渝经济区、南倚长江黄金水道经济带，是西部大开发的关键区域；区内的陕西、甘肃、四川、重庆等地区是丝绸之路经济带的核心功能板块，涉及西南丝绸之路新起点、甘肃丝绸之路黄金段、"渝新欧"国际铁路联运大通道等丝绸之路经济带的重要节点中心。

在《国家新型城镇化规划（2014-2020年）》确定的"两横三纵"城镇化战略格局中，秦巴山区正位于陆桥通道、长江通道两条横轴与京哈京广、包昆通道两条纵轴的中心区域，是全国城镇格局的核心板块。在《全国主体功能区规划》中，秦巴山区被确定为生物多样性生态功能区。2016年，国家旅游局编制的《秦巴山片区旅游发展规划》，把秦巴山区作为全国旅游产业扶贫示范区、全国旅游创新发展示范区进行打造。重庆市将结合《秦巴山片区旅游发展规划》，重点依托长江三峡黄金旅游带，以发展乡村旅游、高山避暑纳凉、旅游度假区、避暑休闲旅游地产为主要抓手，大力实施精准扶贫，着力打造长江三峡腹地——秦巴山区生态旅游和休闲度假旅游目的地。

二、重庆市对秦巴山区的战略定位

2013年，中共重庆市委四届三次全会召开，根据主体功能区划分的原理，细化"一圈两翼"（即以主城为核心、以大约1小时通勤距离为半径范围的城市经济区，以万州区为中心的三峡库区城镇群组成的渝东北翼和以黔江区为中心的渝东南城镇群组成的渝东南翼），提出"五大功能区"（即都市功能核心区、都市功能拓展区、城市发展新区、渝东北生态涵养发展区、渝东南生态保护发展区）区域发展战略，将渝东北地区明确定位为生态涵养发展区，其功能定位为：国家重点生态功能区和农产品主产区、长江流域重要生态屏障和长江上游特色经济走廊、长江三峡国际黄金旅游带和特色资源加工基地。对经市政府批准的城市规划区、特色工业园区、旅游开发区、重点城镇等区域实施"点上开发"；依托页岩气、矿产、农副产品等优势资源，积极发展特色工业；加强三峡旅游资源整合利用，打造长江三峡黄金旅游带；依托良好的生态环境和山水资源，大力发展特色效益农业，建设无公害农产品和绿色有机食品基地。其发展目标是：建成长江上游特色经济走廊、长江三峡国际黄金旅游带、长江流域重要生态屏障，经济社会发展争取赶上全国平均水平，经济稳步发展、社会全面进步、人民生活安定、生态环境良好，呈现和谐稳定新局面。

渝东北生态涵养区的重要任务包括：加快建设重点项目；打造特色经济板块；培育特色优势产业；增强基础设施和公共服务设施支撑能力；三峡库区后续发展与扶贫开发并举；突出生态涵养功能；调整人口布局。

生态涵养发展区六区县将主要按照以下三种类型发展：第一，对开州、云阳进行重点开发，带动开（州）云（阳）特色产业板块；第二，增强垫江、梁平、丰都、忠县、开州等国家农产品主产区县的农业综合生产能力，构建垫江—梁平—丰都—忠县农产品特色经济板块；第三，增强城口、云阳、奉节、巫山、巫溪等国家重点生态功能县的生态产品供给能力，构建奉节—巫山—巫溪—城口特色旅游经济带。

秦巴山脉重庆片区各区县发展定位如下。

开州区：渝东北地区重要核心区域万开云板块的重要组成部分，移民开发和劳务开发示范区，独具特色的生态滨湖城市。

云阳县：渝东北地区重要核心区域万开云板块的重要组成部分，长江三峡国际黄金旅游带的重要节点，发展特色农产品及特色资源加工业、旅游业、清洁能源和劳务经济输出等。

城口县：重庆市重要生态功能保障区，重庆市向北重要门户，红色旅游和生态旅游基地，重要生态经济区，发展旅游、农林产品加工、清洁能源、矿产开发和劳务经济等。

奉节县：长江三峡国际黄金旅游带的重要节点，旅游金三角重要组成部分，重庆市重要生态功能保障区，突出发展能源工业、以脐橙为重点的绿色食品加工业和劳务经济、劳动密集型产业等。

巫山县：长江三峡国际黄金旅游带的重要节点，旅游金三角重要组成部分，重庆市重要生态功能保障区，突出发展劳务经济和旅游、烤烟、煤炭产业等"三色经济"。

巫溪县：旅游金三角重要组成部分，重庆市重要生态功能保障区，发展劳务经济、清洁能源、生态农业、特色旅游等。

三、协调国家与重庆市在秦巴山区的战略定位

国家和重庆市在秦巴山脉重庆片区六区县的战略定位上存在矛盾。国家将其定位于生态旅游，而重庆市定位于生态保护和发展。因此，理清生态旅游与区域发展的关系对秦巴山区的战略定位尤为重要。

21世纪以来，随着农村劳动力大量析出，以及农户生计策略非农化，秦巴山脉重庆片区的人口压力得以缓解，出现了明显的森林转型，生态恶化的态势得以逆转。同时，人口迁移深刻地改变了城乡空间格局，在极化效应下，人口从农村向城镇的迁移，导致城镇快速扩张，乡村迅速萧条；在涓滴效应下，乡村旅游2010年以来快速发展，在山区形成了一系列的乡村旅游区，为山区提供了大量的就业机会，也促进了部分山区农村的振兴，缓解了贫困问题。然而，由于渝东北地区地理位置特殊，资源环境承载力有限，生态环境脆弱，在面临加快经济社会发展任务的同时，也承担着加强环境保护和生态建设的责任。国家和地方政府在渝东北的定位上都着重强调其生态功能区的定位，但生态保护和快速的经济发展常常难以两全。因此，秦巴山脉重庆片区要想发展乡村旅游，促进经济快速发展，就必须解决区域战略定位与经济发展之间的结构性矛盾。处理好加快经济发展与保护生态环境之间的关系，实现在发展中加强生态涵养、在生态涵养中加快发展的目标，是推进乡村旅游，促进区域经济发展乃至建好"渝东北生态涵养发展区"，从而实现把渝东北地区建设成为长江流域重要生态屏障、长江上游特色经济走廊、长江三峡国际黄金旅游带和特色资源加工基地这一战略目标的关键所在。

为解决两者之间的矛盾，综合国家与重庆市对秦巴山区的定位，重庆市应重点依托长江三峡黄金旅游带，以发展乡村旅游、高山避暑纳凉、旅游度假区、避暑休闲旅游地产为主要抓手，大力实施精准扶贫，着力打造长江三峡腹地——秦巴山生态旅游和休闲度假旅游目的地。因此，各个区县的定位均应该进行调整。

第二节　区域空间结构和空间发展规划

一、区域空间结构

秦巴山脉重庆片区的各区县都在渝东北城镇群内。渝东北翼区域发展目前仍处于"点—轴"开发阶段，因此区域城镇体系主体依然表现出沿长江轴线和公路线发展辐射的形态，呈"长藤结瓜"式。在长江和万宜高速公路这个"长藤"上，局部地区发展较好，形成三角形空间结构（图5-1）。

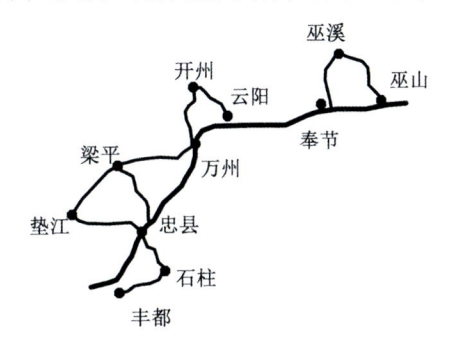

图5-1　局部三角形城镇空间结构

中部三角：以万州、云阳、开州为极核，万开高速公路、万宜高速公路为轴组成该区域中部"三角形"城镇空间结构。

翼东三角：以奉节、巫溪、巫山为节点，以万宜高速公路、巫建高速公路、大宁河为轴，形成该区域东部"三角形"城镇空间结构，以利长江旅游黄金线路向该区域腹地纵深发展。

翼西三角：是渝东北翼城镇密集区。以忠县为区域次中心，向北与垫江、梁平，向南与丰都、石柱，向东与万州，通过长江水道、市域高速公路和铁路，形成该区域西部"三角形"城镇空间结构。

渝东北翼发展轴线也主要分为三条，即横向发展主轴、纵向发展主轴和三条联系轴线（图5-2）。

（一）横向发展主轴

该轴是依托长江主航线和重庆市域高速公路网"第五射"构成的交通走廊，以万州为主要节点，横贯区域东西的长针发展轴，范围包括垫江、梁平、万州、云阳、奉节、巫山等六个区县及其辖区内部分城镇。

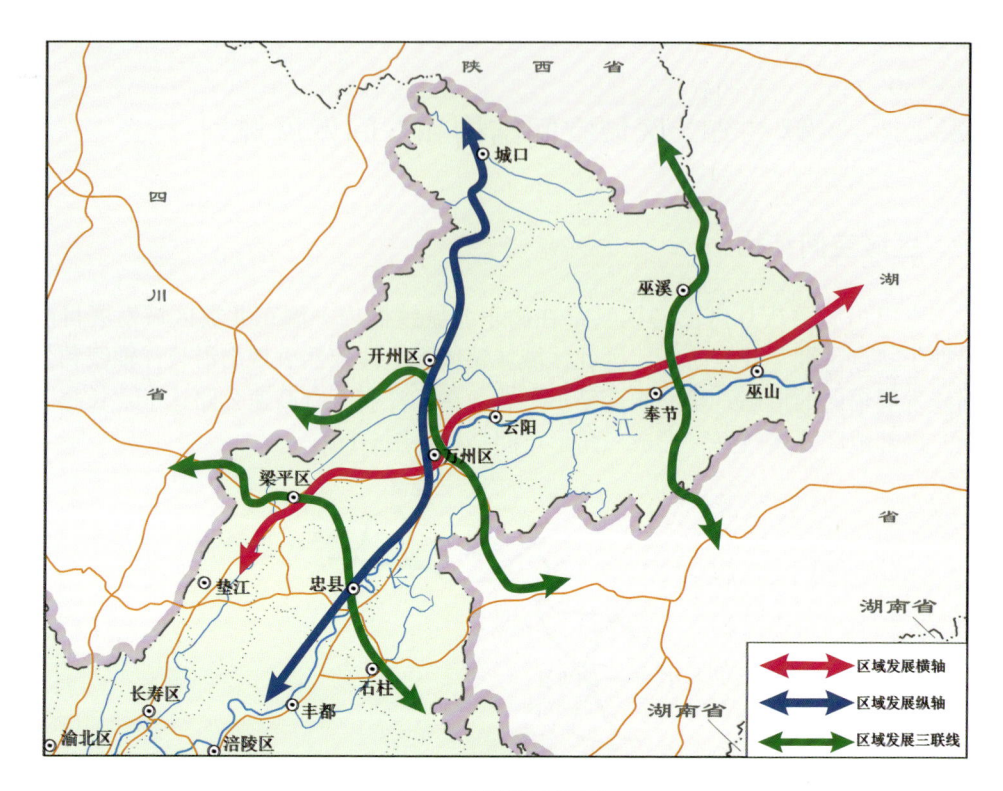

图5-2 城镇发展轴线

（二）纵向发展主轴

该轴是依托长江主航线和重庆市域高速路网"第十射"的交通走廊，以万州为主要节点，纵贯南北方向发展的城镇发展轴，范围包括丰都、忠县、万州、开州、城口等五个区县及其辖区内部分城镇。

（三）三条联系轴线

南部联系轴线由重庆市域高速路网的"第二联"构成，西连四川、南接东南部城镇发展区。与秦巴山脉重庆片区内"纵横"两条轴线相交，以忠县、梁平为主要发展节点。中部联系轴线由重庆市域高速路网的"第三联"构成，北联陕西、南接湖北。与"纵横"两条轴线交汇于万州、开州。东部联系轴线由四川达州经万州至湖北利川的达万路与万利路构成，北连四川、南接湖北，以奉节、巫溪为主要发展节点。

二、空间发展规划

综合考虑资源环境承载能力、现有开发密度和发展潜力，统筹区域未来人口分布、经济布局、国土利用和城镇化格局，将处于渝东北地区的秦巴山区部分划分为三大区域板块，明确发展方向、发展政策、发展目标，实施分类开发。主要是将秦巴山脉重庆片区划分为三个板块，分别为万开云板块、巫（山）奉（节）巫（溪）板块和城口板块。

一是万开云板块。该板块是渝东北地区移民搬迁安置任务最重、城市规模最大、发展水平较好、资源环境承载能力较强、经济和人口集聚条件较优的区域，是未来渝东北地区提速提档发展的"引擎"板块，是集聚经济形成和发展、人口富集和人才吸纳的重要区域。享受移民开发政策，承担三峡移民搬迁安置任务并确保移民安稳致富。重点开发万州、开州和云阳的城市规划区，以及万州、开州、云阳之间主要交通干线沿线一定范围区域，依托万州较强的辐射带动作用，统筹规划和开发建设，加快推进工业化、城镇化，承接一小时经济圈产业转移，承接渝东北地区生态脆弱地区和农村地区人口转移。

二是巫奉巫板块。该板块是重庆三峡库区的组成部分，是重庆市重要的生态功能区。享受移民开发政策，承担三峡移民搬迁安置并确保移民安稳致富的任务。严格控制开发强度，引导超载人口有序转移。逐步减少城镇和农村居民点占用空间，在现有城镇布局基础上进一步集约开发；允许在资源富集的地区适度发展资源开采、旅游、农林产品加工等产业，但必须以不损害生态功能为前提。其中，对于奉节天坑地缝国家重点风景名胜区、巫山小三峡国家级森林公园、巫溪红池坝国家级森林公园，要求严格控制开发活动，除必要的旅游、管护建设外，不得随意破坏或随意改变自然景观，严格保护自然植被和原生态景观。

三是城口板块。该板块是重庆市重要的生态功能区。控制开发强度，引导超载人口有序转移，允许在不损害生态功能的前提下适度发展资源开采、旅游、农林产品加工等产业。其中九重山国家级森林公园要严格控制开发活动。

三大区域板块发展目标和开发政策如表5-1所示。

表5-1　三大区域板块发展目标和开发政策

板块名称	面积	特殊任务	发展目标（到2020年）	开发政策
万开云板块	1.1万平方千米	移民开发	（1）累计完成三峡移民搬迁安置57.7万人； （2）地区生产总值年均增速13%~14%； （3）常住人口350万人； （4）城镇化率50%以上； （5）规划城市建设用地面积控制在130平方千米左右	（1）实施移民开发政策； （2）加大完善和提升城市功能方面的投入； （3）鼓励加强产业配套能力建设，形成产业发展集群，限制发展技术水平低、能源资源消耗高、污染重的产业； （4）鼓励重点开发区域吸纳更多外来人口； （5）综合考核评价经济增长、质量效益、产业结构、资源消耗、环境保护等指标

续表

板块名称	面积	特殊任务	发展目标（到2020年）	开发政策
巫奉巫板块	1.11万平方千米	移民开发	（1）累计完成三峡移民搬迁安置21.57万人； （2）常住人口减少50%； （3）规划城市建设用地面积控制在40平方千米以内； （4）森林覆盖率达到60%左右	（1）实施移民开发政策； （2）实施限制开发和禁止开发主体功能区补偿政策； （3）实施"两增两减"政策：增加市级财政转移支付和对口帮扶力度，增加基础设施建设和基本公共服务投入，减少人口数量，减轻发展目标压力，重点考核基本公共服务和生态环境等方面的指标
城口板块	0.33万平方千米	—	（1）常住人口减少50%； （2）规划城市建设用地面积控制在2.84平方千米以内； （3）森林覆盖率达到65%左右	（1）实施限制开发和禁止开发主体功能区补偿政策； （2）实施"两增两减"政策：增加市级财政转移支付和对口帮扶力度，增加基础设施建设和基本公共服务投入，减少人口数量，减轻发展目标压力，重点考核基本公共服务和生态环境等方面的指标

因地制宜推进城镇化。依托主要交通干线，选择发展条件相对较好的地区，引导人口集中合理分布，构建以万州为核心的城镇体系，2020年渝东北地区各区县城镇化平均水平达到47%左右，充分发挥城市对区域发展的带动作用。加快万州建设步伐，充分发挥其作为重庆市区域性中心城市的辐射带动作用。加快基础设施建设，壮大产业规模和实力，完善城市功能，增强城市综合竞争力，建成渝东北地区特色工业基地、综合交通枢纽和商贸物流中心、现代服务中心和科教文卫中心，预计2020年城区常住人口100万人左右，努力成为"一圈两翼"发展格局中的重要增长极、和谐稳定新库区的示范区、渝东北区域性中心城市和统筹城乡发展先行区，主要经济社会发展指标达到或超过一小时经济圈的平均水平。

构建"1241"渝东北城镇体系。依托长江黄金水道、高速公路等重要交通走廊，形成以1个大城市（万州）为中心，2个中等城市（开州、云阳），4个小城市（奉节、巫山、巫溪、城口），以及100余个小城镇串珠分布的城镇体系。各区县政府所在地要发展成为中小城市，要突出各自比较优势，不断完善综合服务功能，发挥县域经济中心作用，成为当地产业和人口的重要集聚地。小城镇要发挥直接带动农村经济发展的作用，增强农副产品集散地功能，培育和完善面向农村市场的集镇、农贸市场，加强乡镇公共服务设施建设。提高城镇规划、建设、管理水平，促进城镇景观与自然景观浑然一体，与长江三峡国际黄金旅游带整体形象相协调，使城镇规模与资源环境承载力相适应，加大集约用地力度，限制城镇沿长江过度发展，切实保护长江上游生态环境。

第三节 城乡空间建设总体思路

一、城乡空间建设思路及原则

（一）城乡空间建设规划

渝东北地区城乡空间发展总体空间布局为"一心、两轴、五区"，至2020年，形成1个大城市、6个中等城市、4个小城市、150个小城镇和600中心村的城镇—村庄体系；逐步建设成为以绿色农产品为特色的国家级高效生态农业示范区、山清水秀的国际黄金旅游带、水陆交通便捷的西部物流大通道、结构合理的国家级劳务输出职业技能培训示范区、水质优良的国家级淡水战略储备库、三峡水库的绿色生态屏障、重庆市的生态涵养区。

对于秦巴山区所在的渝东北翼，在城市规划中不能急于提升城镇规模，应该根据自己的自然地理、社会经济等条件，因势利导、因地制宜，做好城市反哺农村、城市带动农村的积极引导，促进生产力合理布局和区域协调发展，寻求符合自己最佳发展形态和结构的模式，构造大小形状各异的城—乡网络体系，形成各有特色的发展形态。

（二）城乡统筹发展的切入点

渝东北地区在"一圈两翼"新形势下的"城"是以生态旅游和生态农产品加工为主导产业的城，"乡"是生态农业之乡，是未来中国西部的生态农业示范基地。"城"与"乡"的规划统筹在"生态"上，这是渝东北翼统筹城乡规划的切入点。在用地上要将城乡土地及绿色空间，从城乡发展、保护耕地和生态环境的角度及人类未来对游憩的要求出发，加以统筹安排，将城乡聚居地融合、组织到大自然的天然网络中去，从而形成以城—乡聚居地为节点的网络系统。

首先，在城乡规划结构方面根据生态旅游和农业资源的禀赋，调整城乡布局形态，形成以万州为中心，忠县、奉节为次中心的多层次、多节点、网络状、连续式、疏密相间的、相互渗透的、点线面相结合的区域综合体。其中，各城镇可作为大小不等的"点"，各种交通轴线、林带水系、电力电信走廊可作为"线"，广大的乡村地区则为"面"。其次，在城乡用地布局上，在明确城乡功能结构与发展方向的基础上，把县、市域所有建设用地和不可建设用地进行统一区分和原则性布局，使城乡土地得到合理利用和最大的节约，真正体现"切实保护耕地"的基本国策。在建设用地中，着重进行各级城镇及开发区的用地布局，将所有的用地规划进行相应的修改和调整，确定合理的人口密度和用地强度。在全面统筹的基础上，通过用地布局积极引导与调控城乡经济发展的功能定位、行业选择和拓展方向，避免重复建设、无序竞争和区域内耗，同时也防止城市的无节制蔓延。

（三）城镇空间发展对策

区域性城镇空间发展规划研究，要在实践中指导区县城镇规划建设，将各区县城镇空间紧凑发展的合理性转化为可行性。各区县在总体布局结构上要使城市空间分组团紧凑布局，在功能上要围绕城市中心多元复合紧凑利用的基础与前提。在城乡形态结构方面，要促进城乡的紧凑集中和有机分散的统一，每个组团规模适中，公共中心功能紧凑，既能保证城市的优质服务效率，又能使整体组团被公交服务区覆盖，组团间通过主要交通干道相连。

1. 采用适度紧凑发展的城乡空间形态

秦巴山区巨大的人口基数、紧缺的资源状况及脆弱的生态环境决定了城市空间总的发展特征是紧凑发展。在城市功能设施向外围扩展的同时，城市功能区的适度紧凑开发，是保障城市区域生态环境质量总体最优的基本途径之一。"在区域空间上具有适度密集形态的城市，可能是最具持续性的城市"，其具体要求有：防止城镇建成区低水平、无序蔓延，限制城市空间低密度扩展，限制土地供给数量，提高城市土地产出效益及开发密度等。

2. 引导形成功能相对紧凑的城市空间增长形态

城市空间增长的方式大致包括两种：城市的向心增长及聚集型空间扩展（包括蔓延式扩展、连片及分片扩展）；城市的离心增长及扩散型空间扩展（轴向扩展、飞地式扩展），在空间拓展中形成功能的相对紧凑聚集。对于秦巴山区城镇而言，引导城镇外部地域形成中等密度以上的新型紧凑功能区及外围城镇发展形成综合功能区，变单点状集中为多核心集中，或变蔓延式扩展为有引导的定向、轴向扩展，均是城市空间发展的基本策略。

3. 促进城市郊区农村地区建设空间的聚集发展

秦巴山区农村地区在土地利用和空间布局等方面普遍存在着低效、不合理的现象，密度低、布局分散的城郊农村居民住宅区占用了大量土地。为确保城镇整体空间的合理发展，必须促使农村地区建设空间进行重新组合。工业要向工业园区集中，分散的村民住宅区要采取舍村并点，向相对集中的居民点集中，保护集中成片的农田，促进城镇郊区农业的紧凑发展。只有提高城镇郊区广大农村地区建设的集约程度，才能保证城镇整体空间环境的协调发展及良好城市形态的形成。

4. 建立多方参与的公共决策机制

一方面，通过制定城镇中心区与郊区一体化规划以实现城乡协同发展，依靠政府与规划部门的引导、开发团体的实施及民众的参与，形成良好公共决策机制；另一方面，为解决政府财力不足的矛盾，必须吸引社会多方面的资金投入。因此，区域优惠政策的制定及弹性可调规划的形成均应致力于以上两方面的努力。

二、区域城镇空间布局

研究区域覆盖奉节县、巫山县、巫溪县、城口县、开州区及云阳县等6个区县，总面积达2.197 5万平方千米。区域内部城镇化水平发展不均，2015年末，区域常住人口386.02万人，城镇人口151.79万人，研究区域平均城镇化率为39.32%，比重庆市城镇化率低21.62%。区域内城镇建设用地主要集中在各县城的中心城区，城镇空间布局规划以组团式结构为主。

按现行总体规划，奉节县至2020年城市建设用地将达到16.51平方千米，2015年城市建设用地为2020年规划目标的60.35%。除中心城区外，其他小城镇2013年底建设用地为5平方千米，2020年规划目标为16平方千米，2015年规划实施完成率仅为31.25%。

开州区总体布局采取带状组团式结构，远期形成中心城及白鹤、竹溪、赵家、渠口、厚坝5个组团的格局。新县城的主城区由中集、安康、平桥3个片区组成，是整个城市的政治经济文化中心。

云阳县城是库区整体远迁的唯一县城，由原云阳、云安、双江三镇组合搬迁而成。总体布局呈"一城四片、多中心组团式"的城市空间形态。

巫山县城的城市结构采用组团式结构，由大宁湖西岸的高唐组团、龙井组团和大宁湖东岸的江东组团、早阳组团组成。

巫溪县城镇体系发展按核心城镇群、点轴式空间结构进行构建。城镇空间发展采用点轴式发展模式，以巫溪县城为集聚点，沿省道102、201线为发展主轴线。依托主轴线上的主要城镇，形成城镇延绵带，着力增强其辐射功能，带动周边地区经济和社会的发展。以主要交通干线进出口乡镇为节点，加快边贸城镇的发展，大力提升边贸城镇的物质集散功能，搞活边区市场，促进乡村城镇化进程。最终，由点带面推动整个县域的全面发展。

城口县随着5大新区开发和5个旧城片区改造的大力推进，县城面貌不断改观，同时，各乡镇整合农村危旧房改造、巴渝新居建设、乡镇商贸"五个一"和市级中心镇"561"工程等项目资源,大力推进市县级中心镇和一般乡镇、场镇扩容提质,乡镇、场镇的发展基础和条件得到改善。

三、各区县城镇规划

(一)奉节县

1.空间布局

奉节县以高山峡谷地形为主,用地条件差,城镇建设布局只能结合综合交通发展和产业用地布局,形成"面上收缩,中心集聚"的空间结构。按照"人口跟着产业走,用地结合人口布局"的用地原则,奉节县未来产业布局是:旅游服务、商贸物流向县城集中;康乐、草堂依托区域交通设施的集中以寻求工业的快速发展,成为工业重镇;白帝镇、兴隆镇、竹园镇依托旅游资源发展旅游业,并设置重要的旅游接待服务区。结合产业用地布局,未来城镇用地将是"一心多点"的形态。通过产城联动吸引农村人口通过生态移民措施向县城组团、重点乡镇、产业聚集地聚居。县城将成为奉节县发展的重心,而西部新区的建设及未来铁路客运站的设置,将进一步引导奉节县城沿朱衣河谷向西发展。

2.人口预测

户籍人口:2020年为112万人。
常住人口:2020年为75万人。
城镇化率:2020年为50%。
城镇人口:2020年为37万人。
县城常住人口:2020年为26万人。
县城城镇人口:2020年为25万人。

3.城镇分级规划

奉节县将形成三级城镇规模结构体系:一是县城;二是中心镇,包括兴隆镇、吐祥镇、竹园镇、康乐镇、草堂镇、公平镇、白帝镇;三是一般镇,包括汾河镇、安坪镇、甲高镇、新民镇、青龙镇、羊市镇、大树镇、青莲镇、五马镇。大力实施"美丽新乡镇"行动,重点进行集镇建设和特色产业发展,打造一批历史文化型、产业特色型、生态休闲型的"风情"小镇和边贸城镇。中心镇应强化产业特色、注重产业立镇,加强与中心城市的联系,增强对周边城镇和农村的集聚及辐射能力。示范镇和特色镇坚持走产业兴镇、产业强镇、产业富镇之路,突出发展第二、第三产业，着力培育优势特色产业，加速壮大主导骨干产业。尽可能将大工业配套型企业、劳动密集型企业、休闲观光型旅游企业、农产品加工型企业吸引布局到镇域内，带动集镇和农村发展。

（二）开州区

1.城镇空间布局

开州区共辖7个街道、33个乡镇，在分析区内各镇、街道的经济社会条件、未来发展定位和土地利用潜力的基础上，全区共分为4片城镇发展群，分别为：①中心城区发展群；②临江城镇发展群；③长沙城镇发展群；④郭（家）温（泉）城镇发展群。

2.人口预测

根据开州区人口现状和变化发展规律，综合考虑历史因素和社会经济因素对人口发展的影响，运用多种方法对规划目标年开州区人口进行预测。综合分析后得到的预测结果为：2020年常住人口为118万人，城镇人口达到61万人，常住人口城镇化率将达到52%左右。

3.城镇分级规划

2020年，城镇体系等级结构中，将形成区域中心城市、中心镇和一般镇三级结构。其中，区域中心城市为开州区城区；中心镇为临江、长沙、郭家、温泉；一般镇为剩余的25个乡镇。县域城镇体系规模结构将形成中等城市、小城市、小城镇三级。

中等城市（≥30万人）：中心城区、厚坝镇、赵家街道、渠口镇。

小城市（5万~10万人）：临江、长沙、郭家、温泉镇。

小城镇（1万~5万人）：大进、河堰、九龙山、中和、铁桥、南门、岳溪、和谦、南雅镇。

小城镇（<1万人）：高桥、义和、敦好、大德、金峰、白桥、谭家、天和、三汇口、巫山、五通、紫水、麻柳、满月、关面、白泉镇等16个。

（三）云阳县

1.城镇空间布局

结合三峡库区移民迁建，云阳县将加快以新县城为中心，江口、沙市、农坝、故陵、凤鸣、盘石、关市、人和、红狮、高阳、龙角、南溪等集镇为重点的城镇建设，带动其他场镇建设，形成区域性中心镇的"一星多极"的结构体系，努力提高城市化水平，拉动经济发展。

2. 人口预测

根据云阳县人口现状和变化发展规律，综合考虑历史因素和社会经济因素对人口发展的影响，运用多种方法对规划目标年云阳县人口进行预测。综合分析后得到的预测结果为：2020年总人口为110万人，城镇人口为53万人，城镇化率将达到48%左右。

3. 城镇分级规划

2020年，县城城镇体系等级结构中，将形成县域中心城市、中心镇和一般镇三级结构。其中，县域中心城市为云阳县城；中心镇为凤鸣镇、高阳镇、江口镇、南溪镇、故陵镇；一般镇为剩余的25个乡镇。

4. 城镇职能规划

主城核心区，包括云阳县的双江街道、青龙街道、人和街道、盘龙街道，是云阳县的政治、经济、文化中心，是区域性物资集散地和三峡风景区的主要景点之一，并发展以食品、纺织、化工等为主的轻工业港口城市。

中心镇，发展符合自身条件的特色经济，逐步成为仅次于县城的次一级经济中心。

(四) 巫山县

1. 城镇空间布局

城镇体系空间布局与经济发展、旅游建设空间态势相匹配，以城镇化带动社会经济的全面发展。运用"点—轴"发展理论，以县城为核心，北部的大昌、西北部的福田、龙溪镇，西南部的铜鼓、庙宇镇，东南部的抱龙镇，东北部的骡坪镇为中心镇。以长江、大宁河旅游区及主要交通干线为轴线，通过中心镇的辐射，带动整个区域的发展。规划确定三条城镇发展轴为：

主要发展轴北线——县城—大宁河发展轴线。主要节点为中部的巫山县县城，巫山县县城是政治、经济、文化中心，发展重点为旅游服务；北部是发展旅游文化的大昌镇；西北部是以农副产品加工业、商贸为主的福田镇和龙溪镇。

主要发展轴南线——县城—官渡镇—庙宇镇一线。主要节点为发展农副产品加工业及以乡镇企业为主的官渡镇与发展旅游业、商贸的庙宇镇。

兼顾县城—骡坪镇、县城—抱龙镇两条发展轴线。

2. 人口预测

规划远期至2020年，县城城镇人口规模20万人，城镇化率将达到44.5%。

3. 城镇分级规划

2020年，县城城镇体系等级结构中，将形成县域中心城市、中心镇和一般镇三级结构。其中，县域中心城市为巫山县县城；中心镇为大昌镇、官渡镇、庙宇镇、骡坪镇；一般镇为剩余的乡镇。

4. 城镇职能规划

主要的城镇职能分为以下四点：①渝东北门户；②长江三峡的旅游接待基地；③以旅游品和生态产品加工为主体的工业生产基地；④以历史文化和湖山风光为特色的旅游景区。

（五）巫溪县

1. 城镇空间布局

科学构建四级城镇体系。第一，铸造一座特色城市。改造提升老城—赵家坝组团，加快建设马镇坝组团、工业园区凤凰组团，建设"美得自然、过得幸福"的特色宜居城市。第二，打造四线城镇带。整体规划建设以上磺为中心的上磺—古路城镇带、以文峰为中心的文峰—塘坊城镇带、以尖山为中心的尖山—朝阳城镇带及徐家—白鹿城镇带，四个城镇带连片拓展，辐射周边，成为城镇连绵带。第三，突出6个中心镇。文峰、上磺两个市级中心镇，按规划区4平方千米、4万人规模整体规划建设。将尖山、徐家、通城、土城等乡镇纳入县级中心镇管理，尖山与工业园区尖山组团融合，逐步达到3平方千米、3万人规模；徐家围绕建设省际边贸镇，积极拓展发展空间，达到规划区2万人规模；通城着力强化旅游要素配套，规划区拓展到1平方千米、1万人以上；土城立足旅游、边贸两个功能，打造成为从陕西、城口方向进入巫溪旅游区的门户。第四，依据发展基础，突出本地优势，辐射带动周边，按一乡（镇）5 000~15 000人规模，将白鹿镇、田坝镇培育成为边贸型小城镇，将宁石镇、花台乡、红池坝经济开发区培育成为旅游型小城镇，将其他乡镇、场镇培育成为各具特色的小城镇。

2. 人口预测

规划预测2020年巫溪县总人口为38万人，城镇人口17.10万人，城镇化水平为45%。

3.城镇分级规划

根据区域经济发展和生产力总体布局的需要，以及现有城镇规模位序的分布，巫溪县城镇体系等级结构分为三级。

县城：包括城厢镇，是巫溪县的政治、经济、文化中心，渝东北的重要门户之一。

中心镇：2个，包括文峰镇、上磺镇。它们地理位置优越，交通便捷，基础较好，是巫溪县经济发展的重要城镇。

一般建制镇：11个，包括凤凰、尖山、下堡、古路、宁厂、白鹿等镇，并将塘坊、通城、中梁升为建制镇。这些城镇除了分布在省道102和省道201沿线的几个之外，其余的也都分布在县内的主要交通线路上，与中心镇相互补充，成为影响区域较大的物资集散地。

4.城镇规模预测

与巫溪县城镇体系等级结构相对应，其规模结构分为三级。

小城市：县城，规划城镇人口12万人，包括城厢镇。

中心镇：规划城镇人口1.0万~1.5万人的建制镇2个，包括文峰镇、上磺镇，规划城镇人口分别为1.5万人、1.0万人，城镇总人口2.5万人。

一般建制镇（乡）：规划城镇人口为0.10万~0.30万人的一般建制镇11个，规划城镇总人口2.60万人。其中，凤凰、徐家规划城镇人口为0.30万人；尖山、白鹿规划城镇人口均为0.25万人；宁厂规划城镇人口为0.20万人；古路、下堡规划城镇人口均为0.15万人；塘坊、朝阳、通城、中梁规划城镇人口均为0.10万人。

5.城镇职能分工

根据巫溪县社会经济发展的需要，结合当地条件，选择最有利的职能作为各城镇发展的方向，从而使体系中的每个城镇都具有明确而合理的分工，并发挥其优势，以取得最佳的社会经济整体效益。巫溪县城镇体系职能结构如下。

（1）巫溪县城——巫溪县的政治、经济、文化中心，发展旅游、边贸、农副产品、食品加工为主的旅游服务城市。

（2）中心镇：文峰镇，旅游服务、农副产品加工；上磺镇，商贸、农副产品加工、水产养殖。

（3）一般建制镇（乡）：凤凰镇、下堡镇、古路镇、白鹿镇、塘坊镇、朝阳镇、通城镇、中梁乡为商贸和加工；徐家镇为边贸；尖山镇为独立工矿区；宁厂镇为商贸和旅游。

（六）城口县

1. 城镇空间布局

根据城口县城市总体规划，城口县城镇发展空间布局着力构建"1+7+15+90"的城镇开发格局、"一园区三组团两拓展区"的绿色工业发展格局，加快形成"县城—乡镇—村（社区）"的三级商贸流通体系。

"1+7+15+90"城镇开发格局。1，是指1个县城核心，加快产城融合发展，促进产业集聚和人口集聚；7，是指7个国家级、市、县级中心镇，发挥辐射示范作用，带动周边区域发展；15，是指省、县道沿线的其他15个一般乡镇，突出优势产业；90，是指90个高山生态扶贫搬迁集中安置点。

"一园区三组团两拓展区"绿色工业发展格局。一园区，是指一个工业园区，由三个组团和两个拓展区组成；三组团，是指高燕组团、巴山组团和庙坝组团；两拓展区，是指修齐拓展区和坪坝拓展区。

"县城—乡镇—村（社区）"三级商贸流通体系。县城，建设县城核心商圈、购物休闲娱乐中心、秦巴地区山货交易中心；乡镇，大力发展4个边界集镇商圈，加快培育5个区域性重点集镇商圈，支持14个一般乡镇、场镇商贸设施建设；村（社区），合理规划建设新型社区便民商圈，优化调整农家店布局，增强村（社区）商贸流通活力。

2. 人口预测

根据《重庆市市域城镇体系规划（2003-2020年）》，结合城口县实际情况，预计城口县2020年常住人口将发展到26.08万人，其中城镇人口为7.82万人。进一步加快城镇化进程，提高以县城为主体的城镇化水平，到2020年力争超过30%。

3. 城镇分级规划

根据县域各城镇区位条件、资源条件及发展前景等方面情况，确定城口县城镇体系由三级组成：①县城，包括城口县城葛城街道、复兴街道。②中心镇，包括坪坝、修齐、明通。③一般镇，包括北屏、双河、咸宜、鸡鸣、东安、沿河等27个乡镇。

4. 城镇规模预测（2020年）

（1）县城，4.2万人。

（2）坪坝、修齐、明通分别为4 000人、5 000人、5 000人。

（3）巴山、高观、庙坝分别为3 500人、3 000人、4 000人。

（4）其余人口分布在城口县25个乡镇。

5. 城镇职能规划

（1）县城（葛城街道、复兴街道），城口县的政治、经济、文化中心，以发展生态旅游产业和地方土特产品加工业为主的生态型山水园林小城市。

（2）坪坝，重要交通通道，发展农副产品加工业及煤矿产业。

（3）修齐，市级试点镇，发展农副产品加工业及矿产业。

（4）明通，发展茶叶及农副产品加工业。

（5）庙坝，重要交通通道，重点发展商贸及旅游业。

（6）高观，重点发展畜牧业、旅游业及农副产品加工业。

（7）巴山，重点发展采矿业及加工业，形成钡矿工业园区。

（8）高燕，重点发展以锰矿加工为主的锰矿工业园区。

（9）北屏、双河、鸡鸣、东安、沿河，边贸集镇，分布在县域东西、南北四方，重点发展与邻近省市的边境贸易，培育批发市场，搞活边境物资贸易。

四、区域城乡布局中的问题

秦巴山脉重庆片区区域内各区县城乡空间格局分布各有特色，也都面临着一些问题。突出表现为小城镇建设用地指标不足、缺乏监管，小城镇规划难以适应新型城镇化的要求。在城镇化进程中，小城镇是承接农民转移的重要载体。同时，随着大量农村人口转移进城，小城镇受限于我国目前土地供应格局等因素，基础设施、公共服务配套设施建设严重滞后，人口承载能力受到局限，导致小城镇在住房、医疗、教育等方面的配套压力显现，违规、违法利用土地问题凸显。

在研究区域内，除县城中心城区外，周边乡镇普遍规模小且服务功能弱，且多数还停留在农村集镇的层次，即所谓的"村村像城镇，镇镇像农村"，大部分建制镇及乡镇、场镇，公共设施建设不完善，有的地方甚至连配套的垃圾处理厂和污水处理厂都很缺乏。乡镇垃圾处理厂大多没有进行环境评估，垃圾处理一般都是简易填埋、自行解决。由于缺乏用地指标，县（区）内一些城镇没有建设专门的供水和污水处理设施，经常出现城镇缺水、污水直排的现象。

随着城镇化速度加快，越来越多的农民选择落户小城镇。从长远来看，大量转户人口的新增建设用地需求对本已紧缺的小城镇用地供应造成更大压力。在一些经济发达、交通便利的城镇，商品房经常出现供不应求的局面。为适应新进城群众的住房需求，一些小城镇甚至出现"小产权房"热销的局面，还有大量小城镇周边农民将自家农房分房隔户用于出租。由于土地供应紧缺，一些乡镇出现各种"变通"做法，违规、违法用地，成为目前土地资源保护中的突出问题。一是通过以租代征方式对农村土地进行流转或占用耕地，有的地区出现了大量将多家农户甚至部分村庄的土地"出租"给开发商开发商业住宅的现象。二是以小城镇建成区拓展的名义，在未取得合法用地手续的情况下，擅自将农村集体土地改为国有建设用地，一些城镇建设用地项目甚至无视法律规定，未批先用、少批多占或者边报边用。三是在现行土地政策的"灰色地带"上做文章。在一些地区，建设用地"增减挂钩"实行的是"先占后补"的模式，政府占地在先，是刚性的，补地在后，是柔性的，经常是"只占不补""占优补劣""多占少补"，很难保障补地的数量和质量。

重庆等地实行户籍制度改革，超过半数以上的农民选择进入小城镇，既是因为进入小城镇门槛较低、成本较小，也是因为小城镇距离农民原居住地较近，社会环境、人际关系较为熟悉。大量农民转户进入小城镇，给政府城镇化战略以启示：应把发展中小城市和小城镇作为优先选择，使中小城市、小城镇作为吸纳农民的主要载体，在土地集约、节约利用的基础上，保障小城镇用地供应，以配套完善基础设施、公共服务能力建设。土地供应是城镇化发展的基础，需真正建立起"人地挂钩"的机制，解决好"地随人走"的问题，农村人口迁移到哪里，这些人口所占用的建设用地就转移到哪里；从哪里迁出的人口，哪里就相应减少这些人口所占用的建设用地面积，以促进城乡人口、土地要素的平衡流动。

土地供应需服务于构建合理的城镇体系，在集约、节约利用土地的基础上，建立和完善土地供应向基层倾斜的机制，提高人口承载力。建设用地指标适当向小城镇倾斜已成为必然选择。应考虑集约、节约利用土地，盘活存量土地，在用地安排上，尽量按照集约、节约标准，根据单位人口承载量和经济密度，走内涵式发展道路。

五、未来城镇风貌展望

（一）库区型：山水城市

城市规划专家认为，山水城市的核心是处理好城市与自然的关系。库区型的城镇最典型的自然特点就是山和水。秦巴山脉重庆片区处于长江及其支流沿岸，位于川东平行岭谷区，山体陡峻俊秀，山环水绕，环境优美，这种得天独厚的山水城镇格局全国少有，真所谓"山得水而活，水得山而秀，城市得山水而灵"的美好境界。

此外，秦巴山脉重庆片区历史文化氛围浓厚，在巴楚文化的共同影响下，逐渐形成兼具巴文化和楚文化特点的文化形态,是巴楚文化的结合体,考古成果证明了该区曾是世界古人类的重要发源地,有着源远流长的历史,在人类文化历史上曾发挥着巨大的作用。此外,目前已发掘的古遗址、古墓葬、古建筑、石窟石刻很多,如巫山、巫溪的悬棺葬等,沉积了众多的传统文化,历代文人墨客在该区游览后留有众多诗篇佳作。

在"一圈两翼"新形势下,通过生态产业的选择,统筹城乡规划,以及对地方特色的遗迹、建筑、饮食文化、丧葬文化、少数民族文化、节令文化进行有意挖掘、规划、整合,使这里的城市更好地在自然环境中发展,形成了现在融合有古典山水诗词与山水景观的山水城市格局。秦巴山区山水格局规划,主要突出三峡库区水源涵养、水土保持、生物多样性维护的功能,形成由大巴山、巫山等大型山体构成的区域生态屏障,由长江、小江、任河等水系构成的区域水生态廊道,按照"面上保护、点上开发"的原则,带状布局城镇空间,形成体现山地、临江特色的城镇群落。例如,万州湖城景观、云阳山水园林、奉节诗城文化等,正是将这种多元特性的山水城市整合在一起才更显出秦巴山区山水与文化的奇特魅力。

(二)非库区型:"森林人家"绿色田园风貌城镇

"人的命脉在田,田的命脉在水,水的命脉在山,山的命脉在树"。生态文明的主色调是绿色,生态文明的主战场在林业。在生态涵养发展的大背景下,秦巴山脉重庆片区将立足优势,打好生态这张牌,实现四个转变,推进生态涵养发展。

非库区型的城镇主要是指城口县。城口县的区域产业发展战略以生态农业的规模化为主,规模农业给区域环境带来了非常优美、惬意的田园之美。在统筹城乡发展的模式下,该区域最终从布局和形态上形成现代风貌城镇有机镶嵌在田园风景景观中的格局,形成现代与田园有机结合、浑然一体的现代田园风貌。

第四节 城乡空间格局调整中的移民搬迁项目

重庆市集大农村、大山区、大库区于一体。84.2%的区县有扶贫开发任务,贫困面广、贫困程度深,贫困人口空间分布相对集中,80%以上的贫困人口集中分布在秦巴山区和武陵山区,自然灾害频发,基础设施落后,资源矛盾突出,生产方式单一,交通信息闭塞,扶贫难度大。为此,重庆市自2006年起开始探索推进生态移民搬迁,创新地探索出插花安置、梯度转移、整村搬迁、分类安置等多种生态移民模式。在经过试点示范、逐步推开后，重庆市政府决定举全市之力，在2013~2015年实施生态移民50万人的战略部署。实施高山生态扶贫搬迁满足了推进秦巴山区区域发展与扶贫开发的迫切需求，同时也能够促进落实重庆市主体功能区规划，从而推进城乡区域统筹发展。

一、移民搬迁方案

（一）搬迁对象及迁出方式

1. 搬迁对象

搬迁对象包括：居住在深山峡谷、高寒边远地区，生产和生活极为不便、生存环境恶劣的；居住地属重要生态修复保护区，根据规划必须搬迁的；居住地的水、电、路、通信等基础条件难以完善，建设投资大且效益不好的；居住在危岩、滑坡等地质灾害多发区和地方病发生严重地区的。

2. 搬迁方式

搬迁方式包括易地扶贫搬迁、生态搬迁、财政专项扶贫搬迁、农村危房改造等方式，优先安排最为贫困的边远山区、高寒山区的自然村落和零星分散农户。搬迁对象原有承包地、林地使用权不变，鼓励其自愿流转或参股专业合作组织；对高山生态扶贫搬迁腾退的农村宅基地及附属设施用地，优先纳入农村建设用地复垦。具体迁出方式如下：①对于零散分布的自然村落和住户，一次性全部迁出。②对于规模较大且必须全部迁出的自然村落，根据安置地情况统一规划，分批迁出。③对符合搬迁条件的农村建卡贫困户、低保户和住房经鉴定为D级危房的，优先实施搬迁。

（二）安置方式

根据秦巴山脉重庆片区六区县的资源条件和环境承载能力，其高山生态扶贫搬迁采取相对集中安置为主，分散插花式安置和进镇、进城为辅，对规划搬迁对象逐户确定搬迁安置方式。

1. 集中安置

目前共有如下几种集中安置途径：①依托小城镇安置。鼓励有条件、自愿从事第二、第三产业的搬迁对象向集镇、场镇规划安置区搬迁。通过强化劳动技能培训，并采取多种措施和优惠政策，促使掌握一技之长的青壮年"变农为工",鼓励搬迁群众自主创新、自谋出路。②依托农民新村安置。对继续从事农业生产的搬迁对象,按照梯度转移的原则,实行高转低、远转近,安置进入农民新村。③依托特色产业园安置。充分利用区县特色工业园区优势,引导搬迁群众向工业园周边集中,有效解决搬迁群众就业和企业用工问题,创建多赢的局面。④依托乡村旅游区安置。引导有条件、自愿从事旅游服务业的搬迁对象向景区周边或乡村旅游规划区迁移,搬迁对象享受扶持旅游服务业的有关优惠政策。⑤"五保"集中供养安置。属"五保"农村对象的,主要由民政部门集中安置和供养。

采取差异化的安置标准,提供不同户型以满足不同需求,高山生态扶贫搬迁安置房建设人均占地面积不超过30平方米;异地农业安置人均耕地面积不低于0.5亩。秦巴山脉重庆片区六区县高山生态扶贫搬迁集中安置规划见表5-2。

表5-2　秦巴山脉重庆片区六区县高山生态扶贫搬迁集中安置规划　　单位:人

序号	区县	安置容量	集中安置区类型				
			小城镇安置区	农民新村安置区	特色产业园安置区	乡村旅游区安置区	"五保"集中供养
1	巫山县	28 060	8 740	14 320	4 600	400	0
2	巫溪县	20 036	18 440	9 619	0	1 977	0
3	城口县	57 150	17 753	3 039	8 983	27 376	0
4	云阳县	5 009	0	4 674	0	335	0
5	奉节县	64 450	2 331	8 407	1 166	356	0
6	开州区	25 786	—	—	—	—	—

注:开州区未提供数据。

2. 分散安置

目前共有如下几种安置途径:①转户入城区安置。鼓励进城务工有稳定收入来源的高山生态扶贫搬迁对象举家转户进城安置,搬迁对象除享受高山生态扶贫搬迁政策外,还享受农民工户籍制度改革政策赋予的社会保障、公租房配租、职业教育与就业培训、子女入学、中职就学免费等相关待遇。②分散插花式安置。对愿意继续从事农业生产的搬迁对象,充分利用闲置的房屋和土地资源,实行高转低、远转近、坡转平、村转城镇梯度搬迁,将其分散安置到基础设施相对完备,生产生活配套方便,资源配置相对集中的区域。搬迁对象享有与迁入地原居民同等的政治、经济待遇。③县外投亲靠友安置。搬迁对象自愿投亲靠友安置、自行联系跨县异地安置及自行采取其他方式安置的,只要符合搬得出、安得稳、逐步能致富的要求,县(区)、乡镇政府都应给予支持,享受搬迁政策。

搬迁对象在重庆市行政区域内自行购买建筑面积低于90平方米、交易价格低于当地市场均价的首套住房进行安置的，凭所在乡镇政府出具的高山生态扶贫搬迁身份认定证明和购房手续，可免交房屋交易契税。同时，自行采取其他方式安置的，迁出地和迁入地政府应给予支持。秦巴山脉重庆片区六区县高山生态扶贫搬迁分散安置规划见表5-3。

表5-3　秦巴山脉重庆片区六区县高山生态扶贫搬迁分散安置规划　　单位：人

序号	区县	分散安置		序号	区县	分散安置	
		转户入城	自主搬迁			转户入城	自主搬迁
1	巫山县	1 172	9 153	4	云阳县	663	9 380
2	巫溪县	2 138	17 826	5	奉节县	1 251	15 647
3	城口县	2 855	6 563	6	开州区	—	—

注：开州区未提供数据

（三）安置区选择

1. 选址原则及条件

本着统筹城乡、优化布局、节省投资、集约用地、相对集中、规模适度的原则，以城镇郊区、产业园区、景区周边、农村集镇为重点，统筹规划建设安置点生产、生活配套设施，避免基础设施重复投资和资源浪费。综合考虑以下条件，科学规划秦巴山脉重庆片区六区县高山生态扶贫搬迁安置点：

安置区选择应符合各乡镇土地利用总体规划、村镇规划等规划的要求，不属于基本农田保护区，无不良地质灾害，有可供调整开发的土地资源。

安置区应尽量靠近国省道、小城镇、产业园区、旅游景区等区位条件较好的周边地区，具备良好的对外交通、通水、通电等配套基础设施条件。

安置区应具备较好的产业基础、农业生产耕作条件、就业容量和环境承载能力，学校、医院（卫生所）等公共服务设施较为完善，能够为搬迁群众提供稳定的就业和增收渠道。

安置区尽可能安排在本乡镇、本行政村范围内，以保持统一的民风民俗，为搬迁群众提供稳定的社会环境条件。

安置区工程地质条件较好，地势相对平坦开阔、环境良好，无不良地质灾害，适宜集中连片建设。

2. 安置区选择

根据安置区选择原则，通过各区县摸底调查，各区县高山生态扶贫搬迁共建设314个集中安置区，规划安置30 036人。秦巴山脉重庆片区六区县高山生态扶贫搬迁安置区规划见表5-4。

表5-4　秦巴山脉重庆片区六区县高山生态扶贫搬迁安置区规划

序号	区县	规划安置区/个
1	巫山县	35
2	巫溪县	70
3	城口县	90
4	云阳县	48
5	奉节县	37
6	开州区	34

3. 安置区规划要求

统筹城乡，合理布局。以各乡镇、村镇规划为指导，合理规划布局，融入村镇体系，实现区域城乡一体化协调发展。

简洁明了，浅显易懂。安置区建设规划的主体是高山生态扶贫搬迁群众。因而，安置区建设规划的内容和形式要让搬迁群众一看就能懂、一听就明白。

具体实在，操作性强。安置区建设规划要落实到具体项目上，布局到具体的建设地点上。要因地制宜、科学合理地明确安置规模、建筑风貌、功能分区、用地结构、空间布局、建设标准和后续产业重点，避免规划与实际出现脱节现象。

突出特色，避免趋同。安置区要结合各地实际，突出产业特色和优势，突出民风民俗，突出历史风貌，注重设施配套，切忌规划趋同、千篇一律。

尊重民意，合理布局。要坚持以人为本，充分尊重搬迁群众意愿和需要进行规划。

节约用地，保护环境。本着厉行节约的原则，严格保护耕地特别是基本农田，合理利用建设用地，充分利用荒山、荒地，防止大拆大建。按照建设环境友好型的要求，完善污水处理、生活垃圾收集等设施建设。

4. 安置区规划内容

安置区规划内容应包括生活设施、生产设施、公共服务设施、后续产业扶持、生态建设等方面。

安置区建设用地应包括居住建筑用地、公共建筑用地、对外交通用地、道路广场用地、公用工程设施用地、公共绿地和其他用地等类别。其中，居住建筑、公共建筑、道路广场及公共绿地四类用地占建设用地的比例宜控制在65%~85%。

5. 安置区规划布局

应坚持因地制宜、合理布局、有利生产、方便生活、尊重民意、有序引导的原则，遵循集约利用资源、保护生态环境、尊重历史文化、突出地方特色的思路，集中紧凑规划建设安置区。

在安置区规划中，规划布局要与周边的风景区、集镇或村落、道路系统、空间形态等方面进行良好衔接。用地布局应避免被高速公路、国省道穿越，尽量避免采用沿过境交通两侧夹道建设的布局模式。对用地有限，且被公路分割的安置区，应适当进行用地调整。

安置区用地要按各类建筑物的功能，划分合理的功能分区。功能接近的建筑应尽量集中。依托新农村规划的集中安置区应避免生活区与畜禽养殖区等混杂布局。

安置区绿化应根据实际，宜林则林、宜草则草，培育乡土树种，合理布局公共绿地和防护绿地，做好四旁绿化，并与周围的山体、河流、溪水形成绿地系统。

二、移民搬迁的综合配套改革

搬迁群众搬迁后，相比原住地，生存基本不存在问题。但移民群众增收的路径还较窄，加之长期生活在信息闭塞的大山深处，适应社会的能力较弱。从目前看，"搬得出"不成问题，如何"稳得住""能致富"面临着严峻挑战。

搬迁群众搬迁后增收困难，稳定和提高他们的收入是生态移民工程成功的关键。搬迁群众搬迁后极大地改善了生存环境，但如果不能迅速提高他们的收入，就会加重他们离开故土的痛苦和对未来生活的担忧。移民迁入区一般人口相对集中，可分配的土地资源相对较少，势必会土地紧张，这样就会出现一部分闲置劳动力，这部分人的就业问题较为凸显。另外，在移民安置地，尽管国家已经投入大量的人力、物力为搬迁群众配套了水浇地、道路、供电、饮水、学校、卫生设施，统一建设了移民住房，但按照国家的统一要求，实施移民搬迁，还需要群众自筹部分费用。生产投入、生活费用、子女入学等费用要高于原居住地，加之投入初期产出率低，使搬迁群众无力发展生产，有可能造成潜在的新的贫困。

因此，要实现生态移民的可持续发展，可行的移民计划和规划是生态移民工作顺利实施的前提。科学合理的产业结构对生态移民的生态效益、经济效益和社会效益的提高有至关重要的作用。在改善环境的同时，政府部门要加大资金支持，扩大融资渠道，提高搬迁群众的生活水平，实现生态移民的可持续发展。

（一）后续产业扶持

高山生态移民的成功，关键在于移民后续产业发展。为鼓励和扶持生态移民后续产业，增加群众收入，使搬迁群众"迁得出""稳得住""能致富"。国家多次下达创业扶持资金以扶持移民后续产业发展。创业扶持资金主要用于生态移民开展自主创业，开发、创办多种经营，创办经济实体，发展后续产业。

1. 特色效益农业

以安置区为单元，调整和优化农业结构、空间结构，在确保搬迁群众口粮安全的基础上，抓好现代林业、特色畜牧业、高效农业、优质中药材工程，推行林农、林牧、林草、林药等复合经营，推动农业产业化发展，带动搬迁群众增收。根据各区县、各乡镇资源禀赋，大力发展生态农业、高效农业、低山特色农业，种植业着力发展优质粮油、绿色蔬菜、中药材、林果、茶叶、烟草等特色产业；养殖业全力打造奶牛养殖，以及黑山羊、生猪、土鸡畜禽品牌。秦巴山脉重庆片区六区县高山生态扶贫搬迁后续产业布局规划见表5-5。

表5-5　秦巴山脉重庆片区六区县高山生态扶贫搬迁后续产业布局规划

序号	区县	主导发展产业
1	巫山县	烤烟、商品猪、家禽等
2	巫溪县	生猪、蔬菜、中药材、烟叶和干果等
3	城口县	速丰林、茶叶、核桃、板栗等
4	云阳县	水果、生猪等
5	奉节县	脐橙、水产、家禽等
6	开州区	柑橘、肉兔、高山羊等

2. 休闲观光旅游业

深入发掘巴渝农耕文化、土家族民俗风情的丰富内涵，大力推进第一产业三产化，依托安置区旅游资源、特色作物园和山水田园风光，积极发展休闲农业、生态农业、乡村旅游等特色产业，大力扶持搬迁群众兴办农家乐、采摘、垂钓等休闲旅游项目。

（二）就业培训

1. 雨露计划

使安置区符合条件的搬迁贫困群众至少有一名劳动力掌握1~2门有一定科技

含量的农业生产技术，使部分农户真正成为致富带头人。

2. 职教扶贫

对年龄在18~45岁，有转移就业愿望和能力，具有初中以上文化程度，具备转移就业条件的搬迁群众，组织开展初级职业技能或专项职业能力培训。对迁入地土地较多、农业生产条件较好，或自身文化程度较低、年龄偏大的搬迁群众，利用农闲时间组织开展务工技能培训，使他们掌握务工本领，做到农忙种地、农闲务工。对于未能继续升学并准备进入非农产业就业的初高中毕业生，可到中职学校继续接受免费中职教育；对有创业意愿并具备一定创业条件的生态搬迁群众，各区县教育部门要开展创业能力培训，促其创业致富。

第五节　区域建设控制范围划定

一、划定原则

坚持保护优先、绿色发展。深刻认识保护和修复生态环境、改善生态环境质量、增强生态服务功能、提供生态产品是重点生态功能区建设的首要任务，也是进行各项开发活动的基本前提，树立"保护就是发展、提供生态产品也是发展"的理念，因地制宜地发展资源环境可承载的特色经济、适宜产业，把生态环境保护与发展生态经济结合起来，探索壮大特色生态经济的发展模式和发展途径。

坚持民生为本、成果共享。以保障和改善民生为出发点和落脚点，全力解决基本民生、重点解决底线民生、及时解决热点民生，着力提高人民群众的基本公共服务水平，探索在生态保护和发展中改善民生的具体路径和举措。大力发展富民主导型产业，促进群众就地、就近就业增收，推进城乡社会保障、公共服务、基础设施均等化，使城乡因环境而美、群众因生态而富，让人民群众在共享发展成果的同时，理解和支持国家主体功能区战略。

坚持转型升级、优化格局。坚持把生态友好型产业放在优先发展位置，在转方式、调结构上下大功夫，改变"高消耗、高污染、低效益"的传统经济增长模式。要按照"面上保护、点上开发"的要求，控制开发强度，划定城镇发展空间、农业生产空间、生态保护空间三类空间开发管制界限，明确功能区布局，划定生态保护红线，完善生态保护红线管理体系。

坚持改革创新、完善制度。充分发挥科技的第一生产力作用，大力发展生态环境科学技术，建立政府、企业、社会多元化投入机制和部分污染治理设施市场化运营机制，以改革创新促进生态环境问题解决；完善生态环保制度，健全统一、协调、高效的环境监管体制，深化生态文明建设体制改革，探索实行严格的源头保护、自然资源产权、国土空间用途管制、资源有偿使用和生态补偿、生态环境保护管理制度体系。

二、制定划分片区

根据秦巴山脉重庆片区自然区位条件、产业基础和经济发展现状，综合考虑不同地区土地利用现状、资源利用潜力和环境承载能力，结合土地利用战略定位，将秦巴山脉重庆片区划分为三个土地利用综合区域，即重点发展区、农业生产区和生态保护区（图5-3）。明确各综合区域的空间范围、发展重点和土地利用的主导方向，统筹区域土地利用，促进区域协调发展。

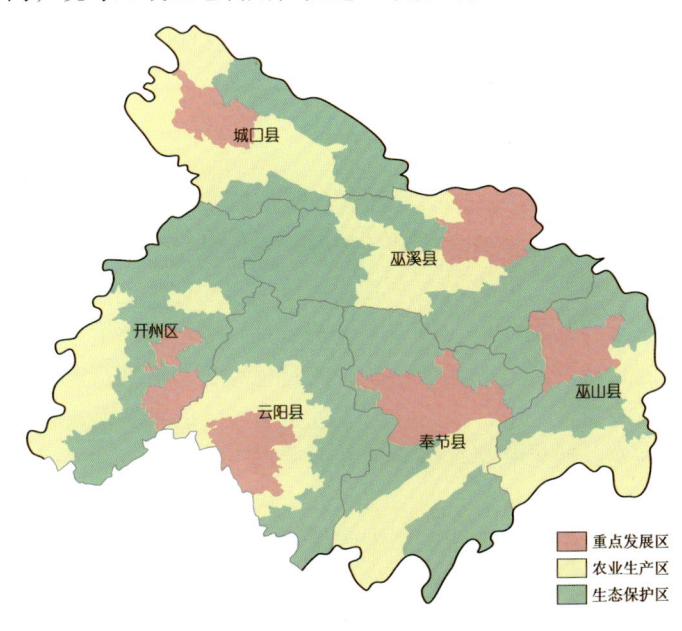

图5-3 秦巴山脉重庆片区区划图

（一）重点发展区

重点发展区是具备或潜在具备经济发展条件的地区，通过发挥区域优势，提升资源配置效率，以及人口与要素的聚集，实现经济规模发展，推进产业结构升级，实现人口、经济和资源环境协调发展。秦巴山脉重庆片区重点发展区主要范围包括：

（1）巫溪县重点发展区是县城和重点镇集中分布的地区，同时分别把上磺到古路、文峰到塘坊、尖山到百步村、宁厂到大河、徐家到白鹿的小集镇连接规划，发展成区域中心小城镇，容纳10万居住人口，成为该县第二、第三产业发展和人口居住的核心区。

（2）巫山县重点发展区主要以县城为中心点，向北拓展龙井城市新区，是未来巫山县的经济、政治、文化中心，城市化、工业化、人口集聚发展的主要区域。

（3）云阳县重点发展区是县城和重点镇集中分布的地区，也是县域第二、第三产业集中分布的地区。主要是中西部和北部重点城镇发展区，包括人和街道、凤鸣镇、双江街道、巴阳镇、水口镇、盘龙街道、青龙街道、黄石镇及江口镇等。区内重点发展商贸、旅游、房地产等第二、第三产业，重点培育农副产品加工、物流、旅游等主导产业。

（4）开州区重点发展区主要为主城区和白鹤、竹溪、赵家三个功能组团，范围涉及汉丰街道、丰乐街道、镇东街道、厚坝镇、白鹤街道、竹溪镇、镇安镇、赵家街道、渠口镇等，是开州区城镇发展的核心区，是开州区的政治、文化和商贸流通中心。重点发展商务商贸、旅游服务、房地产、交通运输和物流配送，打造宜居城区、区域性商贸中心、综合性交通枢纽，依靠汉丰湖的资源优势打造"世界级湿地公园"和"中国西部水上大世界"，形成汉丰湖旅游休闲产业带。

（5）奉节县重点发展区主要位于县城西部，规划范围西至朱衣老场镇湘泗沟一带，北以渝宜（重庆—宜昌）高速公路为界，南临朱衣河，东至林家台。该区域是奉节县城未来的重点发展地区，是以产业园为核心，兼有商贸和居住功能的综合性城市组团，是奉节县的集中产业建设基地，城市将来发展的副中心，承担为主城区将来疏散人口的任务和展示城市入口形象的要求。

（6）城口县重点发展区包括县城规划区、工业园区、乡镇场镇规划区，范围涉及城口主城区、坪坝镇、高燕镇、庙坝镇等，是城口县未来城乡人口增长和产业发展集聚的核心区。区域土地利用功能主要定位于服务城镇化发展、基础设施建设，为城口县加快工业化和城镇化打下基础，提升城市综合服务功能。

（二）农业生产区

秦巴山区具有丰富的农业资源，打造秦巴山脉重庆片区生态农业走廊是促进秦巴山区可持续发展的必然选择。农业生产区的建设应打破行政区划，遵循因地、多种生态农业模式相结合、按流域特点科学布局的原则进行整体开发。具体范围包括：

（1）巫溪县城西部、西南部和东南部海拔1 200米以下的平田槽地集中区，是特色农产品生产的核心区。主要发展特色农业产业，为农业、农村经济的重点区。

（2）巫山县南部的铜鼓镇、官渡镇，西南部的庙宁镇、骡坪镇和三溪乡，为该县的农业生产主导空间，是重要的高产粮油示范区、晚熟鲜销脐橙基地，是保障粮食安全的重要基地，应进行药材生产基地建设，发展畜禽产业化。该区域要进一步优化农业产业布局，提高农业规模化发展水平。

（3）云阳县农业综合发展区，涉及云安镇、栖霞镇、云阳镇、宝坪镇、养鹿镇、凤鸣镇、南溪镇、双土镇、双龙镇、平安镇等，是该县种植业和果园集中分布的地区，该区域内农业生产以优质粮油、蚕桑、果品、蔬菜等为主，重点发展现代特色农业。

（4）开州区包括敦好镇、高桥镇、和谦镇、九龙山镇、南门镇、南雅镇、义和镇、岳溪镇、中和镇、五通乡、白桥镇等。该区域生态农业基础良好，要严格保护耕地和基本农田，优化农业产业结构及搞好生态环境保护，综合发展现代高效农业和特色生态旅游。要强力推动六大农业基地建设，努力打造现代化农业集群，着力建设中国第一肉兔基地、第一生猪基地、第一果蔬基地。

（5）奉节县包括吐祥镇、青龙镇、五马镇、新民镇、鹤峰乡、安坪镇、永乐镇、太和土家族乡、白帝镇、草堂镇等。该区域明确低山地带重点发展脐橙、中山地带重点发展蚕桑、油橄榄，高山地带重点发展蔬菜、中药材和草食牲畜的区域产业布局目标，打造特色效益农业发展示范区。

（6）城口县建立山地农业示范区和现代农业示范区。在城万快速公路通道经济走廊范围内从西至东沿河谷、道路形成休闲农业产业带，合理布局山地农业示范区。在东部片区的修齐镇、东安镇及任河干支流沿线河谷和冲积平坝、中低山地区、高山地区的立体农林特色种养殖业示范片区，合理布局现代农业示范区。

（三）生态保护区

秦巴山脉重庆片区生态功能多样性，生态地位重要，被划为生态保护区，从而为维护秦巴山区生态安全和促进社会、经济及生态环境协调可持续发展提供科学依据。具体范围包括：

（1）巫溪县涉及县城东部、东北部和西北部的深山河谷及高山国有林场的广大区域，是自然景观生态保护区重点区。该区通过大力实施生态移民，因地制宜发展林、牧、药产业，积极发展生态旅游业，是动植物繁育、生态旅游的核心区，也是以林蓄水、以水发电和以电代柴的试验区。

（2）巫山县包括除城镇空间外的以长江、大宁河为主线的沿江乡镇，主要为沿长江的大溪乡、曲尺乡、建平乡、培石乡，以及大宁河附近的两坪乡、双龙镇、金坪乡和大昌镇。该区域内有着丰富的旅游资源和沿江风景名胜区，也是巫山县经济重大发展的区域，其主导功能为水体与湿地生态产品供给、生物多样性保护、生态旅游。

（3）云阳县主要以小江湿地自然保护区和七曜山国家地质公园为主，涉及黄石镇、渠马镇、高阳镇、养鹿镇、平安镇和清水土家族乡等。作为三峡库区重要的水源涵养区和重点生态林建设及保护区，其在调节当地气候、保持水土、改善水质、稳定长江水源等方面都能起到极其重要的作用，而且为三峡库区水生态环境及下游人民的生产和生活提供了重要保障。

（4）开州区生态保护区主要位于北部，包括大进镇、河堰镇，以及谭家镇、关面乡、满月镇、白泉镇。该区应以建设国土生态保护屏障为中心，利用丰富的自然资源发展旅游业。紧紧围绕建设三峡库区生态屏障，贯彻"森林开州，绿山碧水"规划的基本理念，以高品质的自然景观和原始古朴的生态环境为基础，以体验观光、避暑休闲、冰雪娱乐为主打产品，打造复合型森林生态旅游景区。

（5）奉节县包括兴隆镇、龙桥土家族乡、太和土家族乡、云雾土家族乡、吐祥镇、青龙镇、冯坪乡、长安土家族乡、羊市镇、甲高镇、五马镇、新民镇、鹤峰乡等13个乡镇。主导生态功能为生物多样性保护、水土保持及水源涵养，以森林生态景观和生物多样性为主的生态旅游具有较强的适应性和优越性。生态环境保护与建设方向主要是保持水土、涵养水源，进行地质灾害、石漠化综合整治。

（6）城口县欲打造"一区两带三园"带动全县全域水源涵养，构建"高山绿树戴帽、中山果药缠腰、低山庭院连片"的生态空间格局，涉及重庆大巴山国家级自然保护区等在内的东安镇、岚天乡、厚坪乡、河鱼乡、庙坝镇等。该区域以加强大巴山生物多样性保护与生态系统建设为前提，结合重庆九重山国家森林公园、巴山湖国家湿地公园的建设，培育森林生态系统，增强水源涵养能力，发展生态旅游。

生态保护区以保护和修复生态环境、提供生态产品为首要任务，禁止对野生动植物滥捕滥采，保持并恢复野生动植物物种和种群的平衡，实现野生动植物资源的良性循环和永续利用；加强防御外来物种入侵的能力，防止外来有害物种对生态系统的侵害；保护自然生态系统与重要物种栖息地，防止生态建设导致栖息环境的改变。

三、分区管制政策

（一）重点发展区的管制政策

重点发展区以重点开发为主导，应充分挖掘土地潜力，合理安排用地结构，加强建设用地土地集约利用水平，确保城市空间扩展的用地需求量。

1. 城镇村建设用地区

在政策上予以倾斜，保证适当的建设用地供给，以保障城市空间扩展的用地需求；充分挖掘现有土地潜力，增加科技投入，提高土地利用集约度；防止建设粗放利用、低效利用、无序利用，提高土地利用率；完善基础设施建设，加快工业化和城镇化步伐。

2. 独立工矿区

统一规划，按批准的用途依法使用土地，其主导用途应是工矿企业用地；对占而未用的耕地，要限期复垦。

3. 一般农地区

鼓励单位和个人对田、路、林、水进行综合治理，改造中低产田，提高土地质量；提倡对一般农地区的农田进行开发、整理、复垦，增加有效耕种面积；建立专项基金用于土壤改良，提高农地产出水平。

4. 林业用地区

加强林地集约化管理，加大科技研发，培育林业优良品种，提高土地产出率；严禁非农建设占用水源涵养林和水土保持林，严禁乱砍滥伐；鼓励通过水土综合整治，提高森林覆盖率。

(二) 农业生产区的管制政策

对农业生产空间进行严格管制，尽可能减少对自然生态系统的干扰，不得损害生态系统的稳定性和完整性。允许在资源富集的地区适度进行资源开采，发展乡村旅游扶贫、农林产品深加工等产业。严格控制各类建设（森林防火设施建设除外）占用耕地、基本农田、生态公益林、水土保持林和水源涵养林。

(三) 生态保护区的管制政策

生态保护区核心区（域）实行绝对保护，除必要的定位观测、入山检查等活动外，不得设置和从事任何影响或干扰生态环境的设施与活动。核心区（域）只能扩大，不得缩小或调换，确保区域范围完整、功能稳定。引导人口全部转移，实现污染物"零排放"，提高环境质量。

生态保护区缓冲区内可进行有组织的科研、教学、考察等工作，严格控制人为因素对森林生态系统和湿地生态系统的干扰，严禁开发活动。加快引导人口有序转移，防止人为破坏森林和毁林开荒，杜绝森林人为火灾。生态保护区试验区已被划为生态安全利用综合试验区进行先行先试，缓冲区原则上只能扩大，确需进行调换的必须严格执行国家规定的调整程序。

在不破坏原生植被和有效保护生态保护区内珍稀动植物资源的前提下，以保护环境为主适度开发生态旅游资源，适度开展野菜、中草药、野生菌等生产经营活动，适度建设和安排生产、生活及管理项目设施，提高试验区内群众自养能力和生活水平，促进和推动生态保护区的宣传、对外交流、科研合作等事业的发展。该区域采取较其他农业生产空间更为严格的管制措施，积极引导人口向山下集中安置区有序转移。

四、重要地段的保护发展措施

（一）自然保护区

保护措施以综合保护为主，针对不同的功能区实行分区施策。采取巡山管护、设卡检查、局部封禁等措施，减少人为的干扰和破坏；全面开展植被保护与恢复工程，通过封山育林、封山禁牧、自然更新等措施，有效恢复林草植被，促进森林的生长与发育，提高自然生态系统的生态功能。具体措施包括以下几个方面。

1. 禁止和限制人为干扰与破坏，保护现有森林，恢复和扩大森林面积

严禁砍伐森林，禁止乱砍滥伐、毁林开垦、采集、挖掘、开矿、取土、火烧、建设水利工程等破坏森林植被的行为。积极实施栖息地生态恢复等措施保护恢复森林植被和森林生态系统。

2. 加强检疫、监测，防止有害生物的入侵和森林病虫害的扩展及蔓延

慎重对待外来物种的引种，严防有害生物的入侵。如果没有经过长期的引种试验，原则上不能引进外来物种。在进行有害生物的防治时，应进行毒害性检验，避免和防止对自然环境及食物、水源造成危害。

3. 濒危植物就地保护

在全面保护的基础上，应对自然保护区内不同级别的珍稀濒危植物进行全面调查，挂牌标明树名、保护级别等，严密监视其生长动态并登记入档，一旦发现问题应立即采取措施并向保护区管理局汇报。对于珍稀濒危植物集中分布的地段，设立禁止破坏的警示牌，并定期监测。

4. 植物繁育圃

珍稀濒危植物的培育和繁殖是自然保护区对珍稀濒危植物进行有效保护的重要措施，其目的是恢复和发展珍稀濒危植物物种的种群数量，同时进行开发利用，更好地发挥其经济价值。建立植物繁育圃，对野外生存受到威胁或者种群数量较少的珍稀和国家保护植物进行繁育，在对植物的生物学和生态学特性集中管理、有效保护的同时，应用现代生物技术，加速繁殖，扩大濒危植物群体。为科研、教育实习、参观考察、科普旅游等提供一定的场所，同时也为今后的合理开发利用打好基础。

5. 执法巡护，严禁滥捕盗猎

组建执法巡护队伍，制定科学、具体的巡护制度，逐级签订巡护责任状，收集、上报巡护信息，确保巡护工作的长期规范开展，制止人为活动对野生动物的干扰和猎捕。

6. 栖息地保护

栖息地保护主要包括对各种野生动物重点活动区域的植被保护、食物保护和水源地保护，恢复和改善栖息地生态环境，加强迁移廊道的巡护管理，重点加强野生动物繁殖期的保护力度及动物疫病防治。

（二）水源保护地

（1）按照水资源综合规划、水功能区划及取水工程建设情况，确定地表水源地的具体位置。在地表饮用水水源地和工业集中取水水源地设立保护区。

（2）地表水源地主要水体应满足《地表水环境质量标准》（GB 3838—2002）相应标准：饮用水水源地水质应符合Ⅱ类水质以上标准；农业供水水源地应符合Ⅴ类水质以上标准；工业供水水源地应符合Ⅳ类水质以上标准。

（3）批准的一级、二级饮用水水源保护区，应设置明确的地理界标和明显的警示标志及防护设施。

（4）在地表饮用水水源地准保护区和二级保护区内，禁止下列行为：设置排污口；直接或者间接向水体排放工业废水和生活污水；建设向水体或者河道排放污染物的项目；非法采矿、毁林开荒、破坏植被；使用炸药、高残留农药及其他有毒物质；堆放、存储、填埋或者向水体倾倒废渣、垃圾、污染物；对水体造成污染的其他行为。

（5）在饮用水水源地一级保护区内，除进行水利工程建设和保护水源地水质安全的建设项目外，禁止任何污染水体或者可能造成水体污染的各类活动。

（三）区域城镇村体系

1. 提高城镇容纳能力

城镇综合容纳能力不等同于"完善城市功能"，它比"完善城市功能"更全面、更直接。其不仅要提升自然环境资源承载能力，如水土资源、环境容量、地质构造等，还要提升城市吸纳力、包容力、影响力、辐射力和带动力等。城市的资源禀赋、生态环境、基础设施和公共服务对城市人口及经济社会活动的承载能力，即整个城市能容纳多少人口、能承担多少就业、能提供多少良好的生活质量。

2. 开发建设沿江城镇带，带动片区各区县城镇体系发展

秦巴山脉重庆片区各区县基本沿长江两岸分布，城镇体系中沿江城镇带的经济社会联系较为紧密，是秦巴山脉重庆片区内重要的经济发展轴线。沿江城镇带有便利的交通和优越的区位条件，结合旅游、农副产品加工业的发展必定会带动整个区域经济的快速发展。应利用现有基础，大力开发沿江经济带，做好沿江城镇体系规划，在发挥各区县比较优势的基础上，实现该区域内城镇职能的合理分工、优化区域城镇体系空间结构，实现秦巴山区的集约化和一体化发展，形成区域整合优势，带动整个秦巴山脉重庆片区经济的全面发展。

3. 加快城镇经济发展

要把城镇产业发展放在突出的位置，积极培育经济基础，大力发展第二、第三产业，通过产业的发展带动城镇发展，以城镇建设促进产业发展。充分利用小城镇连接城乡的区位优势，大力发展服务业，大力推进教育、科技、文化、卫生等社会事业的发展，增强小城镇的服务功能，促进农村劳动力、资金、信息、技术等生产要素的优化配置，带动农村经济结构的优化，吸引农村人口和农村非农产业向小城镇集中，推动第一、第二、第三产业协调发展。

4. 建设和完善交通运输网络及信息通信网络

由于自然条件的束缚，秦巴山脉重庆片区各区县之间，各区县内县城与广大乡村之间隔绝严重，这影响了城区产业向外围的疏导和外围产业的发展。因此，加快区域性交通基础运输网络和信息网络的建设，实现不同空间联系的方便快捷，将有助于缩小其时空距离。近年来，高速铁路和高速公路的开工建设，以及国家对中西部地区基础设施建设投入的加大，为重庆市交通运输网络体系优化

带来了机遇。在交通体系建设方面，应构建高速公路骨架、县际高等级公路及乡村级公路配套的公路交通体系，依托重庆市"二环十射多联线"的高速公路网格局，以万州为综合交通枢纽，实现秦巴山脉重庆片区各区县间高速公路全覆盖。加强农村乡镇公路和行政村公路建设，促进点、轴、面城镇空间构架的进一步完善，加强城镇间的联系与交流。

（四）新型农村社区

1. 切实完善规划，确保有序建设

新型农村社区建设实行合村并点，以建设楼房为主，导致广大农户远离农田，对其农业生产带来诸多不便，因此必须把好规划关，进一步完善总体规划，细化详规，确保严格按照规划实施，确保建设质量。对规划要高标准、严要求，标准低、配套设施不完善、达不到要求的，一律不予审批，要确保为广大农民群众提供一个良好的生活居住环境，为新农村社区建设的全面推进奠定好的基础。

2. 实施重点突破，强化示范带动

对已启动的新型农村社区进行一次全面评估，从中选取部分具有较好条件的社区，作为社区建设的示范点，形成示范带动效应。同时，进一步加大奖励力度，完成新型农村社区的高标准规划和布点工作。因村级财政十分困难，建议规划费用由政府负担，规划标准要找有资质、有经验的设计公司去做。在社区建设中要严把建设质量关，确保每一个农村社区都建成精品工程、亮点工程，以此带动社区建设的顺利推进。

3. 发展乡村旅游，推进农业特色现代化，降低农业生产风险

调整农业结构，大力发展农业主导产业和特色产业，大力发展乡村观光旅游和休闲旅游产品。同时，鼓励农户回村创业，允许农户在社区内经营，减少外出打工人口，为新型农村社区建设提供人力。

4. 提高新社区的保障政策支持度，降低农户社区管理风险

政府要加大对新型农村社区的医疗教育和基础设施建设的投入，改善新社区学校的教学条件，让农村孩子得到所需的教育和发展机会。另外，成立农户自己的社区管理机构，由社区农户自己选举产生管理委员会人员。同时，农户自身也要适应新型农村社区的生活，改变以往不好的习惯，积极地缴纳社区管理费和水、电、气等费用，更好地融入新社区生活。

第六节　绿色建筑技术应用

一、秦巴山脉重庆片区传统民居建筑的现状及条件

秦巴山区的城口县、云阳县、奉节县、巫山县和巫溪县皆位于重庆市东北部。重庆市地处我国西南地区，属亚热带季风性湿润气候，具有夏热冬冷、四季分明的气候特征。依照我国的气候分区，重庆市归属于夏热冬冷气候区，冬季气温较低，最冷月的平均气温在零摄氏度左右，夏季高温，雨水充沛。其突出特点是夏季高温、闷热，冬季潮湿、寒冷；年均降水量较大，日早晚温差较小，少日照，春末夏初伴有梅雨天气，阴雨天气占据全年时间较多，年平均气温较高，空气相对湿度较高。重庆市的气候除了具有其所处的大气候区的特征之外，还具有其自身的特点，主要为以下四个方面：夏热冬冷，日温差小；多云雾，少日照；湿度大，夏季多夜雨；风速小。

由于传统山地乡村民居没有空调设备，在这样的气候环境下，保温隔热的围护材料结构形式及构造方式成了营造建筑时很重要的考虑因素。秦巴山区生土、木材资源丰富，传统山地乡村民居建筑建构方式主要以土木结构居多。传统生土建构的民居，最显著的特点就是生土围护材料能调节湿度，在室内空气比较潮湿的时候，它可以有效地吸收空气中的水分；在室内空气比较干燥的时候，它又可以增加空气湿度。生土的这种"呼吸作用"，可以在室内形成一个良好的温湿环境，同时又对室外温度有良好的衰减和延迟作用。其他结构体系，如基础、屋顶、门窗等做法，也是在顺应当地的自然环境、气候因素等条件下，因地制宜选材，这不仅节约了建造成本，而且使传统山地乡村民居具有了浓郁的地方乡土气息，表现了强烈的地域适应性。秦巴山脉重庆片区传统山地乡村民居建筑结构及构造常见做法如下。

（一）基础

秦巴山区山地众多，河川纵横，多产山石、卵石，取用方便。但石材重量较大，开采、加工、搬运都不容易，故常用于耐磨、防潮的构造部位，如基础、墙基、勒脚、柱础、台阶等部位。砌筑基础的石头一般选择形状规则的石材，一层一层铺砌。转角的位置是基础的重点，需要挑选比较方正的大石块，以保证房屋基础的牢固和稳定。砌筑的方法是将较大的石块排在基础的两侧，中间填以小块

的石料，尽量使表面平整。

（二）外墙

秦巴山区房屋以生土墙体居多，采用传统的版筑或土坯砖工艺，选用当地的泥土，夯筑或砌筑300~500毫米厚的墙体，表面采用简单的白灰处理；墙下高出室外地坪20~30厘米处（在易受潮的地方也有做到50~60厘米处），为防止墙体受潮破坏，用砖或规则石块砌筑勒脚。墙体受力形式为两类：一类仅做围护结构，屋顶的重量由墙内木构架承担，形成所谓"墙倒屋不塌"的木框架承重体系；另一类较为多见，屋面梁及檩条直接架设在夯土墙体上，夯土墙体直接承受屋顶的重量。

（三）屋顶

秦巴山区民居一般采用双坡悬山屋顶，前坡短后坡长，单层挂瓦屋面。有的地区在屋架与瓦片之间敷设草泥、黄泥层，有较好的保温效果，屋面用料较粗大；有的地区则在椽架上直接铺设小青瓦，即冷摊瓦屋面，这样的构造使得屋面轻巧，透气性好，屋面用料较细，但屋面的保温性能较差。坡屋顶屋檐一般伸出墙体1米左右，防止墙体被雨水淋湿。屋顶下室内部分，常做二层阁楼处理，作为日常储物使用。

（四）门窗

门窗一般均采用当地木材制作，但考虑生土墙体的受力性能，一般门窗洞口开口均较小。

二、秦巴山脉重庆片区绿色建筑技术应用方案

绿色建筑技术按技术对绿色建筑支持的从动关系分为被动式绿色建筑技术与主动式绿色建筑技术两大类。被动式绿色建筑技术，即通过建筑自身的设计改造而非采用外来输入能量的方式来达到减少建筑能耗、维护建筑舒适使用的技术手段。主动式绿色建筑技术意味着该技术将采用附加措施或外来能源输入，主动地控制建筑的各种物理指标，使其达到绿色建筑标准。

（一）被动式绿色建筑技术

被动式绿色建筑技术分为三个方面，即绿色规划措施、建筑绿色设计和环境绿色设计。现重点介绍被动式绿色建筑技术的绿色规划措施、建筑绿色设计及环境绿色设计的技术方案。

1. 绿色规划措施

（1）选址时宜选用有良好光照和自然通风条件的地块，不宜布置在洼地等不良地形中。

（2）在满足日照间距的基础上，为节约用地，建筑群体设计可采用南高北低的坡屋顶形式（或阶梯式），坡度按日照间距的要求选取。

（3）规划朝向（大多数条式建筑的主要朝向）与夏季主导季风方向最好控制在30°~60°，并保证有足够的间距。

（4）夏热冬冷地区居住区的规划布局出于节能考虑，主要针对的是夏季自然通风，其中的设计手法大致可包括（假定规划地块为一个街区）：①布局不宜封闭夏季主导风向的入风口；②南面临街不宜采用过长的条式多层（特别是条式高层）；③东、西临街不宜采用条式多层或高层，这样不但住宅单体的朝向不好，而且影响进风，宜采用点式或条式低层（作为商业网点等非居住用途）；④周边式布局者不利于夏季通风，可将东、西和南面的条式建筑底层架空，达到一定的弥补作用；⑤建筑高度宜南低北高，北面临街的建筑可采用较长的条式多层甚至是高层（可以提高容积率，又不影响日照间距）；⑥非临街建筑的组合宜采用错列式，使通风（道路）通而不畅。

（5）建筑合理，间距确定。绿色建筑中有"节地"和"健康"两个层面的意义，节约土地与日照间距就存在一个"合理"的问题。间距的确立还应该多重考虑热量、光源、风向，以及人的心理、健康等。这需要综合各方面情况来现场决定。我们通常说的只是最小日照间距，并不是一个完整的绿色技术指标。

2. 建筑绿色设计

（1）自然通风设计。可以分为风压通风和热压通风两种。创造风压通风的建筑开口与风向的有效夹角在40°范围内，因此建筑要面向夏季主导风向，且一般房间进深不大于15米，自然通风可比较好地解决。自然通风很不稳定时可用一定的热压通风。例如，在设计中，在转角的地方设计出入口和玻璃塔，在夏天可以升高，冬天可以降低，周边玻璃起温室的作用，可对室内起保护的作用。

（2）增加房屋进深、减少体型系数。体型系数（建筑外围面积与建筑体积之比）愈小，散热量愈低，节能效果愈好。有资料表明，体型系数每增大0.01，能耗系数增加2.5%。考虑到重庆市当地是山地地形，点式建筑多，阴天多，室外风微、静风率高，综合考虑减少围护结构冷热损失，加强天然采光和自然通风，以及建筑造型、功能划分等的需要，体型系数定为不超过0.4。

（3）正确选择房屋最佳方位，充分利用太阳能。正确选择居住建筑的最佳方位，房屋的主要立面应面向南；受条件限制时，偏东或偏西不应超过15°，以达到尽量避免房屋本身或其他房屋对太阳光的遮挡。被动式太阳能采暖房屋,是通过朝向和周围环境合理布置,以及对建筑材料、结构构造巧妙处理,使其在冬季能集取、保持、贮存、分布太阳能,从而解决建筑物的采暖问题。为充分利用太阳能,可设计被动式太阳采暖房屋。

(4)立面绿色设计。建筑物的自身体型对建筑节能影响较大,从建筑热工上讲,围护结构的传热量与其传热面积是成正比的,外墙的传热面积取决于房屋的层高和周边长度,因此,在满足房屋使用净空高度的要求下,不应随意增加层高而应降低层高。屋顶的保温隔热很重要,要丰富建筑造型,顶层尽量采用坡屋顶,这样既增加了顶层辅助空间又有利于保温隔热。

(5)单元入口设置挡风门斗。建筑平面设计中常将整幢建筑南北向布置,以便冬季吸收更多的阳光。单元入口往往朝北,门又经常敞开,因而冬季北风涌入吸收热量后,经屋顶上人孔缝隙外逸,造成大量失热。为了减少散热量,楼梯间顶不设上人孔,改用室外爬梯,并在单元门外设砖砌挡风门斗,使入口转朝东向,与冬季主导风向相背。

(6)增加屋面层空气流动,防止白天收到的热量在夜间逐渐向室内渗透,提高夜间的室内温度,使人难以入睡。对冬季要保温、夏季要隔热的建筑,宜在保温屋面上增设架空隔热板。

(7)严格控制窗墙比,尤其是东西墙及北墙的窗墙面积,以减少散热面。

(8)全面有效遮阳设计。根据现实条件可分为外遮阳与内遮阳技术。可结合建筑形体设计及立面设计同期完成有效的遮阳设计。研究表明,大面积玻璃幕墙外设计1米深的遮阳板,可以节约大约15%的空调耗电量。

(9)尽量采用坡屋顶。由于平屋面隔热较差,在其上面加上坡屋面,可以起到隔热和通风的作用,利用"烟囱效应"原理,把屋面做成屋顶檐口与屋脊通风或老虎窗通风(冬天关闭风口,以达到保温目的)。

(10)设置一定深度的南北阳台及必要的窗口遮阳,避免阳光直射。

3. 环境绿色设计

(1)增加绿化种植面积,重点在于强调"绿色容积率"。根据有关测量和理论分析,绿化覆盖率每增加10%,气温降低的理论最高值为2.6%,在夜间可达2.8%;绿化覆盖率达到50%的地区的气温可以降低5℃,这就基本消除了城市的热岛效应。

(2)减少硬质铺地,采用生态铺地设计,使场地具有可"呼吸"的特性。采用本地高大落叶乔木遮挡阳光辐射和疏导通风。

(3)在建筑外部空间配置水系、水池、喷泉等可使气温稳定。夏季白天吸收热量蒸发降低气温,晚上水体散热比较慢,硬质地面散热比较快,水陆的热效应不同，因而形成温差，引起局部热压差而形成白天向陆、夜间向水的日夜交替的水陆风，改善局部热环境。水分的蒸发还能维持相对湿度的稳定。但使用时应注意水资源的高效利用问题。

（4）风向处理技术。强调地理微空间，利用建筑物前后的物体，包括围墙和植被都可以改变自然风的风向，改变风力，进行自然通风。

（5）考虑地面绿化、屋顶绿件、墙面垂直绿化与阳台绿化的整体结合，可有效调节建筑环境温度。

（二）主动式绿色建筑技术

1. 绿色湿热环境控制技术

（1）湿热同控技术（表5-6）。

表5-6　湿热同控技术

技术名称	技术特色	解决问题域	技术成熟度	市场应用度	特殊说明
溴化锂吸收式冷热机组	可用能源来源广泛	节能空调	有待改进	实验阶段	
冷暖地板	调节效率高	环境调节	成熟	局部应用	
空气源热泵冷热水机组	容易实施	高效绿色能源	成熟	普及应用	
水源热泵冷热水机组	效率高、易污染水源	高效绿色能源	成熟	普及应用	易污染水源曾遭禁用
土壤源热泵冷热水机组	运行平稳、初始投资大	高效绿色能源	有待改进	国外应用	
重力式空调系统	自动调节、换气均匀	高效节能	成熟	局部应用	欧洲专利（Patent 0308856）

（2）热分控技术（表5-7）。

表5-7　热分控技术

技术名称	技术特色	解决问题域	技术成熟度	市场应用度	特殊说明
相变蓄热地板技术	一次性投入自动调节	室内温控	实践测试	个案应用	
液体除湿技术	高效节能	室内除湿	较成熟	局部应用	
冷辐射隔墙技术	辐射、对流双重效用	室内温控	较成熟	个案应用	
冷却吊顶	辐射、对流	室内温控	较成熟	个案应用	
双向流空气置换系统	舒适度高	室内环境综合控制	较成熟	局部应用	
中央吸尘系统技术	舒适度高	室内空气质量调节	较成熟	个案应用	
24小时中央新风系统	持久、高效	室内空气质量调节	成熟	国外普遍采用	
上下立体保温系统	自我调节	室内温控	成熟	个案应用	价格太高

2. 绿色能源技术

（1）太阳能技术（表5-8）。

表5-8　太阳能技术

技术名称	技术特色	解决问题域	技术成熟度	市场应用度	特殊说明
可见光聚光传导技术	技术简单	太阳能利用	成熟	局部应用	
光导纤维传导光技术	不受地点限制	太阳能利用	成熟	个案应用	
可见光光导管传导技术	高效	太阳能利用	成熟	个案应用	
太阳能光电转换技术	使用成本低廉	太阳能利用	成熟	局部应用	
太阳能再生系统	可循环使用	太阳能利用	有待改进	个案应用	
太阳能热水供应系统	成本低廉	太阳能利用	成熟	普及应用	
蜂窝平板太阳能集热器	效率高、占地大	太阳能利用	成熟	普及应用	

（2）其他能源技术（表5-9）。

表5-9　其他能源技术

技术名称	技术特色	解决问题域	技术成熟度	市场应用度	特殊说明
浅层地能冷媒利用技术	功率恒定、工程量大	低温能源	较成熟	美国已规模应用	
中水热源利用	简单易行	废热回收	成熟	多为工业中应用	
热电冷三联供系统[1]	天然气复合应用	能源高效利用	有待改进	推广使用中	很有发展前景
气候资源采集系统	夏采热、冬采冷	绿色能源	实验阶段	无应用	储能技术不成熟
燃气发动机供冷供热	安全高效	能源高效利用	成熟	局部应用	
室内全热交换回收技术	回收热量、抑制霉菌	废热回收	成熟	日本已规模应用	
市政工业蒸汽余热采暖	回收热量稳定	废热回收	成熟	规模应用	
地下空间采能技术	稳定、初始投入大	收集地能	成熟	实验室阶段	

1) 热电冷三联供系统（building cooling，heating and power，BCHP）

3. 绿色设备末端技术

绿色设备末端技术见表5-10。

表5-10　绿色设备末端技术

技术名称	技术特色	解决问题域	技术成熟度	市场应用度	特殊说明
置换换风	高效、舒适	室内湿控	成熟	多国外应用	
个性送风	高效、舒适	室内湿控	成熟	多国外应用	
低辐射植物纤维地板	原料广泛	室内湿控	实验室阶段	无应用	
对流干式风机管盘	结构简单、安全卫生	室内湿控	成熟	多国外应用	
工位空调	高效、舒适	室内湿控	成熟	多国外应用	

三、绿色建筑技术应用的技术路径

重庆市率先在全国建立并推广应用了墙体自保温和建筑保温隔热板材应用技术体系，推动节能墙材、建筑保温、节能门窗和节能空调、高效照明灯产业在重庆市从无到有逐步壮大。城口县、云阳县、奉节县、巫山县和巫溪县属于夏热冬冷地区，以下绿色建筑技术已经达到在夏热冬冷地区现实大规模推广应用的成熟条件，值得推荐给广大建筑师及房地产开发企业，切实推进绿色建筑可持续发展进程（表5-11）。

表5-11　夏热冬冷地区适宜推广应用的绿色建筑技术体系

应用范围	技术名称	备注
建筑设计	基地疏导和建筑群体通风规划	重点强调，尽量多使用
	热辐射强度较低的规划朝向选择	
	绿色建筑的形体控制技术	
屋面保温隔热	倒置式坡屋面保温隔热工法技术	应重视多技术复合式应用
	挤塑聚苯乙烯（XPS）板+铝反射膜屋面保温技术	
墙体保温隔热	一般情况普遍适宜技术——黏结可发性聚苯乙烯（EPS）板薄抹灰外墙外保温系统	目前各技术体系都有不同的缺憾与不足，应该按照实际情况选用最适宜的技术
	混凝土或砌墙体外墙建筑适宜技术——胶粉聚苯颗粒外墙外保温系统	
	低标准下注重经济性的技术——外墙粉刷保温浆料节能系统	
	多层和高层民用建筑适宜技术——膨胀聚苯板与混凝土一次现浇外墙外保温系统	
门窗技术	塑钢共挤型材门窗框技术	成熟普及
	玻璃钢节能门窗框技术	应大力推广
	多种特种玻璃幕墙技术	不同玻璃复合使用达到多种效果的叠加
	双层皮玻璃幕墙技术	有条件使用

续表

应用范围	技术名称	备注
室内湿热环境控制	室内湿热分控技术	全新技术革命
	住宅新风系统技术	急需普及
新能源利用	空气源（风冷）热泵、水源热泵技术	成熟普及
	集中式太阳能集热器技术	强调集中使用
	日光照明技术	应大力推广
	热电冷三联供技术	应大力推广

四、乡村绿色住宅设计

（一）住宅的选址规划

1. 住宅的选址

住宅进行选址的时候需要重视周围的环境，尽可能地减少对周围生态环境的破坏，做好对当地生态原貌的保护，依山傍水地进行住宅设计是非常可取的选择依据，同时也需要注意选址的采光和通风各方面的性能。

2. 住宅的规划

重视住宅的规划问题，这对后期的集中管理和公共设施的建设都是十分重要的，综合考虑各种环境因素的影响，进行整体的规划，同时也可以通过人为地进行绿色植被和水环境的改造，来提高大环境对农村住宅实用性能的影响，尽可能地避免在一些低洼的地区进行住宅的规划，这样不仅不利于管理，还很难实现季节变换情况下不同的住宅需求。

（二）住宅的单体设计

1. 平面设计

平面设计要从实际的需求出发，并应能符合现代生活的卫生习惯。平面设计中一般将餐厅和客厅置于楼下，卧室置在楼上避免雨季的潮湿，老人用房设置在一层邻近入口处便于无障碍进出。主卧、客厅和老人用房应设置在南面以获得良好的日照。一层可根据农村的生活习惯设置前庭后院，并应考虑设置农具间及自家的菜园；二层可留出较大晒台，用于晾晒衣物、食品，也可以用于夏季傍晚乘凉。平面设计中还需要注意保持南北向的空间通透,以保证夏季有穿堂风。

2. 体型设计

夏热冬冷地区新农村住宅体型应尽量规整,并宜连片建设。从节能的角度讲,外墙面积越小,外围护结构的热损失越小,从这个角度出发,应该将体型系数控制在一个较低的水平,几户人家连片建设可以有效地减少外墙的面积,也可以节省部分造价。农村住宅以2~3层为宜,开间尺寸控制在3.3~3.6米,进深方向不宜大于12米,单面采光房间进深不宜超过6米。东西向山墙面上尽可能少开设门窗洞口,防止夏季东西向阳光的强烈辐射,南北方向要考虑遮阳,并保证一定的开窗量,达到夏季通风的目的,屋顶部分可以设置部分侧向通风窗用以引导室内多余的热量。

3. 面积

我国农村地区的住宅面积普遍较大,这对建筑质量和舒适度的提高是不利的,并且实际的应用情况和格局的设计并不十分科学,因此需要对常住人口的住房需求进行分析,合理地控制实际的房屋面积。从节约用地的角度来看,住宅的建筑密度不宜大于50%,目前农村三层住宅居多,但是在实际使用中,第三层的使用率较低,建议层数按照2~3层设计,单层使用面积不宜超过100平方米。

(三)住宅的节能设计

1. 太阳能的利用

我国居民对太阳能的利用大都停留在太阳能热水器上,这种现象在新农村的生态住宅设计中是需要进一步深化的。太阳能作为一种无污染的能源可利用的途径应该是多种多样的,因此想要充分将其利用起来必须要重视住宅方位的选择和门窗的设计,可以通过对阳台进行封闭式的处理来实现冬季时的保暖,夏季时就可以通过一些挡光设计和晚间开窗的途径来实现空气流通。集热墙就是由涂成深色的混凝土墙或砖石墙外覆玻璃构成的,其工作原理就是利用玻璃与墙体之间的空气间层使室内热量发生变化。在寒冷的冬季,白天可以通过日照吸取大量的热气,通过气孔实现热气的流通,夏季则可以通过排气设备实现室内热气的排出和户外冷空气的进入。

2. 风能利用与通风设计

首先,利用风能是缓解夏季炎热的重要方式之一,相较于空调降温来说,利用现有的环境进行新农村住宅的节能设计才是明智之举。在进行农村生态住宅的设计时，要将室内通风放在首要的位置，同时可以通过对地下空间的充分利用来实现避暑的需求，并且在地下空间的设计中需要合理地设计排气口或换气装置，实现空气的流通，这样可以极大地缓解天气过冷或过热情况造成的生活不便。

其次，合理地设置门窗的大小和方位是实现室内空气流畅的重要途径。通过楼梯间上方的侧窗可以形成竖向的散热通道，能大大改善夏季的室内热环境，同时也要重视室内的房间布局，尽可能地实现各房间之间的采光和空气流通性能的最优化，并将二者有机地结合起来相互作用，从而为人们的生活提供舒适的环境。

3. 地热能、沼气能利用

目前，在新农村的住宅设计中，对沼气的利用是非常可观的，既可以实现废物利用，也能极大地降低能源的损耗，这对节省农村居民的生活成本是十分有利的。可以通过沼气池的建造实现做饭、烧水等多功能，沼气池的废料还可以用做肥料，这种比较环保的方式在实际的农村住宅应用中较为普遍，甚至在新农村建设中，实现了集体式的沼气使用模式，通过对各种易腐物体的集中处理，并与各种家畜饲养相结合形成了一种颇具规模的农村沼气供应模式，相较于其他地区的管道供气来说更加环保和节能。

4. 遮阳及庭院绿化

在夏热冬冷的地区进行农村住宅的设计需要根据季节的变化来进行，建筑自身的遮阳效果也是十分重要的。农村住宅设计中可考虑设置遮阳板、遮阳罩与绿化遮阳。夏季白天需在建筑南向及东西向遮挡太阳光的辐射，避免建筑得热过多、室温过高。结合建筑形式，在南向及西向安装一定形式的可调外遮阳设施，如将窗户做成可调节的百叶窗，夏天关闭遮阳、冬天开敞采光，还可以将外百叶窗与内玻璃窗扇做成推拉式。相比百叶窗、遮阳板等局部遮阳构件，遮阳棚架的遮阳效果更好，更容易创造多种多样有趣味性的过渡空间与休闲区域。

绿化在新农村建设中比较容易实现，受我国传统文化的影响，农村地区的居民都比较喜欢在房前屋后进行绿色植物的种植和栽培。作为新农村建设中的一个重要组成部分，农村住宅的生态设计需要通过对住址周围的环境进行全面分析，可以充分利用山坡来适当地抵御寒风的侵袭，如果是地势比较平坦的区域则可以采用人工种植的方式进行树木的种植，从而充分利用树木来调节建筑因季节的变化而引起的温度变化。地锦（别名爬山虎）是一种不错的遮阳选择，它的生命力比较旺盛，在炎热的夏季可以很好地实现其自身的特点。通过全方位的绿植设计，我们有理由相信这样的农村住宅必定是非常舒适的。

第七节　绿色循环城乡空间建设发展示范

一、山地聚落规划与布局

（一）山地聚落规划布局模式

根据秦巴山区乡村聚落已有的研究成果，该区域乡村聚落的基本布局模式可分为集中式和分散组团式。集中式布局适用于用地比较平整的山地聚落，分散组团式适用于地形较为复杂的山地聚落。在具体建设规划过程中不同人口规模的聚落选择采用与其规模相适应的布局模式。

1. 平整山地的集中式布局

以秦巴山区乡村现状聚落为基础或重新选址集中建设的布局形式，布局特点是组织结构简单，内部用地和设施联系使用方便，节约土地，便于基础设施建设，有利于解决投资问题。集中式布局模式适合于有大规模平整地块的山区乡村聚落，可集中安排村民和公共服务设施。

2. 复杂山地的分散组团式布局

秦巴山区部分乡村聚落地处较为复杂的环境，或被河流、山地等分割，聚落的建设用地一般相对独立、比较分散，乡村聚落布局形式比较自由。分散组团式的布局一般是在地形比较破碎的山区乡村聚落采用的布局模式，聚落的布局模式往往比较分散，由若干规模较小的居住组群组成聚落，但是由于布局分散，土地利用率低。公共设施、基础设施配套费用较高，使用不方便。该布局模式的特点是聚落的结构松散，无明显中心区，建筑易于和现状地形结合，有利于环境景观的保护，但土地利用率低，基础设施配套难度大。分散组团式的布局模式适用于地形复杂、适宜建设用地少的山区乡村聚落。

通过秦巴山区乡村聚落建设规划把分散的乡村聚落规划成几户一组的分散式小组团式的布局模式。分散组团式布局可以充分结合地形，因地制宜，与现状聚落形态有机融合，较好地保持原有的社会组织结构，较少有拆迁和搬迁及对自然环境进行破坏的行为。该布局模式适用于地形比较复杂的秦巴山地乡村聚落，因此秦巴山区乡村聚落较多采用分散组团式布局模式。

（二）山地聚落公共空间布局方式

1. 巷道

将在秦巴山区乡村聚落建设规划过程中提及的田间小路定义为巷道。巷道是传统乡村聚落中最重要的半公共空间，集生产、交往、通行、文化、景观等为一体，是聚落中活动频繁且富有人情味的场所之一。巷道的空间作用体现在物质形态和社会生活两个方面。在物质形态方面，巷道主要承担聚落与外界联系的交通职能。同时，巷道空间也是联系分散在山区各家各户的通道。在社会生活方面，巷道空间大多和广场、戏台、商店等公共设施联系紧密，其社会生活功能远远强于交通功能。其为秦巴山区乡村聚落村民提供了一个聚集、相互交流的场所，也是生活场所的延伸，家与巷道并未完全隔离，与生活相关的活动、休闲娱乐、社会聚会等使巷道融入生活，体现浓厚的生活气息。巷道的空间在推动村民相互了解、形成和谐的邻里关系方面起到了重要的作用。

巷道的布局受地形地貌、气候条件、交通条件、传统观念的影响。由于自然条件、功能要求、传统观念的差异，巷道空间产生了多种多样、各具特色的布局方式。由于秦巴山区乡村聚落的巷道是具有社会、景观双重功能的街道空间，聚落在建设规划时应在满足功能使用的前提下，把握巷道的线性特质和山地的地形特点，从聚落的主要入口着手，将方向明确、柔和顺畅的曲线形巷道顺应高低起伏的地形自然地把聚落的各要素编织起来，形成不同的巷道空间，呈现丰富、自然、生动的景观效果，丰富村民的日常生活。

2. 场地

秦巴山区乡村聚落的场地根据功能一般可分为生活型场地和生产型场地。生活型场地包括聚落的小广场、公共绿地等为生活配套服务的公共空间；生产型场地主要是为生产配套服务的，包括打谷场、晒场等。场地的营造主要靠建筑物或地形、地物围合而成。秦巴山区乡村聚落由于受到地形的限制，生活型场地应规划在村民集中居住或经常活动的地方，且交通便利。由于受土地资源的限制，平整的土地大部分作为居住用地，一般都用自家院落作为生产型场地。

3. 村口

村口，在古代就是乡村规划建设中非常受重视的部分。祖先对于家园命运的梦想和希望，往往通过村口的精心设计得以表达，它关乎整个聚落的整体形象、生活环境甚至安全防御等。秦巴山区乡村聚落村口的选址应与其作用相对应，满足三方面的要求：第一，村口必须选择在乡村对外交通便捷的地段，一般选择在山脚下；第二，村口应该有较为明显的景观特征，能起到较好的提示作用；第三，村口应该选择具有代表性的聚落空间形式，充分体现聚落的历史文化，符合村民的心理认同。

村口的设计应该能代表人们对聚落的情感认同，加强聚落对外界的吸引力，可以通过植物造景营造村口，保存山区乡村聚落的多样化自然环境；也可以通过建筑物营造村口，选取最能代表秦巴山区乡村聚落的民居住宅或是自然景观，展示秦巴山区地域风情；还可以通过构筑物营造村口，利用山地的地形高差变化结合构筑物营造景观，但要与山区地形、地貌相协调。

4. 邻里空间组织设计

通过对秦巴山区乡村聚落的社会、文化、历史、地形等特点的分析，结合邻里空间布局理念及住宅组群布局的特点，得出以下两种邻里空间组织模式。

模式一：街巷式邻里空间组织模式。

在秦巴山区乡村聚落建设规划的邻里空间组织中，应当以建筑组群为基本元素，顺应地势。街巷式邻里空间组织模式是以街道邻里为单位，如"一街一巷成邻里"的邻里空间组织模式，组成邻里组团的村民之间经济关系相近或日常联系比较密切，从而形成交往和谐的"熟人社会"。

模式二：基本聚落单元的邻里空间组织模式。

由于秦巴山区乡村聚落受地形条件限制较大，邻里空间组织顺应地势，形成由4~6个小家庭组成的聚落基本单元，并且，根据用地及空间布局的需要，这几个小家庭构成一个小组团，彼此相互影响。

秦巴山区乡村聚落的院落是丰富乡村聚落的空间形态且更加适合山地地形、构筑山地特色景观的重要元素，通过建筑体现山区乡村聚落的空间与风貌特色。秦巴山区乡村聚落的院落同时也是生产、生活的需求，需要满足村民生产、生活资料存储、户外起居、配套厨房、厕所等功能的要求，也可以设置家庭手工业生产场地、经济作物种植园地，推动家庭副业的发展，增加村民收入。

根据对秦巴山区乡村聚落的调研，山区乡村聚落的院落有两种形式，有的村民根据自家的需要和地形的限制只设置前院，大部分村民的建筑合理地区分前后院，按照与主体建筑的方位关系分为前院和后院。

前院是入口空间，一般直接面临乡村聚落的道路，是主要的院落类型，容纳了储藏、起居、厨房、厕所等诸多功能。后院是家庭活动的中心区，属于家庭的私密空间，大多数家庭的内部活动都在后院展开，后院也是联系家庭核心区域的过渡空间。

院落的围合有多种方式，主要是通过有形介质的围合形成具有场所归属感的空间边界，一般包括墙体、栅栏、绿篱、树木、河流水体、山体等自然地形、地物的围合等多种方式，也可以是几种方式的混合。秦巴山区乡村聚落不采用墙体围合的方式，基本上是自然围合。

秦巴山区建筑围合主要通过住宅中各类不同功能用房进行围合，形成的院落多为联系空间；墙体围合的院落私密性较强，方便家庭内部活动；栅栏围合具有半开放性，院落空间可用于对外功能；绿化围合只使用树木、绿篱等结合住宅建筑围合院落空间，一般不适宜家庭私密活动；自然地物围合主要利用周边的河流、山体结合建筑进行围合，利用自然地物围合能将自然生态引入院落，形成较好的院落对外视觉效果，适合做亲戚朋友聚会的半私密空间。秦巴山地乡村聚落一般不采用墙体围合院落空间，基本上采用绿植或者山体等自然地物围合空间，甚至用道路等无形介质作为院落界限，增加住宅与大自然的亲密性。

二、乡村聚落的交通组织规划

由于秦巴山区乡村聚落地处偏远的山地，很多聚落根本没有硬化路，更别说公交站点，有的土路也年久失修存在很多问题，这些都是制约乡村聚落经济发展的重点问题。根据调研情况，秦巴山区大部分乡村聚落的道路除了起到交通的作用外，主要还具有形成乡村聚落结构、提供生活空间、体现乡村风貌、布置基础设施等多方面的功能，也是秦巴山区乡村聚落建设规划中重要的因素之一。在秦巴山区的交通规划中要考虑高差、服务系统的适应性和交通途径的方便合理性。

（一）动态交通组织

道路交通组织形式与当地村民生产活动、生活习惯、出行规律、经济水平、生理和心理需求等密切相关。秦巴山区乡村聚落特殊的地形地貌环境及用地条件决定其道路系统不能过于复杂，只能是沿山地坡度曲折盘旋上升。秦巴山区乡村聚落内部道路不但承担交通和布设各类市政管线的功能，也是聚落结构的基本骨架，道路的格局影响聚落的形态，道路的断面及宽度影响聚落内部空间。根据调研情况和新农村规划中对村庄规划道路宽度的规定[①]及秦巴山区实际情况，确定该地区乡村聚落道路的主干道为水泥路面，双车道，红线宽度一般为5~7米；支路为田间路，可以是划分地块的路，一般为土路，条件稍好的乡村聚落可以为水泥路，红线宽度一般为2.0~2.5米；宅间小路主要以土路为主，红线宽度为1~2米。关于秦巴山区乡村聚落建设规划中道路红线宽度的确定只是根据调研与规划理论控制的范围，各乡村聚落可根据自身的实际情况选择相应的红线宽度。

---

① 新农村规划中对村庄道路的控制，主干道一般控制在5~7米，次干道一般控制在4~5米，入户路一般为2.0~2.5米。

1. 规划原则

秦巴山区乡村聚落地区经济比较落后，村民居住比较分散，乡村聚落道路的建设应主要考虑道路的通达性。另外，山区乡村聚落道路交通的特点也不同于城市住宅区的交通，规划中也要根据当地的实际情况加以区分。秦巴山区乡村聚落需要保证村民出行方便，既方便与外部社会联系，又必须要满足生产需求，还应该考虑农用车、小汽车等交通工具的发展，有条件的乡村聚落还应考虑公交系统，现有的山区乡村聚落公交系统是拖拉机。

造价经济：道路的经济性主要体现在道路的宽度和密度两方面。应通过合理布局，在保证村民方便的前提下，适当地降低入户路的密度，严格控制入户路的宽度，合理确定聚落主干道、支路的宽度，由于山地地形限制，聚落的主干道宽度有两个车道即可，方便上下山错车。

因地制宜：道路应顺应、利用山地的地形地貌，根据山地坡度决定道路的曲折。

传承文脉：道路规划应以现有的道路为基础，顺应现有的聚落格局和建筑肌理，延续聚落乡土气息，传承传统文化。

2. 布局形式

秦巴山区乡村聚落路网是在一定历史条件下，结合当地自然地理环境，适应当时的需求逐步形成的。山区乡村聚落的路网一般都采用自由形式，以结合山地地形为原则，路线随地形蜿蜒起伏，充分利用地形、地势布设线路和安排聚落布局，可以节省造价，获得优美自然的山区乡村景观。

3. 步行交通

秦巴山区乡村聚落适宜建立步行交通，一方面，地形高差变化有利于形成道路立交方式；另一方面，合理的步行系统能够提高山地乡村聚落的交通效率。在制定合理步行距离标准及规划步行道路系统时，除需考虑步行时间外，还需考虑行人的生理和心理因素。根据已确定的允许步行距离和坡度，设计连接不同高程各点的步行道路，有三种方式，即直线形、较平缓的曲折路和陡坡、与水平路段相结合的"阶梯"。

4. 车行交通道路断面

复杂地形给秦巴山区乡村聚落车行交通的组织造成了困难，增加了建设和运营费用，降低了交通的安全性。合理组织车行交通系统需注意纵坡设置、道路布线、截面处理和停车场设置等问题。合适的纵坡设置对保证合理的交通速度、路线长度及建设经营费用具有决定性意义。纵坡设置的基本要求：各不同高程城区间的交通道路宜取最直、纵向坡度不变的路线；根据不同坡度还应有适当的限制坡长，设计时需要综合考虑。秦巴山区环境的道路线型取决于地形。应尽量减少对地形的改变，与山地景观协调，沿等高线布置。在平原城市广泛使用、联系效果较好的网格状、环状和放射状道路线型系统在山地上很难实施，支状和立交型系统更适合山地环境。以上道路线型的混合使用可创造适合特定地区的道路系统。

秦巴山区乡村聚落道路系统规划建设时道路最小纵坡度应大于或等于0.3%，山区乡村聚落不宜大于8%。道路截面有路堤、路堑半挖半填等几种方式。在特殊情况下可以局部架空、悬挑或挖掘隧道，应根据具体情况合理设置。由于缺乏平坦用地，停车场地设置是山地交通组织者面临的重大问题。为避免对山区地形造成大规模破坏，利用建筑物勒脚层或架空层较为理想。为保证行车安全、舒适，纵坡宜缓顺，起伏不宜频繁。纵断面设计应参照村镇规划控制标高。秦巴山区乡村聚落道路断面的设置应因地制宜，根据道路两旁建筑的使用功能及地形特点灵活布局，如道路两旁是商店应加宽路面，增加步行空间；如道路两旁为绿化或是山地坡面，路面应随地形布置，对两边的坡面加固；如道路两旁紧邻住宅，应考虑两侧增加绿化空间，作为路与住宅的间隔，以利于保护住宅的私密性。总之，秦巴山区乡村聚落道路断面和路面材料的选择主要考虑经济性、乡土性、生态性和适应性。

（二）静态交通组织

秦巴山区乡村聚落的静态交通组织一般比较落后，目前还不需要静态交通。但随着聚落发展、村民生活水平提高，农用车、运营车甚至家用小汽车的数量将会增多，成为聚落的机动车组成部分。生产用车通常车辆体型较大，在启动和运行时会产生较大的噪声和汽车尾气，不仅影响村民的生活还会对环境造成不良影响。鉴于这些车辆的生产用途及与村民日常生活的关系，有必要在规划新聚落时设定车辆停放场地，停车场地还可以一场多用，农忙时可晾晒稻谷、麦子等农作物。静态交通的设置应根据秦巴山区乡村聚落具体情况而定。如果需要设置，参考以下内容。

1. 总体要求

停车场的安排应以当地经济发展状况为基础，主要解决生产性停车的需求，兼顾其他停车的需求。按照停车方便、安全、经济、生态的原则，结合聚落的布局结构形态，综合确定停车设施的数量、种类和位置。

2. 聚落规模与停车设施布局

规模较大的山区聚落的停车场根据地形宜分散布置，特别是村民分散在几个山头，更应该分片布置。部分集中居住的村民可沿聚落支路相对集中停车或在路边停车，分散居住的村民也可结合自家院落分散停车。

3.聚落产业特点与停车设施布局

产业特点不同的山区乡村聚落的停车需求也不同。旅游性的聚落停车应分为两部分，一部分是自家停车，可按大分散小集中相结合的原则布局；另一部分是旅游车辆，可结合景点和服务设施集中停放，可直接停在聚落边缘或是山脚下，以减少对村民的生活干扰。

三、乡村聚落基础设施与公共服务设施规划配置

（一）基础设施

基础设施是乡村聚落建设的重要支撑体系，也是居住空间和环境设计的重要组成部分，它为农村经济、文化、社会发展和日常生活提供各种公共服务。基础设施应以实用为主，考虑经济发展水平，因地制宜，有重点、分先后。根据各类设施的性质和定位，可将其分为人身安全、生存保障、生活改善所需的基础设施。

构建以服务为核心，以实用为指导原则的秦巴山区乡村聚落基础设施需以技术为支撑，以经济为后盾。在具体的规划控制过程中，要有重点、有主次地进行基础设施配套，具体的基础设施规划要点可参考表5-12。

表5-12 秦巴山区基础设施分类定性和规划控制表

性质	项目类别		要点集合
安全型	给水工程规划（必须配套）		合理预测需水量和水源选择，自备水源的村庄应配套建设净化、消毒设施，给水管网布置多结合道路展开
	防灾工程规划	消防规划（可有可无）	建立村民自己的消防队，配备必要的灭火器材，充分利用天然水体作为村庄的消防用水水源
		防洪排涝规划（无）	结合农田水利设施安排各类防洪、排涝工程设施
		地质灾害防治（必须配套）	提出地质灾害防治措施、方法目标
生存型	道路交通规划（必须配套）		根据村庄的不同规模，选择相应的道路等级与宽度，对道路的组织形式与断面宽度的选择应因地制宜
	排水工程规划（可有可无）		村庄污水收集与处理宜采用就近集中的原则，提倡建立高效生态绿地污水处理设施，雨水应充分利用地面径流和渠道就近排放
	供电工程规划（必须配套）		合理确定用电指标与预测用电负荷，山区乡村聚落村低压线路的干线宜采用绝缘电缆架空方式敷设，村庄主要道路设置路灯照明，光源宜采用节能灯，间隔距离可适当稍远
	环境卫生设施规划（可有可无）		垃圾收集点服务半径一般不超过200米，积极鼓励村民实现有机垃圾资源化，合理配置公共厕所

续表

性质	项目类别	要点集合
提高型	通信工程规划（可有可无）	山区乡村聚落的固定电话主线容量按1门/户计算，有线电视、广播管线和电信线路可架空、同路、同杆敷设
	燃气工程规划（无）	推进太阳能的综合利用，可结合住宅建设，集中或分户设置太阳能热水装置

（二）公共服务设施

按照公共服务设施的性质，可将公共服务设施分为管理型公共服务设施、公益型公共服务设施、经营型公共服务设施三类。这些公共服务设施设置与村民的日常物质生活和精神文化生活都是密不可分的。乡村聚落的公共服务设施受乡村聚落规模的影响比较大。乡村聚落规模包括两个层面，即人口规模和乡村聚落用地规模。乡村聚落公共服务设施的配置与使用人口的多少有较直接的关系，因而主要可依照人口规模确定公共服务设施项目和建设标准。由于秦巴山区乡村聚落环境条件不同、建设规模迥异、经济社会发展水平有先有后、产业侧重有偏差，对其建设的公共服务设施项目、面积等也有不同要求。因此，在配建公共服务设施项目时要因地制宜，也需本着节约与可持续利用的方针进行选用和调整。考虑到服务半径和可达性，秦巴山区乡村聚落公共服务设施宜相对集中布置在村民方便使用的地方。公共服务设施设置项目及相关条件和建设规模可以参照表5-13。

表5-13　公共服务设施配置控制参考表

性质	项目类别	设置条件	建设规模/平方米
管理型	村（居）委会、经济合作社	村（居）委会所在地附近	100~300
公益型	小学及幼托机构	单独设置或附设在其他建筑内	800~1 600
	文化活动室（站）、图书室、老年活动室	与村委会结合或设置在村公共空间中心附近	50~100
	卫生所、计划生育技术服务站	服务半径合理	50~100
	健身场地、灯光球场	与村庄公共空间结合设置	>150
	文化宣传栏	村委会、文化站结合设置	>3
	厕所、垃圾中转站、垃圾房	服务半径合理	>30
经营型	小型超市、杂货店、粮油副食品店、综合修理店、饮食小吃店、理发店、浴室、集市	市场调节、灵活设置，可结合村民住房进行改造	

四、乡村聚落抗震防灾规划

（一）抗震规划

"5·12"汶川大地震中，受破坏的大多是山地乡村聚落，秦巴山区乡村聚落也受到严重的破坏。主要原因是山区地形复杂，村民自建房安全系数低，虽然80%以上是新建楼房，但其中90%以上均未进行抗震规范设计，施工质量不高、品位低，不仅浪费了大量人力、物力、财力，影响了环境，而且没有从长期性、根本性上改善村民居住条件。调查结果还显示，很多夯土结构的房屋反而比砖混结构的房屋抗震性能好。这次地震后，国家把灾后重建的山区乡村聚落的抗震工作列为重点，山区乡村聚落自然环境的复杂性导致乡村聚落的近期建设规划把防灾、减灾工作放在第一位，以保证村民的人身安全。

在秦巴山区乡村聚落规划建设中，如何将防震、减震工作纳入整个乡村聚落规划、建设与管理中，已成为重要的问题之一。一般乡村聚落位于地震基本烈度在6度及以上的地区时应考虑抗震措施，设立防震避难场、避难通道，并对建筑物进行抗震加固。防震避难场是指地震发生时用于临时疏散和搭建帐篷的空旷场地。广场、公园、绿地、运动场、打谷场等均可兼做疏散场地，疏散场地服务半径不宜大于500米，乡村聚落的人均疏散场地不宜小于3平方米。对于公共工程、基础设施、中小学校舍、工业厂房等建筑工程和二层住宅，均应按照现行规范进行抗震设计，对于未经设计的住宅建筑，应采取提高砌块和砌筑砂浆标号、设置钢筋混凝土构造柱和圈梁、墙体设置壁柱、墙体内配置水平钢筋或钢筋网片等方法加固。

（二）防地质灾害

秦巴山区乡村聚落居民点选址应尽可能避开抗震不利地段、危险地段和地质不良地段，以防止地质灾害。其中，危险地段是指可能产生滑坡、崩塌、地陷、泥石流及发震断裂带上可能发生地表错位等的地段。地质不良地段是指冲沟、断层、岩溶等地段，这些地段地震时极易产生次生灾害。由于山区地形复杂，村民住宅选址大多在山边或坝子地，容易发生泥石流等自然灾害，因此在聚落建设规划建筑设计过程中要考虑选址及建筑结构设计，预防自然灾害。

执笔人：阎建忠　郑凯丽

第六章　秦巴山脉重庆片区旅游产业绿色发展战略研究

第一节　秦巴山脉重庆片区旅游产业发展的宏观环境

秦巴山脉重庆片区主要是指渝东北地区的城口、巫溪、巫山、开州、奉节和云阳六区县，面积2.197 5万平方千米，2015年末该片区常住人口386万余人。秦巴山脉重庆片区是渝东北生态涵养发展区的重要组成部分，截至2015年，除开州区为国家扶贫重点县外，其他五县也是我国集中连片特困区——秦巴山片区的一部分，是重庆市乃至全国扶贫攻坚的重要战场之一[①]。

一、政策环境

（一）国家连续出台推动旅游产业改革发展的激励政策

为促进旅游产业的全面发展，培育战略性支柱产业，2009年12月，国务院发布《国务院关于加快发展旅游业的意见》（国发〔2009〕41号），明确提出要"把旅游业培育成国民经济的战略性支柱产业和人民群众更加满意的现代服务业"，确定了旅游业在国民经济发展中的战略性支柱产业地位。2013年2月，国务院发布《国民旅游休闲纲要（2013-2020年）》（国办发〔2013〕10号），旨在满足人民群众日益增长的旅游休闲需求，促进旅游休闲产业健康发展，推进具有中国特色的国民旅游休闲体系建设。2014年8月，国务院发布的《国务院关于促进旅游业改革发展的若干意见》（国发〔2014〕31号）指出，"加快旅游业改革发展，是适应人民群众消费升级和产业结构调整的必然要求，对于扩就业、增收入，推动中西部发展和贫困地区脱贫致富，促进经济平稳增长和生态环境改善

[①] 2018年2月6日，开州、云阳、奉节退出国家扶贫开发工作重点县。

意义重大，对于提高人民生活质量、培育和践行社会主义核心价值观也具有重要作用"。要大力发展乡村旅游，"依托当地区位条件、资源特色和市场需求，挖掘文化内涵，发挥生态优势，突出乡村特点，开发一批形式多样、特色鲜明的乡村旅游产品"，"加强乡村旅游精准扶贫，扎实推进乡村旅游富民工程，带动贫困地区脱贫致富"，"编制全国生态旅游发展规划，加强对国家重点旅游区域的指导，抓好集中连片特困地区旅游资源整体开发，引导生态旅游健康发展。各级政府要重视旅游基础设施建设。中央政府要加大对中西部地区重点景区、乡村旅游、红色旅游、集中连片特困地区生态旅游等旅游基础设施和生态环境保护设施建设的支持力度"。

以上激励政策的实施，为秦巴山脉重庆片区旅游产业的绿色发展创造了十分有利的政策环境。

（二）国家全面实施集中连片特困地区扶贫攻坚战略

为了彻底消除贫困，让全国各族人民共享改革开放的成果，中共中央和国务院高度重视贫困地区的经济社会发展问题，并投入大量人力、财力和物力促进贫困地区脱贫致富。2011年12月，中共中央、国务院发布了《中国农村扶贫开发纲要（2011-2020年）》（中发〔2011〕10号），并要求，"各级党委和政府要进一步提高对扶贫开发工作的认识，切实增强做好扶贫开发工作的紧迫感和自觉性，加强领导，强化责任，坚持开发式扶贫方针，加大投入力度，强化政策措施，坚决打好新一轮扶贫开发攻坚战"。"为进一步加快贫困地区发展，促进共同富裕，实现到2020年全面建成小康社会奋斗目标"，明确指出连片特困区是扶贫攻坚主战场，国务院各部门、地方各级政府要加大统筹协调力度，集中实施一批教育、卫生、文化、就业、社会保障等民生工程，大力改善生产生活条件，培育壮大一批特色优势产业，加快区域性重要基础设施建设步伐，加强生态建设和环境保护，着力解决制约发展的瓶颈问题，促进基本公共服务均等化，从根本上改变连片特困地区面貌。2012年6月，国务院扶贫开发领导小组办公室公布了《全国连片特困地区分县名单》，全国14个连片特困地区的680个县被确定为未来扶贫攻坚的重点区域。随后，包括秦巴山区在内的连片特困地区相继编制了区域发展与扶贫攻坚规划，进一步明确了扶贫攻坚的目标、方向与实现路径。

根据国家扶贫攻坚战略部署，全国各贫困地区到2020年必须完成扶贫攻坚任务，实现脱贫目标。2015年，重庆市委、市政府要求重庆市要在2017年全面完成扶贫攻坚任务，实现贫困地区全面脱贫和全面小康的目标，为秦巴山脉重庆片区旅游产业的发展创造了良好的契机。

（三）"一带一路"倡议的实施

秦巴山区位于丝绸之路经济带上，是汉新欧大陆桥的关键区域。2013年以来，我国首倡并推动"一带一路"，将为秦巴山区的基础设施建设、生态保护、产业发展带来前所未有的利好时机，也为秦巴山区旅游产业的绿色发展创造更为优越的政策环境条件。

二、经济环境

秦巴山脉重庆片区虽然是集中连片特困地区和国家扶贫重点区县，区域经济发展水平相对落后于其他的发达地区，但近年来该区域社会经济发展取得了长足的进步。2015年，该区域经济总量达到916.9亿元，较2010年增长了近1倍，年均增长14%，比同期重庆市平均增速高0.7%。特色产业发展成效明显，特色效益农业、文化/生态旅游业等发展迅速。城镇化稳步推进，2015年该区域城镇人口超过150.79万人。这些发展成果为该区域旅游产业发展创造了资源基础、经济条件和庞大的旅游休闲市场。

秦巴山脉重庆片区周边有重庆、成都、武汉、西安等经济发达的省会城市（直辖市），以及万州、涪陵、宜昌、达州、十堰、安康、巴中等经济比较发达的地级市。其中：2015年，重庆市主城九区经济总量达到6 394.47亿元，常住人口超过834.82万人，城镇居民人均可支配收入27 239元；成都市经济总量10 801.2亿元，常住人口1 465万人，城镇居民人均可支配收入35 902元；武汉市经济总量11 000亿元，常住人口1 060.77万人，城镇居民人均可支配收入36 436元；西安市经济总量5 810.03亿元，常住人口869.76万人，城镇居民可支配收入33 188元。周边相对发达的大中城市不仅可为秦巴山脉重庆片区旅游产业发展注入经济要素资源，而且聚焦了数千万具有较高消费能力的城市消费群体，可为该区域休闲旅游产业的发展提供广阔的市场。

第二节　秦巴山脉重庆片区旅游资源评价

一、秦巴山脉重庆片区的主要旅游资源

秦巴山区横跨陕西、四川、重庆、河南、湖北、甘肃6省市，涉及80多个县（市、区），是我国山地生态旅游资源最富集、品级最高的区域之一。秦巴山脉重庆片区主要包括云阳县、奉节县、巫山县、巫溪县、城口县、开州区等6区县，拥有国家5A级旅游景区2处，4A级旅游景区8处；国家级自然保护区4个，全国历史文化名镇5个，国家重点文物保护单位3个，国家级风景名胜区2个，国家级森林公园4个，国家地质公园2个，全国红色旅游经典景区2个，国家非物质文

化遗产1项；重庆市级风景名胜区、森林公园、自然保护区、文物保护单位等市级旅游区（点）30余处。该区域还拥有历史悠久的巫巴文化、三国文化和三峡文化等人文旅游资源。

根据《旅游资源分类、调查与评价》（GB/T 18972—2003）[①]中对旅游资源的分类体系，对研究区域内6个区县的旅游资源逐一进行调查统计，可知秦巴山脉重庆片区拥有旅游资源单体863个，其中，自然旅游资源单体378个，人文旅游资源单体485个（表6-1）。

表6-1　秦巴山脉重庆片区旅游资源单体统计表　　　　单位：个

序号	区县	旅游资源单体数量	自然旅游资源单体数量	人文旅游资源单体数量
1	城口	225	90	135
2	奉节	74	17	57
3	开州	103	39	64
4	巫山	113	68	45
5	巫溪	203	102	101
6	云阳	145	62	83
合计		863	378	485

二、旅游资源评价

（一）分等定级评价

采用《旅游资源分类、调查与评价》（GB/T 18972—2003）中的赋分标准（见本章附表），由课题组成员对全部的旅游资源单体逐一评分，各单体的算术平均值即该单体的最终得分。

该标准依据"旅游资源共有因子综合评价系统"赋分，该赋分体系设有"评价项目"和"评价因子"两个档次。评价项目包括"资源要素价值""资源影响力""附加值"。其中，"资源要素价值"项目中包含"观赏游憩使用价值"、"历史文化科学艺术价值"、"珍稀奇特程度"、"规模、丰度与几率"及"完整性"等5项评价因子；"资源影响力"项目中包含"知名度和影响力"及"适游期或适用范围"2项评价因子；"附加值"包含"环境保护与环境安全"1项评价因子（图6-1）。

图6-1中的"资源要素价值"和"资源影响力"总分值为100分，其中，"资源要素价值"为85分，分配如下："观赏游憩使用价值"30分、"历史文化科学艺术价值"25分、"珍稀奇特程度"15分、"规模、丰度与几率"10分、"完整性"5分。"资源影响力"15分，其中，"知名度和影响力"10分、"适游期或

[①] 2017年12月29日已发布《旅游资源分类、调查与评价》（GB/T 18972—2017），并于2018年7月1日实施。由于种种原因，如果相关内容与新文件有所抵触，以新文件为准。

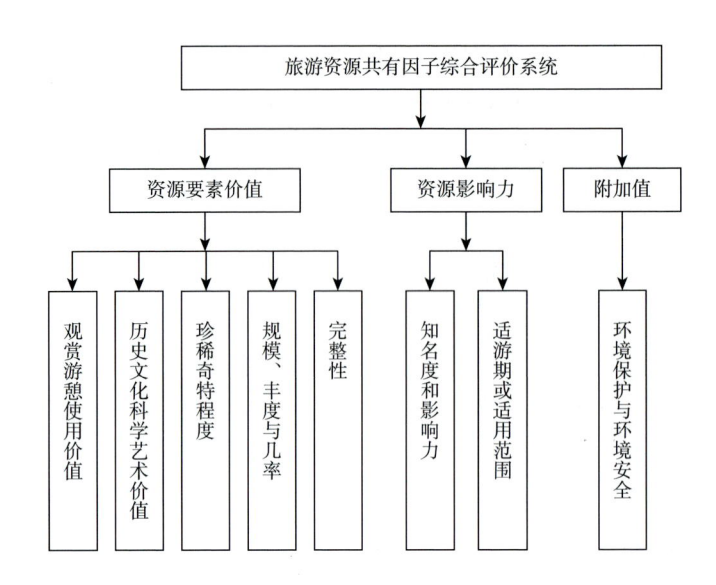

图6-1 《旅游资源分类、调查与评价》（GB/T 18972—2003）旅游资源评价体系

使用范围"5分。"附加值"中"环境保护与环境安全"分正分和负分。每一评价因子分为4个档次，其因子分值相应分为4档。

根据旅游资源单体的最终得分，将旅游资源单体划分为5级，从高级到低级为：

五级旅游资源，得分≥90分；四级旅游资源，得分为75~89分；三级旅游资源，得分为60~74分；二级旅游资源，得分为45~59分；一级旅游资源，得分为30~44分；此外还有未获等级旅游资源，得分≤29分。

其中，五级旅游资源称为"特品级旅游资源"；五级、四级、三级旅游资源通称为"优良级旅游资源"；二级、一级旅游资源通称为"普通级旅游资源"。

1. 秦巴山脉重庆片区各区县旅游资源分等定级评价

1）城口县旅游资源分等定级评价

根据《旅游资源分类、调查与评价》（GB/T 18972—2003）的分类方案，城口县有旅游资源单体225个，涉及8个主类，29个亚类，43个基本类型。城口县各等级旅游资源单体数量见表6-2。

表6-2　城口县各等级旅游资源单体数量　　　　　　　　　　单位：个

等级	优良级旅游资源			普通级旅游资源		未获等级旅游资源
	五级	四级	三级	二级	一级	
数量	1	6	9	30	65	114

从表6-2、表6-3可知，城口县以普通级和未获等级旅游资源单体为主，比重

高达92.9%；优良级旅游资源单体仅占7.1%。

表6-3　城口县优良级旅游资源单体的名称与数量　　　单位：个

等级	单体名称	数量
五级	大巴山	1
四级	九重山；黄安坝；红军城；山神漆器；城口腊肉；海宝玉古生物化石点	6
三级	巴山湖、夜雨湖、亢河（含亢河段河谷"青龙峡"）；八台山；川陕苏区城口县苏维埃政权遗址；中国大巴山（重庆·城口）彩叶文化旅游节；渝陕界梁；鸡鸣寺；千年银杏王	9

2）奉节县旅游资源分等定级评价

奉节县共有旅游资源单体74个，涉及8个主类，17个亚类，40个基本类型。各等级旅游资源单体数量见表6-4。

表6-4　奉节县各等级旅游资源单体数量　　　单位：个

等级	优良级旅游资源			普通级旅游资源		未获等级旅游资源
	五级	四级	三级	二级	一级	
数量	3	6	19	11	18	17

从表6-4、表6-5可知，奉节县优良级旅游资源所占比例为37.84%，普通级旅游资源所占比例为39.19%，未获等级旅游资源所占比例为22.97%。

表6-5　奉节县优良级旅游资源单体的名称与数量　　　单位：个

等级	单体名称	数量
五级	瞿塘峡；小寨天坑；白帝城遗址	3
四级	草堂湖；夔门古剑齿象象化石遗址；永安宫遗址；天井峡地缝；刘备托孤；白帝城碑林	6
三级	赤甲楼；瞿塘峡古栈道遗址；天鹅湖；夔门石刻；瞿塘峡悬棺；李白；赤甲山；龙桥河；迷宫河；锁江铁柱遗址；奉节脐橙；刘备；诸葛亮；九盘河；鱼复浦遗址；八阵图遗址；依斗门遗址；茅草坝；犀牛望月	19

3）开州区旅游资源分等定级评价

开州区共有旅游资源单体103个，涉及8个主类，22个亚类，42个基本类型。开州区各等级旅游资源单体数量见表6-6。

表6-6　开州区各等级旅游资源单体数量　　　单位：个

等级	优良级旅游资源			普通级旅游资源		未获等级旅游资源
	五级	四级	三级	二级	一级	
数量	0	4	10	16	39	34

由表6-6、表6-7可知，开州区优良级旅游资源数量所占比例较低，仅为13.59%；普通级旅游资源所占比例为53.40%，未获等级旅游资源所占比例为33.01%。

表6-7 开州区优良级旅游资源单体的名称与数量　　　　　　　单位：个

等级	单体名称	数量
五级	—	0
四级	刘伯承元帅故居；刘伯承同志纪念馆；重庆雪宝山国家森林公园；汉丰湖	4
三级	厚坝农业观光园；温泉镇温泉；重庆汉丰湖国家湿地公园；开州崖柏；雪宝山避暑地；临江香绸扇；天心桥漂流河段；仙女洞；乌杨古刹；雪宝山云海	10

4）巫山县旅游资源分等定级评价

巫山县共有旅游资源单体113个，涉及8个主类，23个亚类，49个基本类型。巫山县各等级旅游资源数量见表6-8。

表6-8 巫山县各等级旅游资源单体数量　　　　　　　单位：个

等级	优良级旅游资源			普通级旅游资源		未获等级旅游资源
	五级	四级	三级	二级	一级	
数量	3	6	19	17	36	32

由表6-8、表6-9可知，巫山县普通级旅游资源数量最多，所占比例为46.90%，未获等级旅游资源所占比例为28.32%，优良级旅游资源单体数量所占比例为24.78%，与未获等级旅游资源所占比例较为接近。

表6-9 巫山县优良级旅游资源单体的名称与数量　　　　　　　单位：个

等级	单体名称	数量
五级	大宁河小三峡；巫峡；巫山十二峰	3
四级	神女溪；大宁河（巫山段）；马渡河小小三峡；神女石；龙骨坡遗址；巫峡云雾	6
三级	虎进—龙出；葱坪草甸；神女庙；九龙柱；大昌古镇；平定河；滴翠峡天泉飞雨；龙骨坡化石；青狮守龙门；马渡河；大宁河古栈道；巫山神女文化节；大溪文化遗址；错开峡；五里坡森林；小三峡云雾；庙宇天主教堂；大昌湖；梨子坪森林	19

5）巫溪县旅游资源分等定级评价

巫溪县共有旅游资源单体203个，涉及8个主类，26个亚类，55个基本类型。巫溪县各等级旅游资源单体数量见表6-10。

表6-10 巫溪县各等级旅游资源单体数量　　　　　　　单位：个

等级	优良级旅游资源			普通级旅游资源		未获等级旅游资源
	五级	四级	三级	二级	一级	
数量	0	3	9	11	49	131

由表6-10、表6-11可知，巫溪县优良级旅游资源所占比例较低，仅为5.91%，绝大部分为普通级和未获等级旅游资源。

表6-11　巫溪县优良级旅游资源单体的名称与数量　　　　　单位：个

等级	单体名称	数量
五级	—	0
四级	大宁河（巫溪段）；红池坝；宁厂古镇	3
三级	大宁古城；妙峡—云台；阴条岭；兰英大峡谷；宝源山盐泉；大官山；荆竹山；鸡心岭；宁海	9

6）云阳县旅游资源分等定级评价

云阳县拥有旅游资源单体145个，涉及8个主类，29个亚类，70个基本类型。云阳县各等级旅游资源单体数量见表6-12。

表6-12　云阳县各等级旅游资源单体数量　　　　　单位：个

等级	优良级旅游资源			普通级旅游资源		未获等级旅游资源
	五级	四级	三级	二级	一级	
数量	2	3	5	26	65	44

由表6-12、表6-13可知，云阳县旅游资源单体数量较多，但优良级旅游资源数量不多，仅占6.90%，绝大部分为普通级和未获等级旅游资源，分别占62.76%和30.34%。

表6-13　云阳县优良级旅游资源单体的名称与数量　　　　　单位：个

等级	单体名称	数量
五级	龙缸云端廊桥；龙缸	2
四级	石笋河峡谷；石笋河；龙洞槽竖井群	3
三级	七曜山；岐山草场；龙缸紫烟；磐石城；石笋河云雾	5

2. 秦巴山脉重庆片区旅游资源分等定级评价

通过对秦巴山脉重庆片区六区县旅游资源单体的分别评价，最终获得该区域旅游资源单体各等级的数量（表6-14），以及优良级旅游资源的名称与数量（表6-15）。

表6-14　秦巴山脉重庆片区各等级旅游资源单体数量　　　　　单位：个

等级	优良级旅游资源			普通级旅游资源		未获等级旅游资源	合计
	五级	四级	三级	二级	一级		
数量	9	28	71	111	272	372	863

表6-15　秦巴山脉重庆片区优良级旅游资源单体的名称与数量　　　　　单位：个

等级	单体名称	数量
五级	大巴山；瞿塘峡；小寨天坑；白帝城遗址；大宁河小三峡；巫峡；巫山十二峰；龙缸云端廊桥；龙缸	9

续表

等级	单体名称	数量
四级	九重山；黄安坝；红军城；山神漆器；城口腊肉；海宝玉古生物化石点；草堂湖；夔门古剑齿象化石遗址；永安宫遗址；天井峡地缝；刘备托孤；白帝城碑林；刘伯承元帅故居；刘伯承同志纪念馆；重庆雪宝山国家森林公园；汉丰湖；神女溪；大宁河（巫山段）；马渡河小小三峡；神女石；龙骨坡遗址；巫峡云雾；大宁河（巫溪段）；红池坝；宁厂古镇；石笋河峡谷；石笋河；龙洞槽竖片群	28
三级	巴山湖；夜雨湖；亢河（含亢河段河谷"青龙峡"）；八台山；川陕苏区城口县苏维埃政权遗址；中国大巴山（重庆·城口）彩叶文化旅游节；渝陕界梁；鸡鸣寺；千年银杏王；赤甲楼；瞿塘峡古栈道遗址；天鹅湖；夔门石刻；瞿塘峡悬棺；李白；赤甲山；龙桥河；迷宫河；锁江铁柱遗址；奉节脐橙；刘备；诸葛亮；九盘河；鱼复浦遗址；八阵图遗址；依斗门遗址；茅草坝；犀牛望月；厚坝农业观光园；温泉镇温泉；重庆汉丰湖国家湿地公园；开州崖柏；雪宝山避暑地；临江香绸扇；天心桥漂流河段；仙女洞；乌杨古刹；雪宝山云海；虎进—龙出；葱坪草甸；神女庙；九龙柱；大昌古镇；平定河；滴翠峡天泉飞雨；龙骨坡化石；青狮守龙门；马渡河；大宁河古栈道；巫山神女文化节；大溪文化遗址；错开峡；五里坡森林；小三峡云雾；庙宇天主教堂；大昌湖；梨子坪森林；大宁古城；妙峡—云台；阴条岭；兰英大峡谷；宝源山盐泉；大官山；荆竹山；鸡心岭；宁海；七曜山；岐山草场；龙缸紫烟；磐石城；石笋河云雾	71

（二）定性评价

1. 旅游资源数量多，类型齐

统计分析表明，秦巴山脉重庆片区的城口县、奉节县、开州区、巫山县、巫溪县、云阳县六区县拥有的旅游资源数量多达863个，旅游资源密度约为0.010 7个/千米^2。旅游资源类型涵盖了8个主类，30个亚类，110个基本类型，占全部主类、亚类、基本类型的比重分别为100%、96.77%、70.97%。

2. 旅游资源品质高，影响力强

秦巴山脉重庆片区拥有的众多高品质旅游资源，赋予该区域极强的品牌影响力。长江三峡是中国十大名胜古迹之一，首批国家级风景名胜区，是世界上最著名的江河大峡谷，是享誉全球的黄金旅游线。此外，该区域内还拥有2个5A级旅游景区：巫山小三峡—小小三峡、长江三峡中的瞿塘峡—巫峡景区；4个国家级自然保护区：重庆大巴山国家级自然保护区、雪宝山国家级自然保护区、阴条岭国家级自然保护区、五里坡国家级自然保护区；4处国家森林公园：小三峡国家森林公园、重庆雪宝山国家森林公园、重庆红池坝国家森林公园、重庆九重山国家森林公园；5处国家历史文化名镇：巫溪宁长镇、奉节竹园镇、白帝镇、兴隆镇、巫山庙宇镇；1处温泉旅游景区：巫溪盐温泉；2处著名的红色旅游景区：刘伯承同志纪念馆、川陕苏区城口县苏维埃政权遗址等。

3. 自然景观的原生态程度高

秦巴山脉重庆片区位于渝东北地区，地处大巴山腹地，由于长江、大巴山等河流、峡谷、高山的阻隔，交通不便，造就了该区域独特的生态优势。重庆九重山国家森林公园、重庆大巴山国家级自然保护区、重庆雪宝山国家森林公园、重庆红池坝国家森林公园、重庆云阳龙缸国家地质公园等的森林覆盖率高，动植物资源丰富，植被观赏性强；巫峡、巫山小三峡等的环境幽静，山高谷深，雄奇险峻，秀丽别致；开州汉丰湖、开州澎溪河湿地公园等环境优美、水质清澈。总之，该区域的自然旅游资源以雄、奇、险、秀著称，原始程度高。

4. 多种人文旅游资源并存，特色鲜明

秦巴山脉重庆片区历史悠久，人文旅游资源众多，特色鲜明。该区域拥有被无数文人墨客讴歌赞颂的巫山神女及由此衍生的神女文化，上古时期以巫溪宁厂古镇宝源山为中心创造的灵巫文化，以大溪文化遗址和龙骨坡"巫山猿人"遗址为承载的史前文化，城口县的苏维埃红军文化，遍布该区域的长江三峡文化，等等。此外，还有奉节县的诗城文化，以白帝城、云阳张飞庙等为核心的三国文化，以大昌古镇为代表的明清文化，以宁厂古镇为代表的盐文化，等等。各种文化特色鲜明，内涵深厚，成为秦巴山区的一大显著优势。

5. 旅游资源空间组团格局明显

秦巴山脉重庆片区旅游资源在空间布局上尽管呈分散形态，但又形成相对集中的若干组团。例如，由云阳张飞庙和奉节白帝城、八阵图等构成的三国文化组团；由巫溪红池坝、城口黄安坝、九重山，开州雪宝山等组成的亚高山森林草甸景观组团；由奉节瞿塘峡、巫山巫峡、小三峡、小小三峡等组成的江河峡谷景观组团；由云阳、奉节、巫山等三峡移民城镇组成的三峡移民景观组团等；由巫山、巫溪等组成的巫文化组团；由奉节、巫山、巫溪等组成的悬棺景观组团；由巫山"巫山猿人"遗址、大溪文化遗址等组成的史前文化组团等。

第三节　秦巴山脉重庆片区旅游发展及其竞争力

一、秦巴山脉重庆片区旅游业的发展现状

（一）秦巴山脉重庆片区各区县旅游业的发展现状

1. 城口县旅游业发展现状

城口县受地理位置偏远、交通不便、基础设施不完善等的制约，旅游业发展起步较晚。2004年，城口县成立旅游事业管理局；2005年，九重山被评为国家

森林公园和重庆市自然风景名胜区；2010年，城口县开始举办中国大巴山（重庆·城口）彩叶文化节；2011年，城口县出台《中共城口县委关于加快发展旅游产业的决定》，旅游业开始步入发展的快车道；2013年，城万快速公路通车，城口县进入"4小时重庆"时代，旅游业步入提速发展阶段，客源市场向周边市场扩展，旅游收入及游客接待量持续增长（图6-2）。

图6-2 城口县2010~2015年旅游收入和游客接待量

截至2015年底，城口县旅游产业粗具雏形，城万快速公路通车后，缩短了外地游客进入城口县的时间和空间距离；黄安坝景区被列为重庆市"十大旅游精品工程"中的重点景区；川陕苏区城口县苏维埃政权遗址（红三十三军指挥部旧址）被列为"全国红色旅游经典景区"，成为国家3A级旅游景区。城口县城已建成四星级旅游饭店1家，"大巴山森林人家"已成为重庆市具有较高知名度的农家乐品牌，从2011年的90家发展到2015年的887家，可提供1 800多张床位。山神漆器、鸡鸣茶、海宝玉、城口老腊肉、城口山地鸡等已成为当地具有代表性的旅游商品。截至2014年，城口县拥有4家旅行社、12家旅游商品生产及销售企业、25家旅游娱乐场所，可基本满足游客需求。

城口县旅游业目前正处于快速发展阶段，但仍存在一定问题。一是受制于可进入性。城口县至今没有高速公路、铁路和机场，县域内公路等级较低，未形成健全的旅游交通网络格局，致使游客进入城口县的时间距离较长。二是旅游接待设施不足。旅游住宿设施不足，"大巴山森林人家"在服务功能、卫生条件、停车场、饮食、住宿等方面都有待完善。三是旅游人力资源缺乏。截至2015年，城口县旅游类在校学生只有200人，旅游从业人员中本科以上学历比重只占1%，大部分从业人员的文化程度较低，制约着城口县旅游业的快速发展。

2. 奉节县旅游业发展现状

奉节县旅游业在较长时期内依靠长江三峡游船业，但发展较为缓慢。2007年，奉节县引进重庆旅投集团整合白帝城、天坑地缝两大景区，实行统一规划、统一开发、统一管理、统一经营。2010年8月，奉节县委、县政府决定将旅游局从文广新局中单列出来，成立独立的旅游局，负责奉节县旅游产业发展工作。"十一五"期间，奉节县提出将旅游业作为县域经济发展的主要支柱产业予以重点培育的战略，加大投资力度。奉节县相继编制了《奉节天坑地缝旅游度假区总体规划》《龙桥河景区旅游发展总体规划》《白帝城景区提档升级实施规划》等，旅游业得到较快发展，旅游收入与游客接待量均有较大幅度增长（图6-3）。

图6-3　奉节县2010~2015年旅游收入与游客接待量

就现阶段而言，奉节县旅游业发展还存在大资源、小产业的窘况，旅游发展还处于过境游阶段，2010年游客停留时间仅为0.6天，2015年游客停留时间为1天，游客除了游览白帝城之外，没有更多时间在奉节县停留；"吃、住、行、游、购、娱"六要素不配套，只有1家旅游车船公司、7家旅游娱乐企业。

3. 开州区旅游业发展现状

开州区旅游业起步较晚，旅游基础设施落后。2010年以前，开州区旅游资源开发与保护总体水平较低，旅游产品特色不够鲜明。2012年，开州区政府出台的《关于加快发展乡村旅游的意见》提出，力争到2020年，基本建成环汉丰湖生态休闲旅游集聚区，建成雪宝山、铁峰山、南山三大避暑养生旅游度假区等目标，开州区旅游业开始全面发力；随着万开高速公路全面贯通、汉丰湖蓄水成湖，开州区旅游形象得到很大提升，截止到2015年底，开州区共接待游客520万人次，同比增长26.8%，旅游业直接收入31.0亿元，同比增长30.2%，旅游收入和游客接待量增速较快（图6-4）。

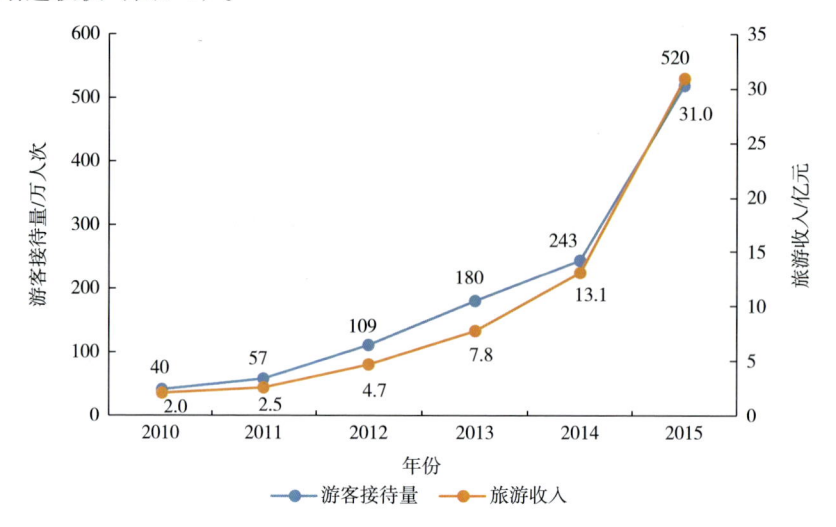

图6-4 开州区2010~2015年旅游收入和游客接待量

截至2015年底，开州汉丰湖景区已粗具雏形，雪宝山在2002年被评为国家级森林公园，资源保存完好，有草甸、瀑布、高山峡谷、人工湖泊等多种景观，已完成总体规划编制，并按规划逐步完善基础设施。刘伯承同志纪念馆是开州区的旅游品牌，也是红色旅游代表，目前已被纳入全国30条"红色旅游精品线路"和重点打造的100个"红色旅游经典景区"之一；开州区乡村旅游业也开始发展，2011年，开州区毛城桃花园区开业1个月接待游客超过10万人次，引爆了乡村旅游市场，成为乡村旅游的亮点、热点。

在旅游产业方面，开州区旅游经济总量所占比例偏低，旅游产业链中"吃、住、行、游、购、娱"六要素发展不平衡；旅游经济收入中吃、住消费占主体，游乐经济没有发挥最大潜力。截至2015年，开州区共有旅游饭店床位数16 400张，比2010年增长了近7 000张；农家乐数量只有540家，增长速度不显著；拥有6家旅行社、23家旅游商品生产及销售企业、41家旅游娱乐场所。

尽管开州区旅游业2010~2015年发展较快，但同时存在一定的问题。一是政府对旅游业发展的引导力度不够，投入的经费少，设立的旅游发展专项资金量偏少；二是现行旅游管理体制尚未理顺，未能真正实现旅游管理权、开发权、经营权"三权分离"；三是旅游融资渠道较窄，2010年，政府对旅游产业的投资只有1 300万元；四是配套设施建设滞后，旅游服务功能不完善；五是对外影响力不强，缺乏世界级旅游品牌，开州区旅游业的对外形象不够鲜明、生动和突出，客源市场主要在重庆主城及开州区周边地区。

4. 巫山县旅游业发展现状

巫山县旅游资源丰富，2003年三峡成库后，巫山县凭借处于三峡库区腹心的独特地缘和资源禀赋，旅游业得到较快发展。2003~2005年，巫山县旅游业处于恢复阶段，主要致力于景区建设和基础设施完善；2007年，巫山县小三峡、小小三峡成功升级为5A级景区，巫山县旅游业开始增长；到2010年，游客接待量达到55%的增速，共计接待国内外游客310万人次；2012年，巫山县景区码头完工，游客可乘船进入巫山；2014年，巫山县被划入渝东北生态涵养发展功能区，并加大旅游投入力度，旅游直接收入及游客接待量连创新高（图6-5）。

图6-5 巫山县2010~2015年旅游收入和游客接待量

巫山县利用已有的旅游发展基础，旅游业取得突出成就。2015年，小三峡（小小三峡）景区接待游客220万人次，大昌古镇接待游客17万人次，神女溪、神女峰景区接待游客24万人次，移民新城接待游客86万人次，小小三峡环漂、巫山梨子坪森林公园、大庙龙骨坡巫山人遗址、乡村农家乐等接待游客111万人次；新增旅游趸船3座、旅游客车10辆、特色游船10艘、商务宾馆7家。

巫山县旅游业也存在一定问题：一是旅游产品相对单一，除三峡、小三峡、小小三峡景区知名度和品牌影响力较大外，其他景区发展较慢，产品、路线不够完善；二是巫山县本地的旅行社组团业务量较少；三是客源类型较为单一，仍以旅行社组团形式居多。

5. 巫溪县旅游业发展现状

巫溪县旅游资源丰富，县域内有大宁河景区、阴条岭自然保护区、红池坝景区、宁城古镇景区、大官山景区、鸡心岭景区等12大景区；巫溪县历史悠久，文化璀璨，巫巴文化、盐巫文化、遗址文化等特色鲜明，吸引力强。在相关政策的支持下，巫溪县旅游业已初步形成能够配套的产业供给体系。2012年，巫溪红池坝开发建设上升为市级战略，重庆市政府召开专题会，成功创建国家4A级景区。2013年，红池坝景区成功举办"重庆市第三届山地自行车邀请赛"，开发了冬季戏雪项目；帝豪、水韵等8家酒店开业，接待能力明显提升。乡村旅游快速发展，实现收入1 200万元。2014年，《重庆巫溪红池坝度假区总体规划》通过重庆市政府批准，景区道路、供水、供电等基础建设有序推进，冬季旅游项目开发取得新进展。红池坝高山花海、大宁河生态文化长廊、兰英大峡谷等旅游品牌培育和营销推介力度不断加大。巫溪县旅游收入和游客接待量逐年增长（图6-6）。

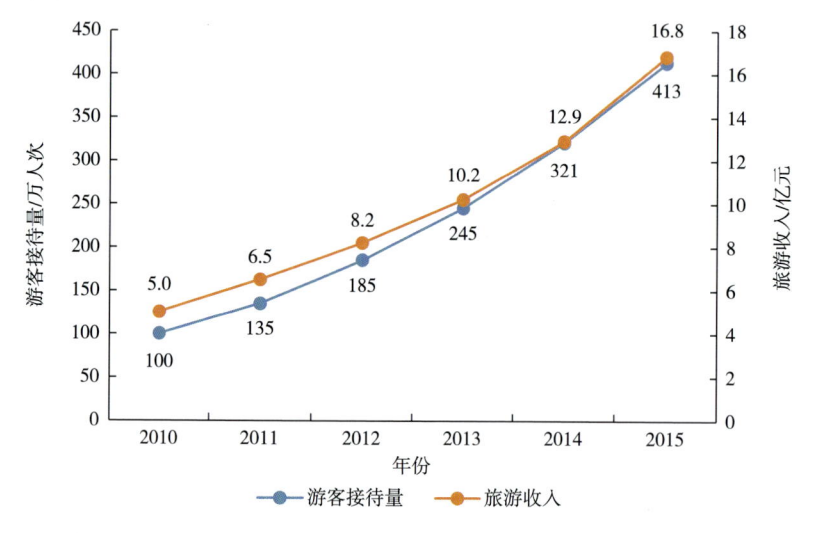

图6-6 巫溪县2010~2015年旅游收入和游客接待量

截至2015年底，以公路、河道构成的巫山县旅游交通格局基本建立，通往主要景区的公路改造完成；2013年，奉溪高速（奉节—巫溪）正式通车，驾车从巫溪到奉节只需30分钟，到巫山只需1.5小时，实现巫溪县"4小时重庆"的目标。截至2015年底，巫溪县旅游床位数增加到2 689张、农家乐476家、旅行社5家、旅游娱乐企业16家、旅游商品销售企业16家，基本可满足游客的需求。

受制于客观条件，巫溪县旅游业发展水平不高，旅游收入带来的效益有限。2015年巫溪县旅游发展专项资金仅有1 500万元，2010~2015年巫溪县旅游资金投入仅增长40%；旅游产品结构单一，主要景区集中在大宁河流域，其他区域吸引力有限，尚未有效地将旅游资源优势转化为旅游产品优势和旅游市场优势。

6. 云阳县旅游业发展现状

云阳县拥有全国重点文物保护单位1处，国家级风景名胜区1处，国家4A级旅游景区1处，国家地质公园1个，市级森林公园3个，市级风景名胜区1处；还有历史积淀的盐文化、巴人文化、酒文化、移民文化、土家族文化等。但受资金、交通等条件的制约，云阳县旅游业发展的起点低，资源开发利用率不高。截至2015年底，仅龙缸国家地质公园、南三峡、四十八槽森林公园得到初步开发，其余旅游资源均处于待开发状态。云阳县2010~2015年旅游收入和游客接待量见图6-7。

图6-7　云阳县2010~2015年旅游收入和游客接待量

截至2015年底，云阳县拥有旅游星级饭店6家，其中，三星级饭店3家，二星级饭店3家；有农家乐210家；共有旅游接待床位8 200个；有旅行社6家；有名特小吃店30余家；有旅游包车公司1家，旅游船务公司1家，星级游船4艘；有旅游商品20余种；各种娱乐设施100余家，旅游从业人员4 000余人。但是，旅游配套设施中的旅游码头、旅游接待中心、旅游购物中心、旅游集散中心、旅游培训中心等与大旅游、大产业、大市场、大发展的格局还有一定的差距。

（二）秦巴山脉重庆片区旅游业的发展现状

随着重庆市五大功能区战略的实施，秦巴山脉重庆片区六区县均将旅游业作为经济发展的突破口和依托，旅游业得到快速发展。2011~2015年，秦巴山脉重庆片区六区县无论是游客接待量还是旅游接待条件都取得了一定的进步（表6-16）。

表6-16　秦巴山脉重庆片区2011~2015年旅游业发展情况

指标	2011年	2012年	2013年	2014年	2015年
旅游直接收入/亿元	27.7	42.25	56.51	77.6	157.1
游客接待量/万人次	1 165	1 580	2 030	2 611	3 687
旅游景区/个	21	26	32	36	42
饭店床位/张	28 229	33 748	40 006	46 424	49 315
农家乐/家	1 643	2 144	2 595	3 390	3 721
旅行社/家	47	49	53	56	62
旅游车船公司/家	9	9	11	11	12
旅游商品生产及销售企业/家	60	83	115	135	141
旅游从业人数/人	29 135	33 179	39 710	53 658	59 216
旅游学校/所	6	6	6	6	6
旅游类在校学生/人	1 804	1 981	2 276	2 627	2 512
旅游从业人员培训次数/次	26	32	40	46	54
旅游宣传营销费用/万元	5 430	7 654	9 160	12 130	14 136
旅游宣传营销活动/次	160	224	278	330	372
旅游发展专项资金/万元	6 600	8 930	10 400	18 600	20 427

由表6-16可知，2015年秦巴山脉重庆片区六区县的旅游直接收入157.1亿元，是2011年的5.67倍；2015年游客接待量3 687万人次，是2011年游客接待量的3.16倍。

从旅游产业发展实力来看，2015年六区县旅游景区数量较2011年增加了1倍；饭店床位数和农家乐数量的增长率分别为74.7%、126.5%，表明秦巴山脉重庆片区2011~2015年的旅游住宿设施得到明显改善，农家乐规模逐渐扩大。但旅行社和旅游车船公司数量增加较少，发展缓慢。

从旅游人力资源来看，旅游从业人数、旅游学校、旅游类在校学生三者中，旅游学校的年际变化较小。

从市场营销能力来看，2011~2015年，六区县用于旅游宣传营销费用的增长率达到160.3%，举办旅游宣传营销活动的数量从2011年的160次增加到2015年的372次，表明该区域市场营销能力不断增强，市场影响力逐渐扩大。

从政府的政策环境支持力来看，2011~2015年旅游发展专项资金增长率为209.5%，表明各区县政府都十分重视旅游业发展，不断加大旅游专项资金投入，全面支持旅游业发展。

二、秦巴山脉重庆片区旅游业竞争力评价

(一)旅游竞争力评价指标体系的构建

选取有效的评价指标,建立合理的评价指标体系是准确评价秦巴山脉重庆片区旅游产业竞争力的前提。区域旅游发展实力反映的是某区域从过去到目前为止的竞争行为的结果,在一定程度上体现出区域旅游业现在的竞争态势。区域旅游发展潜力主要反映区域的后续竞争力,影响区域旅游未来发展的绩效。区域旅游环境支持力影响区域旅游的可持续发展,一般包括经济环境、生态环境、社会文化环境、公共基础设施等。因此,为保证评价指标的科学性、合理性、可操作性,在综合考虑评价数据的获取难易程度和准确性的基础上,选取旅游发展实力、旅游发展潜力、旅游发展环境支持力3个层面共40个基础指标来构建秦巴山脉重庆片区旅游发展竞争力评价指标体系(表6-17)。

表6-17　秦巴山脉重庆片区旅游发展竞争力评价指标体系

总目标层	准则层	细分准则层	指标层
秦巴山脉重庆片区旅游发展竞争力评价	B1旅游发展实力	C1旅游经济发展实力	D1 旅游直接收入/亿元
			D2 游客接待量/万人次
			D3 游客人均停留时间/天
			D4 旅游收入占地区生产总值比重
			D5 旅游直接收入的年均增长率
			D6 游客接待量的年均增长率
		C2旅游产业发展实力	D7 旅游景区(点)数量/个
			D8 旅游饭店床位数/张
			D9 农家乐数量/家
			D10 旅行社数量/家
			D11 旅游车船公司数量/家
			D12 旅游商品生产及销售企业数量/家
			D13 旅游娱乐企业数量/家
	B2旅游发展潜力	C3旅游资源条件	D14 旅游资源密度
			D15 旅游资源知名度
			D16 旅游资源垄断度
		C4人力资源条件	D17 旅游从业人数/人
			D18 旅游从业人员中本科以上学历比重
			D19 旅游学校数量/所
			D20 旅游类在校学生数/人
			D21 旅游从业人员培训/(次/年)

续表

总目标层	准则层	细分准则层	指标层
秦巴山脉重庆片区旅游发展竞争力评价	B2旅游发展潜力	C5市场营销能力	D22旅游宣传营销费用/万元
			D23旅游宣传活动数量/次
	B3旅游发展环境支持力	C6经济环境	D24地区生产总值总量/亿元
			D25人均地区生产总值/元
			D26地区生产总值增长率
			D27第三产业占地区生产总值的比重
			D28城镇居民人均可支配收入/元
			D29农村居民人均纯收入/元
			D30城市（镇）化率
		C7生态环境	D31森林覆盖率
			D32空气质量优良天数
		C8社会文化环境	D33人均教育经费/元
			D34学校数量/所
		C9基础设施环境	D35机场数量/个
			D36铁路站场数量/个
			D37等级公路里程/千米
			D38港口码头数量/个
			D39邮电业务量/万元
			D40移动电话用户量/户

（二）评价方法

本章采用因子分析法对秦巴山脉重庆片区旅游资源竞争力进行评价。因子分析法的原理是把反映问题的众多指标中关系比较密切的一些变量归为一类，每一类变量统称为一个因子，即利用降维思想，用较少的几个因子表达原始变量的大部分信息，克服指标数量过多带来的烦琐和结果的不准确，并使新的因子变量有较强的可解释性。在因子分析过程中，选取公因子的通常标准是公因子特征值大于1或者公因子累计方差贡献率大于70%，以提取的各因子方差贡献率占因子方差贡献率之和的百分比作为权重，与各公因子得分进行加权求和，结果即区域旅游竞争力综合得分。得分越高，区域旅游竞争力越强；得分越低，区域旅游竞争力越弱。

（三）数据来源与处理

1.数据来源

除D15（旅游资源知名度）、D16（旅游资源垄断度）外，其余指标的数据均可通过查阅重庆市各区县2015年国民经济和社会发展统计公报、重庆市统计年鉴、各区县2015年政府工作报告等途径，直接获取或经过简单计算后间接获取。

对于D15（旅游资源知名度）和D16（旅游资源垄断度）的赋分，在参阅前人研究成果的基础上，结合本章研究的实际，采用表6-18中的标准赋分；每项中仅取最高分，但不重复叠加记分。

表6-18 旅游资源知名度与旅游资源垄断度的赋分标准

指标名称	旅游资源级别	赋分值
旅游资源知名度	世界自然与文化遗产	10
	联合国人与自然保护圈	10
	国家5A级景区	8
	国家级自然保护区	7
	国家级风景名胜区	7
	国家级水利风景名胜区	6
	国家级森林公园	6
	国家级旅游度假区	6
	国家级生态示范区	6
	中国历史文化名城	6
	国家4A级景区	5
	省级自然保护区	5
	省级风景名胜区	5
	省级水利风景名胜区	5
	省级森林公园	5
	省级历史文化名城	5
	国家3A级景区	4
	国家2A级景区	2
	国家A级景区	1
旅游资源垄断度	国际知名	10
	国内知名	5
	省内知名	2
	其他	0

2.数据处理

初步获取的数据单位不统一，在进行因子分析之前需要对数据进行无量纲化。

利用SPSS 17.0软件对标准化后的数据进行因子分析，结果见表6-19。

表6-19　公因子的累计贡献率

主因子	特征值	方差贡献率	累计方差贡献率
F1	17.714	44.285%	44.285%
F2	7.811	19.528%	63.813%
F3	6.248	15.621%	79.434%
F4	4.566	11.416%	90.850%

根据所选取主成分方差累计贡献率大于85%的原则，表6-19中前4个因子的累计贡献率达到90.850%，可充分反映原始变量，故选取前4个因子作为主成分。

因子载荷矩阵体现了原始变量与各因子之间的相关程度，为更准确地解释各个主因子，采用方差最大法对因子载荷矩阵进行正交旋转，得到旋转后的因子载荷矩阵（表6-20）。

表6-20　旋转后的因子载荷矩阵

指标代码	名称	F1	F2	F3	F4
D1	旅游直接收入/亿元	0.798	0.410	0.322	−0.282
D2	游客接待量/万人次	0.720	0.613	0.105	0.206
D3	游客人均停留时间/天	0.018	0.053	−0.136	−0.283
D4	旅游收入占地区生产总值比重	−0.325%	0.811%	−0.018%	−0.342%
D5	旅游直接收入的年均增长率	−0.530%	−0.582%	0.565%	0.034%
D6	游客接待量的年均增长率	−0.760%	−0.598%	−0.045%	0.007%
D7	旅游景区（点）数量/个	0.113	0.850	−0.457	0.094
D8	旅游饭店床位数/张	−0.014	−0.157	0.943	0.208
D9	农家乐数量/家	−0.357	0.071	−0.140	−0.187
D10	旅行社数量/家	0.662	0.500	0.057	0.453
D11	旅游车船公司数量/家	0.977	0.100	−0.005	−0.101
D12	旅游商品生产及销售企业数量/家	−0.298	0.160	0.051	0.898
D13	旅游娱乐企业数量/家	0.582	−0.285	0.116	0.435
D14	旅游资源密度	−0.487	−0.396	−0.764	−0.051
D15	旅游资源知名度	0.058	0.914	−0.010	0.369
D16	旅游资源垄断度	0.434	0.814	0.016	0.325

续表

指标		主因子			
代码	名称	F1	F2	F3	F4
D17	旅游从业人数/人	0.964	−0.081	0.242	−0.036
D18	旅游从业人员中本科以上学历比重	−0.251%	0.776%	−0.091%	−0.264%
D19	旅游学校数量/所	0.936	0.140	0.119	−0.086
D20	旅游类在校学生数/人	0.977	0.122	−0.007	−0.055
D21	旅游从业人员培训/（次/年）	−0.357	−0.111	−0.067	0.915
D22	旅游宣传营销费用/万元	−0.262	0.248	0.148	0.916
D23	旅游宣传活动数量/次	0.231	0.391	0.044	0.838
D24	地区生产总值总量/亿元	0.937	−0.007	0.322	−0.104
D25	人均地区生产总值/元	0.978	−0.077	0.085	−0.122
D26	地区生产总值增长率	0.195%	0.007%	0.824%	−0.525%
D27	第三产业占地区生产总值的比重	0.207%	0.871%	0.160%	0.318%
D28	城镇居民人均可支配收入/元	0.573	0.055	−0.700	−0.061
D29	农村居民人均纯收入/元	0.591	−0.698	0.034	−0.120
D30	城市（镇）化率	0.915%	0.018%	0.363%	−0.034%
D31	森林覆盖率	−0.285%	−0.061%	−0.885%	−0.041%
D32	空气质量优良天数	−0.433	−0.561	−0.488	−0.212
D33	人均教育经费/元	−0.466	−0.105	−0.751	−0.021
D34	学校数量/所	0.222	−0.280	0.925	0.076
D35	机场数量/个	0.980	0.085	−0.006	−0.104
D36	铁路站场数量/个	0.980	0.085	−0.006	−0.104
D37	等级公路里程/千米	0.126	0.440	0.725	0.081
D38	港口码头数量/个	0.528	0.547	0.309	−0.372
D39	邮电业务量/万元	0.756	−0.122	0.630	−0.029
D40	移动电话用户量/户	0.798	−0.042	0.578	−0.068

由表6-20中可看出，共有4个主因子。其中，人均地区生产总值、机场数量、铁路站场数量等因子在第一主因子（F1）上有较高载荷，主要反映区域旅游业的基础设施环境及经济环境，主因子F1可称为旅游发展环境支持力；旅游资源知名度、旅游资源垄断度、旅游从业人员中本科以上学历比重等因子在第二主因子（F2）上有较高载荷，主要反映区域旅游业发展潜力旅游资源条件，侧重于旅游

资源条件和人力资源条件；旅游直接收入的年均增长率、旅游饭店床位数等因子在第三主因子（F3）载荷较高，主要反映旅游业的现实发展业绩，因此，主因子F3可称为旅游发展实力；旅游从业人员培训、旅游宣传营销费用、旅游宣传活动数量等因子在第四主因子（F4）上有较高的载荷，主要反映区域旅游业未来的发展竞争力，侧重于市场营销能力。主因子F4和主因子F2可称为旅游发展潜力。

（四）评价结果与分析

1. 评价结果

借助SPSS 17.0软件，采用因子分析法得到各主因子得分，将各主因子方差贡献率占总方差贡献率的百分比作为权重，与各主因子得分加权求和，得到秦巴山脉重庆片区六区县旅游竞争力综合得分及排序（表6-21）。

表6-21　秦巴山脉重庆片区六区县旅游竞争力综合得分及排序

区县	F1	F2	F3	F4	F（综合得分）	综合得分排序
奉节县	3.82	4.73	1.58	0.65	3.10	1
巫山县	2.62	3.60	0.21	4.55	2.60	2
开州区	2.81	−0.40	3.22	1.45	2.00	3
云阳县	2.49	0.45	3.14	0.32	1.53	4
巫溪县	0.66	3.00	−0.84	−0.03	0.76	5
城口县	0.30	−0.11	−2.01	0.58	−0.24	6

根据秦巴山脉重庆片区旅游竞争力综合得分情况，可将该区域旅游竞争力水平划分为三类进行比较分析（表6-22）。

表6-22　秦巴山脉重庆片区旅游竞争力类型

类型（竞争力强度）	地区
++++	奉节县；巫山县
+++	开州区；云阳县
++	巫溪县；城口县

2. 结果分析

1）各主因子得分分析

从表6-22中可知，秦巴山脉重庆片区六区县的旅游竞争力存在一定差距。其中，奉节县和巫山县的旅游竞争力最强，开州区和云阳县次之，巫溪县、城口县较弱，且城口县综合旅游竞争力得分是负值，差距较大。

第一主因子（F1）得分体现的是各区县的旅游发展环境支持力，得分最高的是奉节县，说明其基础设施在该区域是最好的；开州、巫山和云阳三区县大致相当，说明这三区县的基础设施状况比较接近；而排名后两位的巫溪县、城口县得分较低，表明巫溪县、城口县的旅游基础设施明显落后。

第二主因子（F2）得分前三名分别是奉节县、巫山县、巫溪县，且分值相差不大，说明这三县的旅游发展潜力相当，奉节县旅游从业人员中本科以上学历比重较大，而巫山县、巫溪县旅游资源知名度和旅游资源垄断度较高。

在第三主因子（F3）得分中开州区和云阳县分值接近，说明这两区县旅游现实发展实力差距不大，但巫溪县和城口县得分为负值，与排名前两位的区县之间差距较大，说明巫溪县和城口县旅游发展实力较弱。

第四主因子（F4）主要反映旅游发展潜力中的市场营销能力。排名第一的是巫山县，高达4.55，巫溪县排名最低，分值为-0.03，说明巫山县市场营销能力强，未来旅游发展潜力较大，巫溪县旅游发展潜力较低。

2）各区县旅游竞争力强度分析

奉节县、巫山县属该区域旅游竞争力强度的第一档次。奉节县旅游环境支持力和旅游发展潜力强。奉节县拥有世界级旅游资源小寨天坑地缝，是该区域中级别最高的旅游资源，旅游资源知名度和旅游资源垄断度极强，故旅游发展潜力分值最高。巫山县旅游发展潜力与旅游环境支持力综合得分较高，巫山县拥有巫峡、巫山小三峡等著名旅游景点，旅游资源潜力较高，并且每年投入大量宣传营销费用，多次进行宣传营销活动，故巫山县综合旅游发展竞争力强。

开州区、云阳县属于该区域旅游竞争力强度的第二档次，整体旅游竞争力较弱。开州区和云阳县缺少著名旅游景点，整体旅游吸引力不强，无垄断性旅游资源，并且市场营销能力不突出，旅游宣传活动数量少，因此，开州区、云阳县整体旅游竞争力强度较弱。

巫溪县、城口县旅游竞争力强度最弱。巫溪县、城口县地理位置偏远，基础设施不完善，社会经济发展缓慢，无法给予当地旅游业发展以足够的环境支持力；并且城口县无突出的旅游资源，旅游现实业绩竞争力弱，故综合旅游竞争力强度属该区域的最末档次。

第四节　秦巴山脉重庆片区旅游业的空间竞合关系

秦巴山脉重庆片区六区县是秦巴山旅游区和长江三峡黄金旅游带的有机组成部分，与秦巴山旅游区各个功能区、长江三峡黄金旅游带之间既存在竞争关系，也存在合作关系，是一种竞争性合作，即以竞争为前提，通过旅游地内部结构和功能的创新及旅游地之间功能的重新分工定位实现合作，其目的是推动区域旅游的一体化，将局部对立变成更大空间范围的共存，在加强旅游地自身竞争力的同时，提高区域旅游的整体竞争力，强化和提升区域旅游整体形象，实现"双赢"、"多赢"与"共生"，实现区域旅游发展效益最大化。竞合发展是目前旅游地发展的一种必然趋势与战略选择。因此，分析秦巴山脉重庆片区与整个秦巴山旅游区和长江三峡黄金旅游带的空间竞合关系，是秦巴山脉重庆片区旅游产业发展战略定位与战略选择的基础和前提。

国务院扶贫开发领导小组办公室和国家发改委编制的《秦巴山片区区域发展与扶贫攻坚规划（2011-2020年）》提出，秦巴山区的旅游发展，以世界文化遗产、国家风景名胜区、国家级森林公园、重要历史文化古迹等为依托，以武当山、大小三峡、古蜀道等为重点，大力发展绿色生态、历史文化、红色旅游、乡村旅游，构建七大特色旅游圈，即鄂西生态与文化旅游圈、豫西文化生态休闲旅游圈、先秦两汉三国历史文化旅游圈、川陕红色旅游圈、秦岭巴山生态文化旅游圈、大九寨国际黄金旅游圈和长江三峡黄金旅游带。本章具体分析秦巴山脉重庆片区六区县与秦巴山区地域上相邻的鄂西生态与文化旅游圈、先秦两汉三国历史文化旅游圈、川陕红色旅游圈、秦岭巴山生态文化旅游圈和长江三峡黄金旅游带的空间竞合关系，为秦巴山脉重庆片区找准在大区域中的定位与发展方向奠定基础，推动秦巴山区七大旅游圈实现功能结构的定位与功能创新，优势互补，实现区域旅游一体化，强化和提升区域旅游整体形象，实现区域旅游发展效益最大化。

一、和鄂西生态与文化旅游圈的竞合关系

鄂西生态与文化旅游圈包括湖北十堰市的丹江口市、郧阳区、郧西县、房县、竹山县、竹溪县、张湾区、茅箭区，襄阳市的保康县。鄂西生态与文化旅游圈属于大武当和大神农架旅游区的范围和辐射区。拥有郧阳岛、太极湖、天河风景区、竹山堵河源、竹溪十八里长峡、保康九路寨、五道峡等生态旅游资源，其中竹溪十八里长峡距巫溪县仅7千米，邻近小三峡风景区，与大宁河小三峡仅一山之隔。武当山古建筑群是鄂西生态与文化旅游圈的核心景点，是世界文化遗产、国家级5A级景区，还是唐代以来道教的发祥地，享誉中外。青龙山恐龙蛋化石群国家地质公园是国家级自然保护区，也是全国唯一的地质遗迹类国家级自然保护区，旅游吸引力强。上津古城是全国仅存的4座县级古城之一，也是湖北省唯一保存最完整的县级古城，已有近1 800年历史，是国家4A级景区、湖北省重点文物保护单位。另外，旅游圈内还有国家南水北调中线工程丹江口大坝、房县温泉、汤池峡等一系列当代工程类、温泉度假类旅游产品。文化类型以炎帝神农文化、道教文化、巴楚文化、三国文化、土苗民族民俗文化、山水文化等多元文化交融。鄂西生态与文化旅游圈是一个环境优美、生态良好、特色突出的华中

山地生态文化休闲度假旅游圈。

从秦巴山脉重庆片区六区县和鄂西生态与文化旅游圈的关系看，重庆片区的巫溪县与鄂西生态与文化旅游圈的竹山县和竹溪县虽然接壤，但只有省道与两县相连，由于受大山阻隔，加之路途遥远，近期连线成片一体化开发难度较大。鄂西生态与文化旅游圈和秦巴山脉重庆片区关系最密切的是神农架和武当山，经巫山小三峡上游大昌古镇到神农架林区5A级景区大九湖的旅游公路已经建成，大昌—九湖旅游公路是一条穿越巫山当阳大峡谷的"最美旅游公路"，三峡腹地—小三峡—神农架旅游环线已经形成，神农架与武当山目前的陆上交通基础条件较好，有便捷的国道和高速公路相连。特别是随着神农架机场、武当山机场、巫山神女机场、郑万高铁的建成，三峡腹地—神农架—武当山的交通联系更加便捷，将建设成为中国腹心最具影响力的国际旅游区，成为秦巴山区旅游产业发展的主要支撑。鄂西生态与文化旅游圈高品质旅游资源和秦巴山脉重庆片区旅游资源异质性特别强，具有明显的溢出效应和互补效应。秦巴山脉重庆片区在旅游项目开发中要注意和鄂西生态与文化旅游圈的相关项目错位开发，特别是在文化内涵发掘、民族民俗文化呈现方面；秦巴山脉重庆片区和鄂西生态与文化旅游圈一些空间位置临近的生态旅游区，可以实现跨界连接，整合吸引力，形成跨界景区，市场共享、客源互送。

二、与先秦两汉三国历史文化旅游圈的竞合关系

先秦两汉三国历史文化旅游圈主要是以先秦两汉三国的遗址、遗迹为核心的文化旅游区，主要涉及四川广元、陕西汉中、甘肃陇南的部分秦巴山片区区县，包括张良庙、古汉台、张骞墓、武侯祠、定军山、石门—明月峡古栈道、昭化古城、蜀道剑门关、秦西陲陵园、六出祁山遗址、阴平古道等景区。其中，张骞墓作为中国、哈萨克斯坦和吉尔吉斯斯坦三国联合申遗的"丝绸之路：长安—天山廊道的路网"中的一处遗址点被成功列入《世界遗产名录》，是全国重点保护单位。剑门蜀道是首批国家级风景名胜区，数百里（1里=500米）古蜀道上，峰峦叠嶂，壮丽多姿，三国文化深厚；剑门关是剑门蜀道风景名胜区的核心景区、全国重点文物保护单位、国家5A级景区，以"一夫当关，万夫莫开"扬名海内外，是先秦两汉三国历史文化旅游圈的重点吸引物之一。

先秦两汉三国历史文化旅游圈古迹最多、市场影响最大的是三国文化旅游线，包括三国东线和三国西线。三国东线主要在湖北境内，包括襄阳古城、荆州古城、鄂州吴王城、古隆中、赤壁古战场等；三国西线在四川、陕西、甘肃境内，以四川为主，包括成都、广汉、汉中、天水、陇南等地的遗迹与景点。目前国内旅游行业在三国文化旅游联合开发方面已经进行了广泛的区域合作，川、陕、甘三省联合推出了系列化的三国文化旅游线路，包括三国文化溯源之旅、三

国蜀汉朝觐之旅、三国蜀汉开业之旅、三国蜀汉忠义之旅、三国蜀汉兴衰之旅、蜀道三国游等6大主题15条旅游精品线路。湖北编制了三国文化旅游总体规划，开发了三国古战场体验游、三国英雄追踪游、三国名人朝拜游等旅游线路，并举办诸葛亮智慧文化艺术节、关公文化旅游节等节庆活动，"三国遗迹文化游"是湖北省最受欢迎的20条旅游线路之一。

三国东线和三国西线大量的文化遗迹位于秦巴山区及其邻近区域，秦巴山脉重庆片区的三国文化也是全国三国文化遗迹的重要组成部分，重庆片区内有全国重点文物保护单位张飞庙、白帝城，还有永安宫、八阵图、大宁河古栈道、岩棺群等遗迹与景点。秦巴山脉重庆片区的三国遗迹全部位于三峡线上，三峡地区是三国时期重要军事政治活动的发生地，而三峡线正好是三国东线和三国西线的连接线。因此，秦巴山脉重庆片区两汉三国文化遗迹的旅游开发要立足于真实的历史与三国故事脉络，在关照三国东线与三国西线开发现实与未来规划的基础上，挖掘重庆片区内三国文化内涵，将文化主题化、活动化、体验化和景区化，也可以把散点的三国文化融于三峡大江峡谷的自然风景之间，将三国遗迹与三国故事点缀在三峡山水之间，使自然与人文交相辉映，相得益彰。重庆片区相关各区县的旅游部门和文物文化部门要加强与三国东线和三国西线各地的旅游合作，组建"全国三国文化旅游联盟"，进行统一宣传，统一市场开发，引导旅行社、旅游网络预订商推介"三国东线+长江三峡线+三国西线"的线路产品，针对不同市场，组合"三国东线+长江三峡线+三国西线"与大九寨、神农架、武当山相结合的精品旅游线路。

三、与川陕红色旅游圈的竞合关系

川陕红色旅游圈主要包括秦巴山区的四川广元、达州、南充，陕西安康、汉中的相关区县，其中达州、安康的部分县域与秦巴山脉重庆片区的城口县接壤。川陕红色旅游圈主要依托红军时期的川陕苏区的红色文化遗迹、遗址，而川陕苏区是红军时期除中央苏区之外最为重要的革命根据地。主要的红色旅游景点包括通江红四方面军总指挥部旧址纪念馆、川陕革命根据地红军烈士陵园、巴山游击队纪念馆、刘伯坚烈士纪念馆、万源保卫战战史陈列馆、剑阁红军血战剑门关遗址、苍溪红军渡纪念地、仪陇朱德同志故居纪念馆等。其中的川陕革命根据地红军烈士陵园是全国最大的烈士陵园，安葬着近万名红军将士的忠骨。仪陇朱德同志故居纪念馆是国家4A级景区，是天然的生态观光休闲游览胜地，是全国爱国主义教育基地。苍溪红军渡纪念地是红四方面军策应中央红军挥师西进迈出第一步的地方，是全国爱国主义教育基地，也是全国100个红色旅游经典景区之一。

秦巴山脉重庆片区的城口县是川陕革命根据地的重要组成部分，拥有"三个第一"和"一个唯一"，在中国革命历史中有着特殊的地位和作用，拥有川陕苏区城口县苏维埃政权遗址、川陕苏区城口纪念馆、红军广场等红色旅游资源，其中川陕苏区城口县苏维埃政权遗址被列入《全国红色旅游经典景区》一期名录，成为重庆重点建设的"红色旅游经典景区"。重庆片区内的开州区有刘伯承元帅故居、刘伯承同志纪念馆、军神广场等红色旅游资源，刘伯承同志纪念馆还被纳入国家红色旅游30条精品线路和重点支持的100个"红色旅游经典景区"项目。

秦巴山脉重庆片区应利用革命老区的优势，积极争取国家和市级相关部门的专项资金支持，做好红色旅游景点的升级改造工作，积极与广元、巴中、汉中、达州、南充五市的相关区县合作，共建"川陕红色旅游精品环线"，形成强势红色联盟，打造"川陕苏区"红色旅游品牌，积极开拓市场。秦巴山脉重庆片区的红色文化旅游开发要纳入"川陕红色旅游精品环线"和"川陕苏区"旅游品牌一体化规划、建设与营销中。同时，要注意把红色文化与生态文化结合，与周边生态旅游度假区一体化开发，形成一批红色文化主题休闲度假产品，寓教于游、寓教于乐，提高红色旅游的吸引力，拓展红色旅游市场。

四、与秦岭巴山生态文化旅游圈的竞合关系

秦岭巴山生态文化旅游圈包括秦岭山系、大巴山系的主峰和中高山主体部分，涉及陕西宝鸡、汉中、安康，四川广元、巴中、南充等较多的区县，该旅游圈内生态资源丰富，是国家重要的生物多样性和水源涵养生态功能区，分布有较多的森林公园、自然保护区、风景名胜区、地质公园等。该旅游圈内保存的古人类活动遗址，被认为是亚洲最早的人类聚集地，是中华民族的诞生地，更是中华文明的发祥地和文化殿堂。主要已开发和开发潜力大的景区、景点包括大南宫山、大瀛湖、长青华阳、金丝峡、太白山、米仓山、仪陇琳琅山、朝天曾家山、元坝栖凤峡、苍溪梨博园、青川白龙湖、平武报恩寺、南江光雾山、通江诺水河和空山天盆、北川西羌九皇山猿王洞等。其中不乏知名的生态休闲胜地，如太白山国家森林公园生态资源丰富，同时是著名生态旅游目的地和道教文化圣地；光雾山—诺水河国家级风景名胜区已经被列入中国世界自然遗产预备名录，是全国著名的红叶观赏景区。秦岭巴山生态文化旅游圈是集生态观光、宗教朝觐、康体健身、科普考察为一体的综合旅游区。

秦巴山脉重庆片区和与秦岭巴山生态文化旅游圈在山地景观、峡谷景观等生态资源上有一定的同质同构性和竞争性。秦岭巴山生态文化旅游圈山地景观的雄奇、峡谷景观的清丽等独具特色。在峡谷景观方面，秦巴山脉重庆片区作为世界著名的大江峡谷旅游区，市场优势更明显。在山地景观方面，与秦巴山北坡的山地景观有明显差异的是，位于南坡的秦巴山脉重庆片区由于水热条件的差异，植被覆盖更好，林木更高大茂盛，特别是中高山地区有大量的高山草甸，景色更加秀美，如城口黄安坝、巫溪红池坝、开州雪宝山等，具有典型的南国高山牧场

风情，适合开发长驻型高山度假旅游产品。在人文旅游资源方面，除了前文论及的红色文化、三国文化的优势互补外，两地巴文化同根同源，民俗文化相通。相比较而言，秦岭巴山生态文化旅游圈的宗教文化旅游资源更加突出，秦腔古韵更浓，有一批知名的非物质文化遗产与佛教寺院和道教文化景区。

从地域的空间关系、交通连接等方面看，秦岭巴山生态文化旅游圈与秦巴山脉重庆片区近期在目标市场定位、客源竞争等方面尚不存在明显的竞争关系，但在一些单项专题旅游产品方面，存在市场分流，如光雾山与巫山在红叶旅游季对成渝城市群市场的客源竞争等。因此，秦巴山脉重庆片区在开发过程中要主动和秦岭巴山生态文化旅游圈联动，构建秦巴山脉生态文化旅游地，还要密切关注竞争者的动向，争取差异化定位，错位开发。除了利用山地、水体打造生态观光、山地休闲度假、高山避暑地产等传统生态旅游产品外，秦巴山脉重庆片区还必须借力长江三峡，以中国峡江文化长廊、世界最大高峡平湖为特色，涵盖长江三峡沿岸及腹地，兼顾复兴与开发，建设集邮轮观光、峡谷旅游、历史文化旅游、休闲度假、生态旅游、民俗体验、农业观光、商务会议、节庆会展、科考探险和体育竞技于一体的多元化旅游目的地。

五、与长江三峡黄金旅游带的竞合关系

长江三峡黄金旅游带有不同的空间尺度划分，传统的三峡旅游线有三峡旅游长线、三峡旅游中线、三峡旅游短线和三峡旅游精华线、大三峡旅游区等不同概念。本章选择中等尺度的三峡旅游带的概念，即宜昌到重庆的长江三峡库区及长江干支流峡江两岸形成的旅游区。长江三峡黄金旅游带是世界上唯一可以乘船游览的大峡谷，是中国最早向世界推荐的两条黄金旅游线之一，也是以自然景观为主的中国传统十大旅游胜地之一。长江三峡以世界最大的大江峡谷和成库后的高峡平湖风光闻名于世，蕴含深厚的巫文化、神女文化、三国文化、巴文化等。

秦巴山脉重庆片区包括南部三峡库区和北部大巴山区两个部分，南部三峡库区拥有长江三峡核心段（瞿塘峡、巫峡）、大宁河小三峡等，是长江三峡黄金旅游带的精华与核心所在。秦巴山脉重庆片区旅游开发必须依托长江三峡黄金旅游带成熟的品牌形象、稳定的客源基础和较完备的接待体系，联动开发，一体化发展。首先，把重庆主城区、万州、宜昌作为重庆片区的主要客源市场、客源组织中心和集散中心，依托长江黄金水道与邮轮旅游，与下游的西陵峡—三峡人家风景区、坛子岭三峡大坝旅游区、神农溪旅游区等三个5A级景区和沿线其他景点，以及上游的丰都鬼城、忠县石宝寨等著名景区一体化规划，提档升级，打造新时代三峡旅游升级版。其次，依托三峡库区沿江高速公路，开发库区腹地纵深的高品质旅游资源，长江以南主要开发云阳龙缸、奉节天坑地缝、巫山庙宇—红椿高山生态度假旅游项目，长江以北主要开发开州雪宝山、巫溪红池坝等，既可

以形成独立的旅游目的地,又可以融入三峡沿江旅游环线。最后,依托三峡库区沿江高速公路及规划期内即将全线贯通的万州—开州—城口高速、奉节—巫溪—镇坪高速,发挥三峡黄金旅游线对大巴山腹地旅游区的辐射带动作用,开发城口、巫溪等大巴山深处高品质生态旅游资源。在秦巴山脉重庆片区与长江三峡黄金旅游带滚动开发、联动开发及区域一体化发展中,尤其要注意文化植入、项目包装、动能定位的异质性与互补性。

第五节 秦巴山脉重庆片区旅游产业发展战略定位与战略选择

一、秦巴山脉重庆片区旅游产业发展的战略定位

（一）目标定位

依托南部发展相对成熟的长江三峡黄金旅游带和北部大巴山区域良好的自然生态环境与气候特征,以远古巫文化、三峡文化、三国文化、巴文化为文化根基,大力发展游轮观光、山地度假、滨湖旅游、文化体验、乡村休闲等,着力实施旅游精准扶贫与产业联动,把秦巴山脉重庆片区建设成为国际生态旅游与休闲度假旅游目的地、国家级旅游扶贫示范区。

（二）形象定位

秦巴山脉重庆片区旅游形象定位需要凸显两个核心要素:一是三峡,二是大巴山。秦巴山脉重庆片区全域位于三峡库区腹地,奉节县、巫山县、巫溪县形成的"夔巫角"是长江三峡游的核心和最重要的节点,长江三峡是中国最有影响的国际旅游品牌之一。该区域北部是秦岭—大巴山脉南部和南麓的一部分,全部位于大巴山区,大巴山在国内有较高的知名度,特别是城口县、巫溪县等以大巴山为品牌形象,已经进行了前期的品牌推广。结合三峡和大巴山旅游区的地脉、文脉特质,考虑形象传播潜力,秦巴山脉重庆片区旅游总体形象定位为壮美高峡平湖、神秘生态秦巴。

旅游总体形象定位解读:

该区域位于三峡库区腹地,拥有以长江三峡核心段（瞿塘峡、巫峡）、大宁河峡谷群、神女溪峡谷群、九盘河峡谷为代表的"高峡风光",还有三峡成库后形成的高阳湖、汉丰湖、草堂湖、神女湖、大昌湖、双龙湖等为代表的"平湖景观"。大河流域是人类文明的孕育地,长江在这一段孕育了古老的神女文化、巫

巴文化、诗歌文化和独特的峡江民俗文化，遗存了白帝城、龙骨坡巫山人遗址、大昌古镇、宁厂古镇等历史文化遗址，三峡工程又造就了现代移民新城，自然山水与文化遗迹交错分布，相互辉映，厚重的古老文化和现代文化已经浸润于高峡平湖之间。纵观三峡腹地，山势巍峨壮丽，大山峡谷之间湖面烟波浩渺，在峡江两岸，三峡工程百万移民又留下了气势磅礴的现代移民新城。三峡腹地，美在雄浑，美在壮丽。

从三峡库区腹地的长江干支流向北延伸，进入秦岭—大巴山脉南麓，海拔从几百米到最高的3 000多米，自然景观呈明显的垂直分布，特别是中高海拔山地，茫茫群山，山势巍峨，原始森林和高山草场密布，分布着大量的自然保护区、森林公园、风景名胜区等，生态环境优越，旅游资源富集。长期以来，由于大山阻隔，交通不便，旅游资源没有得到有效开发，奇特的地质奇观、厚重的红色文化、淳朴的民风民俗等"养在深闺人未识"，其神秘面纱没有被揭开。大巴山深处，魅力在生态秘境，意蕴在神秘，是人们心所向往之处。

（三）产品定位

结合旅游资源现状和旅游产业发展基础，规划期内秦巴山脉重庆片区产品定位为：以观光游览、山地避暑度假产品为核心，以生态旅游、秘境探险、文化体验旅游产品为支撑，以养生养老、运动康体、休闲娱乐、乡村风情、乡土文化、特色餐饮与购物旅游产品为补充的综合产品体系。

秦巴山脉重庆片区的核心产品和支撑产品主要包括以下几个方面。

1. 高峡平湖游轮、游船观光游览旅游产品

张飞庙—三峡梯城4A级景区、白帝城—瞿塘峡4A级景区、巫山大宁河小三峡与小小三峡5A级景区、神女峰与神女溪4A级景区、巫溪县大宁河文化生态长廊4A级景区等。

2. 山地避暑度假旅游产品

巫溪红池坝市级旅游度假区、奉节天坑地缝旅游度假区、城口亢谷旅游度假区、开州汉丰湖旅游度假区、云阳龙缸旅游度假区、巫山隆鑫·三峡旅游度假区、市级乡村旅游避暑纳凉点、奉节兴隆、云阳清水、城口东安、巫溪古路等旅游度假小镇等。

3. 山地生态旅游、秘境探险旅游产品

云阳龙缸4A级景区、天坑地缝4A级景区、重庆九重山国家森林公园、重庆红池坝国家森林公园、重庆雪宝山国家森林公园、重庆大巴山国家级自然保护

区、阴条岭国家级自然保护区、五里坡国家级自然保护区等。

4. 文化体验旅游产品

巫山人遗址、奉节白帝城、云阳张飞庙、巫山大昌古镇、巫溪宁厂古镇等。

（四）市场定位

考虑旅游资源价值、地理区位、发展水平、市场影响范围等因素，秦巴山脉重庆片区的目标市场定位如下。

1. 基础市场

海内外三峡过境旅游市场、以万州为中心的渝东北市场、重庆主城市场。

2. 拓展市场

秦巴山旅游区互流市场、川东北旅游市场、鄂西旅游市场。

3. 机会市场

除基础市场、拓展市场以外其他成渝城市群市场，以西安为中心的关中城市群市场，以武汉市为中心的大武汉城市群市场，以及海内外其他市场。

二、秦巴山脉重庆片区旅游产业发展的战略选择

（一）政府主导战略

秦巴山脉重庆片区属于"大尺度""山地型"旅游目的地，需要畅通的交通条件。但在该区域内，长江及其干支流切割大巴山—巫山山脉，形成了以中高山、大江峡谷为主的地质地貌特征，旅游资源相对富集于峡谷底部和中高山，城镇体系又较多分布在河谷沿岸，交通等旅游基础设施的建设难度大、成本高。近年来，虽然在西部大开发、三峡库区移民迁建、库区发展"后扶"政策等的支持下，三峡库区的水上旅游交通持续改善，沿江高速公路建成并投入使用，但沿江旅游码头等旅游配套设施仍需不断完善。旅游基础设施、服务设施严重匮乏的是三峡库区纵深的中高山地区，尤其是地处大巴山深处的城口、巫溪等地区，一些待开发的、高品质的旅游资源区与外部的交通网络、城镇体系尚不具备基本的交通连接，景区与乡镇、景区与景区之间存在不同程度的可进入性差、基础设施不配套等问题，一些旅游资源区水、电、气、通信等的基础设施条件严重制约旅游资源深度开发，城镇用地限制等也制约旅游服务设施建设。与整个秦巴山区一

样，特殊的自然条件和薄弱的产业基础决定了秦巴山脉重庆片区不可能完全依靠市场机制的力量来推动旅游产业发展，需要政府主导基础设施建设和扶贫开发。

一是国家层面需要把秦巴山脉重庆片区六区县纳入整个秦巴山区国民经济和社会发展通盘考虑，规划秦巴山脉重庆片区与整个秦巴山区、与周边主要城市体系、与全国骨干交通网络的干线连接，规划并组织实施贯通秦巴山脉重庆片区六区县的支线机场、高速铁路和高速公路等，统筹考虑秦巴山脉重庆片区的旅游扶贫开发、生态保护及国民经济与社会发展。

二是重庆市级层面需要考虑在重庆市五大功能区规划的框架下，作为渝东北生态涵养发展区重要组成部分的秦巴山脉重庆片区六区县，要在《长江三峡区域旅游发展规划》《巫山、巫溪、奉节旅游"金三角"建设规划》和六区县旅游发展规划的框架内，考虑跨区域特别是跨县域的交通设施建设，制定并落实推动六区县旅游项目建设落地的具体方针政策。

三是秦巴山脉重庆片区六区县政府层面，需要在统一规划下，重点解决县域内部主要景区与城镇体系之间旅游公路建设、周边集散与服务中心城镇的基础设施建设，组建县级旅游投资公司或积极招商引资开发旅游建设项目。

（二）区域联动战略

秦巴山脉重庆片区六区县地域相连，资源相近，文脉相通，一体化发展、联动与联合发展具备条件。同时，要在重庆片区内部先发地区带动后发地区、三峡库区带动秦巴腹地，发挥渝东北生态涵养发展区内的中心城市的辐射带动作用，促进并推动重庆片区与整个秦巴山旅游区、周边旅游城市、著名旅游区的联动发展、滚动发展。这不仅十分必要，也是重庆片区旅游产业发展的重要战略思路。

一是重庆片区内部的联动发展。秦巴山脉重庆片区旅游发展呈现明显的南北分异特征，南部的三峡库区依托长江三峡黄金旅游带，发展较早，旅游产业成熟度相对较高，如巫山县早在2007年就是全国旅游百强县，而北部大巴山片区，受交通等条件制约，发展相对滞后。通过整合旅游资源，借助交通条件改善，依托正在建设的开州—城口高速公路，提升经过多年建设的奉节—巫溪—巫山旅游金三角，规划建设城口至巫溪快速通道，打造开州—城口—巫溪大巴山生态休闲度假游与红色旅游线路，形成重庆片区内部城口—开州—云阳—奉节—巫山—巫溪互联互通的旅游圈，必然会发挥长江三峡黄金旅游线对大巴山腹地旅游区的辐射带动作用，实现客流互动和区域联动。

二是重庆片区与周边区域的联动发展。发挥好万州作为三峡库区水陆空立体交通枢纽、宜昌作为三峡旅游区中心城市的辐射带动作用，借助正在建设的巫溪—陕西镇平的高速公路，打通重庆片区与西安的快速通道，依托已经建成的大九湖高等级旅游公路和已经开工建设的郑万高铁等，实现重庆片区与鄂西旅游区、神农架旅游区及中原地区的联系，打通重庆片区与周边著名旅游区、知名旅游城市及国内外主要客源地的空间阻隔。通过实施国家《秦巴山片区区域发展与扶贫攻坚规划（2011-2020年）》确定的"四横七纵"交通设施建设项目，实现与秦巴山内部七大旅游圈的联动发展。

（三）精准旅游扶贫战略

秦巴山脉重庆片区是革命老区和集中连片特困区，基础设施建设滞后，经济发展缓慢，公共服务薄弱，自我发展能力弱，连片贫困现象突出，是旅游资源富集的旅游欠发展地区，既需要国家从基础设施规划与投资建设方面，制定特殊的土地、财税、金融、投资政策等予以扶贫攻坚，也需要各级政府和部门采取微观层面的精准扶贫措施，在引进旅游大项目建设的同时，推动乡村旅游富民工程。

一是产业扶贫。充分利用贫困地区优势资源禀赋、人文特色，依托旅游景区、景点与主干交通网络，支持一批示范带动项目，形成生态、民俗、农耕体验、农家乐等旅游扶贫产业，重点支持贫困地区高山纳凉避暑旅游和休闲避暑旅游地产，促进贫困乡村农民致富增收。引导贫困山区群众通过入股、劳务等方式，参与高山旅游地产、乡村旅游和休闲农庄等服务。鼓励贫困地区农村集体经济组织以土地使用权入股、联营等方式创办企业，发展农产品加工、乡村旅游和休闲观光农庄。

二是精准扶贫具体举措。加强乡村旅游品牌创建，开展乡村旅游"百千万品牌"推荐、乡村旅游示范户、带头人、创客示范基地等品牌创建活动，充分调动农民的积极性、发挥农民的创造性，因地制宜发展不同特色的乡村旅游。强化乡村旅游规划引导，组织旅游规划设计单位与乡村旅游扶贫重点村结对帮扶，精心编制乡村旅游扶贫重点村的旅游规划，并指导规划实施。做好乡村旅游宣传营销、人才培训和基础设施、公共服务设施提升，开展乡村旅游改厨、改厕和环境卫生整治。加大资金扶持，设立乡村旅游发展专项资金和扶贫产业引导基金，引导股权投资基金重点向贫困地区倾斜，加速推进旅游扶贫进程，以乡村旅游扶贫为突破口之一，完成贫困村、贫困人口"三脱帽"的任务。

（四）绿色发展战略

旅游产业虽然被誉为"无烟产业""绿色产业"，但旅游业并非没有生态消耗，旅游资源并非取之不尽、用之不竭。秦巴山脉重庆片区山高坡陡，地质灾害隐患突出，是我国重要的物种和生物多样性基因库及国家战略水源储备区，生态保护责任重大，生态环境与旅游资源十分脆弱，一旦遭到破坏，难以恢复，损失难以估量。因此，区域旅游发展必须站在可持续发展的战略高度上，保护为先、保护为重，绿色开发、绿色发展。

一是旅游区严格划分生态环境保护空间，明确保护范围、等级和措施。在保护规划的指导下发展生态旅游，科学确定旅游开发的生态承载力和旅游环境容量，控制旅游项目建设用地，并使之符合当地的土地利用规划；严格限定旅游开发的范围，禁止在自然保护区核心区和缓冲区开发旅游活动及建设旅游项目，各个旅游区要确定控制保护范围，防止污染型的项目；每一个项目的每一个环节，包括旅游设施的选址，建筑物的规模和体量，建筑式样的设计，材料、色彩的选择，都要考虑与当地生态环境相适应，既不能破坏环境，项目本身也要融于自然环境；旅游度假区和居民点的污水必须经过处理才能排放，固体废弃物必须按照规定进行集中处理；推进旅游企业绿色经营，促进绿色酒店、低碳景区、环保交通等企业行为；对各区县、乡镇推行绿色GDP（gross domestic product，国内生产总值）的政绩考核，将考核结果作为干部选拔、任用、奖惩的依据，以实现经济发展与环境保护双赢。

二是将文化遗产保护工作纳入经济和社会发展计划及城乡建设规划。旅游开发应符合文物古迹保护的要求，在文物古迹保护范围内不得建设与文物保护无关的工程建设；革命遗址、纪念建筑物、古墓葬等在进行修缮、保养、迁移的时候，必须遵守不改变文物原状的原则；旅游开发中，加强对非物质文化遗产和传统文化区域的整体保护，按照分级负责的原则，形成县、乡、村三级网络；挖掘、整理并展示地方土特产、工艺品及具有地方特色的音乐、歌舞、曲艺，在保护中传承，打造民俗文化与旅游购物品牌；在旅游开发中为非物质文化遗产传承人提供展示和交流平台，鼓励开发非遗衍生品，延伸产业链，走市场化保护与发展的道路。

第六节　秦巴山脉重庆片区旅游产业发展战略的实现路径

一、协同

（一）与扶贫攻坚战略协同

集中连片特困地区的扶贫攻坚已成为国家战略，也关系到我国到2020年全面建成小康社会的奋斗目标。秦巴山脉重庆片区属于集中连片特困地区秦巴山片区的组成部分，区域扶贫攻坚、百姓脱贫致富是近年来的经济社会发展的核心任务。因此，在推动秦巴山脉重庆片区旅游产业发展的过程中，旅游产业的发展战略目标必须与重庆片区扶贫攻坚战略目标协同一致。

首先，在扶贫攻坚战略实施过程中，应当充分考虑重庆片区旅游产业发展的需要，规划建设基础设施，改善能源供给状况和通信网络条件，优化与美化生态环境，为旅游产业的发展奠定良好的基础。

其次，全力推进旅游扶贫。在旅游产业发展过程中，充分发挥旅游产业带动区域经济发展的作用，鼓励和扶持当地贫困人口参与旅游开发活动、旅游经营活动，从中获取收益、增加收入，从而实现脱贫致富。

（二）与美丽乡村建设协同

2012年，党的十八大首次提出努力建设美丽中国的目标。美丽中国的建设重点和难点在于农村。2013年，中央一号文件提出要推进农村生态文明建设，努力建设美丽乡村。开展美丽乡村建设，意在强化农业基础、推进农业现代化；优化公共资源配置、推动城乡发展一体化；推进生态文明建设，实现"天蓝、地绿、水净、安居、乐业、增收"的建设目标。美丽乡村建设不仅为旅游产业发展创造优美的自然生态环境和人文社会环境，而且为旅游业特别是休闲农业和乡村旅游业的发展创造产业基础，为旅游产业的发展提供广阔的舞台与天地。因此，在推进美丽乡村建设时必须充分考虑当地旅游产业尤其是乡村旅游发展的需要，二者目标协同、资源共享、相互支撑、相互促进，达到事半功倍的效果。

（三）与生态保护协同

秦巴山区山高坡陡，深谷纵横，地质灾害隐患突出，生态环境脆弱，生态保护压力巨大。但该区域又是我国重要的物种和生物多样性基因库及国家战略水源储备区，生态保护责任重大。因此，在秦巴山脉重庆片区发展旅游产业时，应当严格划定生态保护区与产业发展区的范围，明确生态保护红线，在生态保护区实施严格管控，杜绝旅游开发活动，避免对生态保护区的人为干扰与破坏。在产业发展区从事旅游基础设施建设、安排配套服务设施建设和旅游开发项目，不能破坏自然生态环境；旅游区（点）必须严格实施旅游容量控制，避免游憩活动对旅游区（点）动植物生存环境的干扰，影响动植物的正常生长发育；避免游客的过度踩踏及不文明行为对旅游区（点）景观环境的破坏。旅游接待设施集中区严格按相关规定配套生活垃圾集中搜集清运处理设施和生活污废水净化处理设施，防止旅游污染物对生态环境的污染破坏。

在推进生态建设的过程中，应当充分考虑旅游产业发展对景观环境的要求，有计划有目的地安排植被恢复、生态修复、生态涵养项目，通过强化生态建设与生态保护，优化旅游产业发展必须依托的自然生态环境。

二、整合

（一）整合区域国家级品牌资源，打造大宁河国家公园

为充分发挥区域旅游资源的协同效应和区域联动作用，集中优势资源打造极品旅游项目，建议以大宁河为轴线，整合A级旅游区、国家森林公园、国家级自

然保护区、国家湿地公园等国家级品牌资源，开辟大宁河国家公园，打造区域性旅游极品。

（二）整合区域旅游资源，开发旅游精品线路

秦巴山脉重庆片区各区县空间毗邻，旅游资源各有优势，但各种类型旅游资源遍布全域。如果各自为政、独立开发，难以形成极具影响力的旅游产品。只有加强区域协作，整合具有开发价值的旅游资源，形成不同类型、满足不同市场群体需求的旅游产品和精品旅游线路，才能促进区域旅游产业的协同发展，创造更大的市场集聚与协同效应。

（三）整合区域旅游发展机制，营建高效旅游产业管理体系

为有效实施既定的旅游发展战略，推动秦巴山脉重庆片区旅游产业的持续协同发展，首先应当建立秦巴山脉重庆片区六区县共同参与的区域旅游协作机构，统筹协调区域旅游发展规划、基础设施建设、区域旅游营销及区域内部各区县之间的关系，协商解决区域旅游发展过程中遇到的重大问题，从组织体制机制上形成区域旅游发展的合力，形成全域联动局面。其次，应当充分整合区域旅游发展的政策资金，将各种涉旅优惠政策、发展资金集中用于重大旅游项目开发建设，让政策与资金等关键资源能够充分发挥作用，为旅游产业发展提供强有力的支撑与保障。

三、融合

旅游产业是一个典型的关联性产业，涉及的部门多、领域广，多行业交叉渗透，因此，要全面推进旅游产业的发展，必须实施"以旅为向，全业融合"的策略。一是文旅融合。在旅游发展过程中要充分利用秦巴山脉重庆片区内三国文化、巴文化、巫文化、红色文化、乡村民俗文化等资源，开发文化旅游产品，形成特色文化旅游线路，提升旅游产业的文化内涵；充分利用区域文化元素，开发旅游纪念品，开展演艺活动，提升旅游产业的价值。二是农旅融合。充分利用秦巴山脉重庆片区内环境优美、特色鲜明的乡村地区，大力发展融入休闲旅游功能的休闲农业、特色效益农业，开展乡村旅游，推动落后的乡村地区向美丽乡村转变，传统农业向休闲农业、特色效益农业转变。三是林旅融合。充分利用秦巴山脉重庆片区内物种丰富、地域广阔的森林资源，大力发展生态旅游、森林旅游、科考旅游等。四是休旅融合。充分利用秦巴山脉重庆片区内高山深谷、丛林原野，广泛开展诸如丛林穿越、野外生存、山地越野、溪降漂流等竞技性、游乐性的体育旅游活动，丰富旅游产品类型。五是商旅融合。为了满足旅游产业发展的需要，秦巴山脉重庆片区内的商业设施布点布局，必须充分考虑区域旅游发展的需要，按照旅游发展的空间格局安排相应设施，为旅游产业发展创造良好的商业氛围。

本 章 附 表

附表 《旅游资源分类、调查与评价》（GB/T 18972—2003）旅游资源评价赋分标准

评价项目	评价因子	评价依据	赋值
资源要素价值（85分）	观赏游憩使用价值（30分）	全部或其中一项具有极高的观赏价值、游憩价值、使用价值	30~22
		全部或其中一项具有很高的观赏价值、游憩价值、使用价值	21~13
		全部或其中一项具有较高的观赏价值、游憩价值、使用价值	12~6
		全部或其中一项具有一般观赏价值、游憩价值、使用价值	5~1
	历史文化科学艺术价值（25分）	同时或其中一项具有世界意义的历史价值、文化价值、科学价值、艺术价值	25~20
		同时或其中一项具有全国意义的历史价值、文化价值、科学价值、艺术价值	19~13
		同时或其中一项具有省级意义的历史价值、文化价值、科学价值、艺术价值	12~6
		历史价值，或文化价值，或科学价值，或艺术价值具有地区意义	5~1
	珍稀奇特程度（15分）	有大量珍稀物种，或景观异常奇特，或此类现象在其他地区罕见	15~13
		有较多珍稀物种，或景观奇特，或此类现象在其他地区很少见	12~9
		有少量珍稀物种，或景观突出，或此类现象在其他地区少见	8~4
		有个别珍稀物种，或景观比较突出，或此类现象在其他地区较多见	3~1
	规模、丰度与几率（10分）	独立型旅游资源单体规模、体量巨大；集合型旅游资源单体结构完美、疏密度优良级；自然景象和人文活动周期性发生或频率极高	10~8
		独立型旅游资源单体规模、体量较大；集合型旅游资源单体结构很和谐、疏密度良好；自然景象和人文活动周期性发生或频率很高	7~5
		独立型旅游资源单体规模、体量中等；集合型旅游资源单体结构和谐、疏密度较好；自然景象和人文活动周期性发生或频率较高	4~3
		独立型旅游资源单体规模、体量较小；集合型旅游资源单体结构较和谐、疏密度一般；自然景象和人文活动周期性发生或频率较小	2~1
	完整性（5分）	形态与结构保持完整	5~4
		形态与结构有少量变化，但不明显	3
		形态与结构有明显变化	2
		形态与结构有重大变化	1

续表

评价项目	评价因子	评价依据	赋值
资源影响力（15分）	知名度和影响力（10分）	在世界范围内知名，或构成世界承认的名牌	10~8
		在全国范围内知名，或构成全国性的名牌	7~5
		在本省范围内知名，或构成省内的名牌	4~3
		在本地区范围内知名，或构成本地区名牌	2~1
	适游期或适用范围（5分）	适宜游览的日期每年超过300天，或适宜于所有游客使用和参与	5~4
		适宜游览的日期每年超过250天，或适宜于80%左右游客使用和参与	3
		适宜游览的日期每年超过150天，或适宜于60%左右游客使用和参与	2
		适宜游览的日期每年超过100天，或适宜于40%左右游客使用和参与	1
附加值	环境保护与环境安全	已受到严重污染，或存在严重安全隐患	−5
		已受到中度污染，或存在明显安全隐患	−4
		已受到轻度污染，或存在一定安全隐患	−3
		已有工程保护措施，环境安全得到保证	3

执笔人：秦远好　刘德秀

　　　　向　旭　田世政

第七章　秦巴山脉重庆片区农林畜药绿色循环发展战略研究

第一节　秦巴山脉重庆片区农林畜药绿色循环发展战略意义

调研发现，秦巴山脉重庆片区农业和农村发展缓慢，基础设施落后、农产品商品率低下、农民收入增长困难等问题还很突出，农业、农村问题仍然是秦巴山区经济发展的薄弱环节。由于受秦巴山区高山峡谷地带多、位置偏远、交通不便、与外界交换信息不畅及农民心理、文化素质等方面的制约，农业科技在当地的推广与应用相对滞后。

秦巴山脉重庆片区是一个复杂的生态系统，同时也是一个在不同尺度上系统结构受到破坏的系统，脆弱的自然环境决定着该地区的发展必须走以低能耗、低污染、低排放为标志的绿色循环发展道路，在发展的同时注重对生态环境的保护。因此，农林畜药绿色循环发展战略的制定，对于从根本上解决人口增长与资源的矛盾、生态重建与经济发展的矛盾都具有重大意义。本章将在综合国内外农林畜药循环发展战略及路径基础上，运用生态学、经济学、系统工程学的方法，对秦巴山脉重庆片区的农林畜药产业发展予以规划。

第二节　秦巴山脉重庆片区农林畜药复合系统结构优化战略及目标

一、结构优化发展战略

以资源及生产要素优化配置为原则，以市场为导向，以科技为依托，发展具有秦巴山区特色的绿色产业。开发具有竞争力的无公害农产品、绿色食品和有机食品，逐渐实现产销一体化和产前、产中、产后服务社会化，并发展产业化规模经营；开发农业旅游观光区，重点发展森林旅游、果品采摘、民俗旅游等生态文化旅游型项目，带动林果、绿色养殖业、特色野菜等特色经济产业发展；发展设施农业，引进推广适宜设施栽培的优良品种和成套技术，加强农业生产标准化综合示范区建设，提高农业科技含量和附加值。

二、结构优化基本目标

总体而言，要加强"四化"建设，实现三个根本性转变。

"四化"：发挥比较优势，抓特色，上规模，以区域化调优农业布局结构；全面提高农产品的质量和安全水平，以优质化带动农产品结构调整；培植龙头企业，大力发展农产品加工业，拉长产业链条，以农业产业化推动农业产业结构调整；创新机制，健全体系，以市场化驱动农业经济结构调整。

三个转变：由低质一般品种向名优特新和加工专用品种转变；由单纯提供初级产品向发展精深加工转变；由农民收入增长依靠政策向依靠结构调整转变。

三、秦巴山脉重庆片区农林畜复合经营模式建议

王玲玲等[57]总结研究了三峡库区农林复合经营的结构与主要模式，这为秦巴山脉重庆片区农林畜药复合经营模式的选择提供了很好的借鉴。课题组根据实地调研情况，在综合考虑自然生态条件及农户意愿基础上，认为以下几种农林畜复合经营模式可以借鉴。

（一）庭院复合经营型

庭院复合经营是充分利用庭院特定的土地、环境、劳力资源，把种植、养殖、加工及服务等各业务有机结合，以家庭为单元组织生产的复合经营体系，最终满足日常生活需要并获得较高的经济效益。目前，这种模式在秦巴山脉重庆片区分布较为广泛，主要分为三种具体形式。第一种是立体种植型，主要表现为树木与作物、蔬菜、瓜果等在立体空间上的组合搭配，这种模式不但地上部分可以充分利用空间气候资源，实现喜阳和耐阴植物的合理配置，地下部分也能实现深根性与浅根性的互补、生物固氮与非固氮互补。第二种是种养结合型，这种类型中有些树木与动物之间具有直接的依赖关系，如种桑养蚕；更多的是树木与养殖动物之间有相互补益的作用，如在庭院中种植柑橘、葡萄及饲养鸡。第三种是种、养、加工结合型，这种类型是在种养的基础上增加了加工业，包括手工和小型机械加工业，形成了种、养、加工和能源利用的新型产业

结构体系。

（二）林-菌经营模式

随着食用菌的营养价值逐渐被大家认可，食用菌的种植模式和生长空间逐渐发生变化，现在的食用菌生长模式和食用菌生长环境逐渐走向无害化、绿色化的方向。林间种植食用菌的模式也逐渐进入大众视野，被广泛地提倡和实施。林下种植食用菌的原理是在修剪树木枝条的时候，一些树枝、树叶等有机物，经过一段时间的沉积，成为食用菌生长的最好养料，为食用菌生长提供必需的营养物质。同时，食用菌生长过后的废料又为树木的生长提供了充足的有机肥，这样不仅促进树木生长，同时也利用了部分的闲置土地。

（三）林-药复合型

林-黄连间作。黄连既是一种名贵中药材，又是一种重要的出口药用商品，黄连喜阴湿，耐寒，畏强光，忌高温干旱。林-黄连间作可充分利用林内湿润、直射光少等有利条件，而不必人工搭棚遮阴，可减少成本，提高经济效益。另外，林-药结合方式还有林-天麻、林-桔梗、林-党参、林-当归、林-魔芋等。

（四）林-牧复合型

在同一经营单元上林和牧的结合。这种结合是促进和发展生产及增加收入的一个主要途径和措施，起到以林促牧、以牧促农的作用。该模式在土壤贫瘠的地方栽植用材片林，利用片林中的天然鲜草及落叶为饲料，适当引入草食性动物，动物粪便归还林地促进林木生长。

（五）林-粮间作型

在农林畜药复合经营中，林-粮间作型最为常见。间作物的主要品种有小麦、玉米、红薯、马铃薯、蚕豆、豌豆、绿豆等。

（六）林-蔬菜间作型

林下间种蔬菜种类繁多，常见的有生姜、花椰菜、蒜、菠菜、大白菜、薹菜、金针菜、白萝卜、胡萝卜、番茄、茄子、辣椒等。

第三节　秦巴山脉重庆片区农林畜药产业空间布局

一、产业布局总体方案

根据秦巴山脉重庆片区地貌、资源、产业与城镇分布状况，按照区域化布局、特色化发展的构想，调整结构，优化布局。

（一）立体布局

根据山坡度情况分为亚高山、中山、低山、丘陵四个区域，结合不同海拔的自然资源和气候特点进行布局。

亚高山区：主要包括城口的左岚乡、北屏乡、沿河乡、东安乡、庙坝镇山区及巫溪县的上磺镇、古路镇、文峰镇等。要以原始生态山林为依托，保护好原始森林，发展生态观光农业。

中低山（中部强丘陵起伏陡度、山前丘陵起伏至微起伏坡度）区：主要包括巫山的抱龙镇、官渡镇、铜鼓镇、红椿土家族乡的山区及奉节的康乐镇、白帝镇、汾河镇、大树镇等。中山区在发展生态观光农业的同时，适度发展畜牧业、林副业和其他农业产业。低山区要将种植业作为主导产业，发展林果、蔬菜、养殖和其他产业。

丘陵（南部丘陵起伏坡度）区：主要包括奉节的永安镇、兴隆镇、吐祥镇等。农业和经济林果并重，农林牧渔综合发展。

（二）水平布局

实施"8+6"战略，即通过建设八项重点工程，形成六大产业经济带。

（1）八项重点工程：一是农业产业化龙头企业工程，依托秦巴山脉重庆片区农业生产基地，积极培育蔬菜、果品、畜禽、水产、山野菜冷藏、加工等龙头企业；二是专业批发市场建设工程，在巩固和完善现有的农副产品批发市场的基础上，要新建和扩建更多以主导产业为主要依托的批发市场；三是科技示范工程，加强精品园区建设，建成一批高标准、高科技的现代化样板工程，并积极引进国内外优良品种和先进科技；四是农民教育工程，借助重庆市"351"素质工程的契机，大力开展农民教育培训；五是创新制度工程，完善土地等方面的管理制度，提高农民进行农业产业结构优化的积极性；六是信息化建设工程，为适应时代的需要，促进秦巴山脉重庆片区与国际经济接轨，实现村村通国际互联网，为其提供快捷、权威、实用的科技、市场等信息；七是秦巴山脉重庆片区综合开发工程，要从基础设施建设入手，做好农村各项工作，将农业产业结构优化放在农村整体工作中来抓；八是优质服务工程，要加强政府和农民协会等农民社团在产前、产中、产后的服务功能。

（2）六大产业经济带：一是绿色有机蔬菜经济带，在G42国道沿线，如云阳、奉节等地和蔬菜生产基础较好的乡镇，通过扩大规模、连片发展、提高标准，建成绿色食品蔬菜基地，并积极发展设施农业；二是特色林果经济带，在奉节、云阳、开州等适宜重庆柑橘、野生酸枣、木耳及核桃等特色产品生长的地区开发林果产业；三是苗木花卉产业经济带，在适宜乡镇建立起具有一定规模的苗木花卉生产基地，以G42国道为轴线，向两侧辐射，建成百里万亩苗木花卉长廊，形成苗木花卉产业经济带；四是淡水养殖产业经济带，以三峡库区周边为重点，建设生态养殖场和封闭式工厂化养殖示范场，集中发展名特优新水产养殖品种，大力发展淡水养殖产业；五是中药产业经济带，大力发展中药材种植，扩大种植基地规模，建设一批符合中药材生产质量管理规范的生产基地；六是畜牧产业经济带，完善畜禽良繁体系、畜产品加工流通体系及技术支撑等配套服务体系，发展标准化适度规模生猪、山羊、鸡鸭养殖基地。

二、分区县产业布局

（一）云阳

逐步形成以澎溪河、红狮等为中心的优质柑橘产业带，以龙角、沙市、红狮片区为重点的山羊产业带，以凤鸣、南溪片区为重点的蚕桑产业带，以双江、黄石等为重点的优质瘦肉型生猪产业带，以上坝、清水、养鹿等为重点的中药材产业带和速生经济林产业带，以人和、盘石、泥溪等为重点的优质食用菌产业带，以黄石、高阳、南溪、沙市、石门、洞鹿、龙洞和票草等八个乡镇为重点的茶叶产业带。

（二）奉节

以奉节脐橙为主，同时注重发展茶叶、中药材等产业。需要进一步打造以永安镇、白帝镇、草堂镇等为中心的优质脐橙产业带，以提高奉节脐橙产业的整体竞争力，增加产品内外销售为主攻任务，还需按照鲜食为主的发展思路，重点发展鲜食早熟、晚熟柑橘品种，稳步提高脐橙主导产品在国内外的市场份额。努力优化产业结构、品种结构、熟期结构，构建与现代柑橘生产相适应的育、繁、推一体化生产技术体系；加强鲜果商品化处理、深加工和高效安全贮藏能力建设，提升果实综合利用水平；重视关联产业技术开发，搞好脐橙基地资源的综合利用，创造相关产业效益；促进和培育柑橘品牌，推进规模化经营，大力发展柑橘合作经济组织、产业化经营及社会化专业服务体系，加快实现小生产与大市场的对接；减轻生态屏障区人口承载能力，建设生态果园搬迁移民安置试验区。

（三）巫山

禽畜养殖方面可大力发展山羊、土鸡养殖，由于草山、草坡资源十分丰富，发展山羊有独特优势。在以生态为基础的现代农业发展中，山羊的养殖也应转变发展方式，走以效益为核心的循环经济之路。种植业方面可以发展药材（如天麻）、水果（柑橘）等。

（四）巫溪

巫溪曾获得"绿色中药出口基地""全国魔芋种植重点基地县""中国绿色生态马铃薯之乡"等荣誉称号。其产业发展应该紧密切合现有产业基础和比较优势，重点发展中药材、魔芋种植和马铃薯产业。

（五）城口

城口为中国绿色生态中药材示范县，有"中国天然富硒农产品之乡""中国绿色生态板栗之乡""中华蜜蜂之乡"等荣誉称号，其产业发展应该紧密切合现有产业基础和比较优势，以市场需求为导向，重点发展干果、中药材、畜禽三大特色产业，积极推进区域特色产业发展。着力提高组织化生产、规模化经营水平，做大特色农林产业基地规模。

（六）开州区

目前，开州区的特色效益农业产业取得了显著成效，柑橘产业是重点和优势产业，蔬菜产业规模也不断扩大，以大鲵为主的冷水鱼产业迅速崛起，山羊、生猪等畜牧养殖快速发展，建议以这几大优势产业为主进行发展。

第四节　秦巴山脉重庆片区农林畜药业绿色循环技术体系构建

一、绿色循环农业发展模式及技术运用

基于"3R"［减量化（reducing）、再利用（reusing）和再循环（recycling）］原则，高旺盛等[58]归纳得到循环农业的共性技术体系，如图7-1所示。

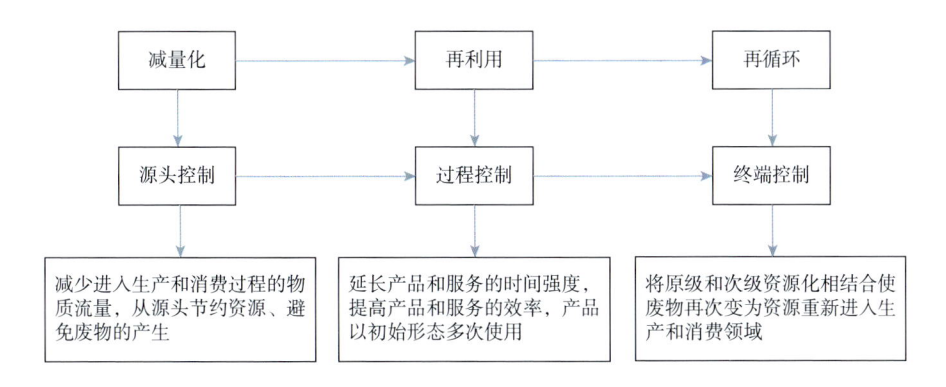

```
┌─────────┐      ┌─────────┐      ┌─────────┐
│  减量化  │ ───→ │  再利用  │ ───→ │  再循环  │
└─────────┘      └─────────┘      └─────────┘
     │                │                │
     ↓                ↓                ↓
┌─────────┐      ┌─────────┐      ┌─────────┐
│ 源头控制 │ ───→ │ 过程控制 │ ───→ │ 终端控制 │
└─────────┘      └─────────┘      └─────────┘
     │                │                │
     ↓                ↓                ↓
┌───────────┐  ┌─────────────────┐  ┌─────────────────┐
│减少进入生产│  │延长产品和服务的 │  │将原级和次级资源化│
│和消费过程的│  │时间强度，提高产 │  │相结合使废物再次 │
│物质流量，从│  │品和服务的效率， │  │变为资源重新进入 │
│源头节约资源│  │产品以初始形态多 │  │生产和消费领域   │
│、避免废物的│  │次使用           │  │                 │
│产生       │  │                 │  │                 │
└───────────┘  └─────────────────┘  └─────────────────┘
```

图7-1　循环农业技术体系

（1）"减量化"关键技术：①农业物质循环高效利用及减量技术。针对农业氮、磷污染及温室气体危害的问题，通过多样性作物种植与轮作技术及碳、氮、磷循环控制技术的研究，降低化肥施用，提高生产力，降低环境污染的风险。②农业系统水循环利用关键技术。通过提高SPAC（soil-plant-atmosphere cotinuum，土壤-植物-大气连续体）系统中的农田"四水"（降水、灌溉水、土壤水、地下水）转化效率，提高农田水资源利用效率，减少水资源消耗。③农业耕种节能关键技术。针对目前农田生产机械能耗高、能效低的问题，重点研究减少土壤耕作次数、省工省时、节能降耗的耕种技术，降低能耗，提高能量利用效率。

（2）"再利用"关键技术：①可再生资源的直接还田技术。基于不同秸秆残茬资源的还田（直接还田、翻埋还田、堆沤腐解还田）技术，建立快速、省工、高效、适合主要农田生态系统的农田可再生资源集成利用技术体系。②可再生资源的加环利用技术。基于农业废弃物的加环接口技术，延伸农业可再生资源的循环利用途径，提高总体效益，包括秸秆饲料转化技术、秸秆有机肥加工技术、秸秆生产食用菌技术等。

（3）"再循环"关键技术：①农业光热资源周年循环利用关键技术。利用生物之间的互补效应，增强农田生态系统多样性及其稳定性，提高光热资源利用率及物质产出率，实现农田物质与能量利用效率最大化，主要包括农田光热资源周年高效循环利用技术、农田复合系统生物多熟立体配置技术等。②农业产业间关联循环生产技术。主要是将农作物生产体系、畜牧养殖体系、农产品加工体系紧密相连，研究开发农牧结合技术、农产品精深加工技术、可再生资源的能源化利用技术。

二、绿色循环林业的发展模式及技术运用[59]

循环林业模式是在可持续发展和循环经济成为当今社会发展主流的时代背

景下提出的一种新型林业发展模式类型，它继承并发扬了多效益经营林业、新林业、近自然林业等森林资源利用思想的精华，并契合了当今时代主旋律的林业发展模式。其基本目标就是要将林业第一产业（种植业）、林业第二产业（加工业）、林业第三产业（旅游为主的服务业）结合起来，最终实现林业资源的多层次循环利用，充分挖掘林业资源的利用潜力，促进林业绿色可持续发展。借鉴现有研究成果，我们可以将循环林业模式分为以下三个层次。

一是林业第一、第二、第三产业的内部自循环模式。其中，林业第一产业自循环包括森林培育养护系统的物质循环及森林采伐系统的物质循环；林业第二产业的自循环主要是指林业加工企业之间的资源循环利用；林业第三产业的自循环包括林业旅游资源规划设计、开发利用及修复与再生产等。

二是林业第一、第二、第三产业间的联动循环发展模式。例如，在第一产业中的林业采伐所产生的废弃物或副产品，包括枝丫、树叶、树皮、树根等，可以利用其作为林业加工业中造纸企业、板材企业的原材料，支持第二产业发展；还可以制作成根雕、树皮画等创意手工艺品，丰富旅游产品，促进第一、第二、第三产业协调融合发展。林业加工企业产生的副产品或废弃物也可进一步回收利用，如造纸企业生产过程中产生的制浆黑液，就可以通过相应处理配制成植物生长刺激剂，生产氮肥和土壤改良剂，从而回用于农林种植业。

三是林业与其他产业间的循环发展模式。主要表现为林业采伐业、林业加工业中各种废弃物或副产品的多元化利用。例如，利用林业采伐中的剩余物制作饲料、燃料、生活用品等。另外，其他产业废弃物回收利用于林业产业也具有较大潜力，如养殖业的排泄物、城市生活废弃物经加工处理就可以生产成肥料，可用于林业培育和养护。

三、绿色循环畜牧业发展模式及其技术应用

（一）种植—饲料—生猪养殖模式

应用生产饲料来进行生猪养殖，畜禽粪便和尿液经过发酵处理直接还田，如林地套养，利用树林空间，生产出来的畜禽产品符合绿色食品要求，畜禽粪便直接为树木提供有机肥，促进树木生长，良好的林地环境为畜禽生长提供了自然空间。该模式的优点是操作简单，环节较少，缺点在于受种植业的季节性影响，对土地处理能力有限。

（二）种植—饲料—生猪养殖—肥料制作—种植模式[60]

该模式是通过作物种植来生产饲料，将生猪产生的粪便制作之后用于种植业，从而形成循环模式。该模式主要是把畜粪收集起来，经过发酵处理后生产有

机肥。例如，以规模化的肉牛场的粪便和作物秸秆为原料，利用生化工艺和微生物技术，将微生物复合菌剂的病原菌彻底杀灭，利用微生物分解有机质，达到除臭、腐熟、脱水、干燥的目的，制成肥效优异的有机肥，其在保持产出基本不变的条件下能降低生产成本，减少农田中的化肥施用量。该模式对土壤改良作用明显，可以降低化肥等的施用量，减少农业生产成本，对畜禽粪便的处理利用较为彻底。

（三）种植—饲料—生猪养殖—沼气—水产养殖模式[61]

该模式主要是以种植业为依托，以畜牧业生产为中心，建立起复合生态循环系统。沼气是发展循环经济的纽带，沼气发电循环系统利用发酵产物和发酵剩余物生产清洁能源，通过集中收集液态物进入沼气池，经充分发酵后发电，不产生需外排处理的废弃物，实现资源利用的较大化，不但保护了生态环境，还提高了畜牧业的经济效益。该模式必须以产业化为导向，结合精品农业建设工程，实现健康发展和环境保护的有机结合，把握精品农业的内涵，有效地将分散的个体生产与市场联结起来，既可以实现规模化生产和加工增值的自我良性循环，也能推动其他产业的发展。

第五节　秦巴山脉重庆片区农林畜药循环发展的重要机制创新

一、农业投入机制

（一）切实发挥财政支农资金引导作用

"三农"问题的严峻性和农业及农村经济的"弱质性"，很大程度上影响了商业资本和民间资本投入的积极性，因此，在秦巴山脉重庆片区农林畜药绿色循环发展过程中，必须要合理利用好各级财政支农资金的引导机制，充分发挥财政支农投入的资金引导功能，培育多元化投资主体，吸引更多商业资本和社会资金进入"三农"领域，从而发挥财政支农资金"四两拨千斤"的功能。

（二）完善农业农村金融体系

金融资本是发展"三农"最直接和最重要的资金来源，然而，国内大部分金融机构已完成了改制，在市场化的运营模式下，由于对农村和农业高风险的顾虑，其对"三农"相关信贷不断压缩。因此，要加快农业农村金融体制改革，健全区域农村金融服务体系，构建包括村镇银行在内的区域性农村微型金融网络，更好地服务"三农"发展，同时配套构建风险补偿机制，合理分散支农贷款风险。

（三）加大农业招商引资力度

秦巴山脉重庆片区的各地政府一定要加大力度、创新手段，搞好农业招商引资工作。一是要充分利用地区农业资源禀赋优势，搞好宣传；二是要推进产业基地建设，通过财政奖补和财政扶持方式，引导投资主体投资；三是要整合招商、发改等部门资源，通过平台积极做好农业招商引资项目的数据储备和项目推介工作。

二、土地流转机制

秦巴山脉重庆片区人均土地少，必须进一步创新土地流转机制。孔祥智等[62]总结的我国土地承包经营权流转的模式及经验值得借鉴和推广。他们认为土地流转机制大致可以概括为三个主体、三个步骤、有偿流转。

其中，"三个主体"中有两个市场参与主体和一个政府行为主体。两个市场参与主体中，流出主体为农户，流入主体为用地企业、农业经营大户等；政府行为主体为县（区）、乡（镇）政府。其中，村委会、村民小组和村集体经济组织在土地流转过程中起组织协调作用。

"三个步骤"：步骤一是土地挂牌。村集体组织、协调农户将土地成片集中之后，把土地信息提供到土地流转市场，由土地流转市场公开挂牌转让。步骤二是协议流转。村集体组织农户与流入主体签订合同或协议，将土地流转给用地企业、农业经营大户等流入主体，流入主体将租金支付给农户。步骤三是政府奖励。当地政府出台农村土地承包经营权流转的激励政策，给村集体和流入主体以适当的奖励。

三、经营管理机制

经营管理机制主要是指政府部门的运行机制。首先，重庆市政府经济综合部门（如发改委）应发挥主导作用，即从产业政策、资源和能源价格政策、财政金融政策、社会经济发展规划等宏观调控手段的角度，引导经济结构调整和微观经济活动向循环经济方向发展。

其次，重庆市及秦巴山脉重庆片区各区县资源和环境保护部门也应发挥具体的管理与监督职能。环保部门在推进和指导循环经济的发展上大体有两方面的作用：一是从经济运行的资源环境绩效的角度，监督和评价循环经济发展的状况。

二是加强环境监督管理，抓住、抓好项目、政策及规划的环境影响评价，从外部形成循环经济发展的驱动力[63]。

  总之，发展循环经济是片区各级政府的职责，需要重庆市各级经济综合部门和资源环境部门共同发挥作用，同时还需要科技、财政、金融、税务等相关部门密切配合。因此，各级政府及各部门之间应建立统一的运行管理机制以协调职能和行动，从而真正产生良好的管理绩效。

执笔人：肖亚成 袁晓辉 肖桑梦

第八章　秦巴山脉重庆片区绿色循环发展政策体系研究

一个经济系统可以被看作一个复杂系统，在它的发展演化过程中，往往受到多种因素的影响。其中，政策因素作为一个外生变量，在定量化的经济模型中，往往难以测定和控制[64]，但其对经济系统的结构及发展演化的趋势所起的作用至关重要。在秦巴山脉重庆片区绿色循环发展过程中，我们必须十分重视制度体系的构建，以确保社会经济向着理想的轨迹发展。

第一节　中国区域发展政策的演化轨迹①

本节将以宏观调控、中观区域、微观地区三个层次梳理相关政策制定及实施的演化轨迹，探索其发展与转换的逻辑规律。

刘世庆总结了中国区域政策的三个重要特点：第一个特点是中国区域政策主要体现在中共中央决议、五年计划（规划）、特定区域规划中，除了扶贫政策、特区政策、开发区政策等有比较明确的资金拨付、政策规定、受益群体外，其他政策都非常宏观，区域政策针对的区域范围很大、政策目标明确但政策工具不细致、政策的含金量高但随意性大。第二个特点是，中国的区域政策始终围绕东西部关系展开，改革开放（1978年）前主要是区分沿海与内地（或一线、二线、三线），第七个五年计划（1986~1990年）后改为东部、中部、西部，2000年以来逐步演变为以东、中、西、东北四部分划分的政策。但归根结底，始终是东西部在经济社会发展方面的差异、矛盾、协调的过程体现。第三个特点是，中国的区域政策带有很强的转型特点（从计划经济体制向市场经济体制转型），其中，特别是国有企业改革、对外开放、分灶吃饭的财政体制，对区域发展和空间格局影响很大[65]。

刘世庆的研究角度是广义区域政策，即影响空间格局的一般经济政策，主要

---

① 本节主要是对刘世庆研究成果的引述，参见文献[65]。

从宏观层面分析体制环境、五年计划（规划）及发展战略等对区域空间格局的影响。他认为，改革开放后，经济协作区在市场经济及中央向企业和地方放权的推动下迅速发展，其中最重要的形式和政策是：20世纪80年代中央出台的鼓励横向经济合作的政策，全国各省区市纷纷成立的经济技术合作办公室，各种形式和层次的区域合作组织，等等。

1979年，为加强各地区之间的经济合作，国务院提出"扬长避短、发挥优势、保护竞争、促进联合"的十六字方针，各经济区开始摒弃追求独立工业体系与国民经济体系的传统思维与战略，开始寻求地区之间的协作。1981年，在呼和浩特市召开的华北地区经济技术协作会议，成立了中国第一个区域经济合作组织——华北经济技术协作区（由北京、天津、河北、山西、内蒙古组成）。随后，上海经济区、东北经济区、西南五省六方经济协作会、西北五省经济协作联席会、中南五省二市经济技术协作联席会等相继成立。1986年，国务院出台了《国务院关于进一步推动横向经济联合若干问题的规定》，对企业、行业、地区之间开展横向经济联合的有关原则方法做出了全面规定，规范了中国经济协作区的发展。

"十一五"（2006~2010年）计划以来，国家发改委组织制定了京津冀经济区发展规划、长三角经济区发展规划、北部湾经济区发展规划、珠三角城市群发展规划及成渝经济区发展规划。

在适应国家大政方针的同时，秦巴山区也根据自己的地域特色在不同时期实行了不同的发展政策（表8-1）。

表8-1 秦巴山区产业发展政策回顾

项目	1989年以前	1989~2000年	2001~2010年	2010年后
产业政策所处阶段	无明确产业政策阶段	开始明确探索和运用产业政策阶段	产业政策的制定和运用逐步成熟阶段	产业政策的制定和运用趋于完善
产业政策特点	政府对地区产业发展的引导处于真空	秦巴山区特色农业的初步发展	特色农业和资源的双轨发展	趋于绿色环保的产业发展政策
实施手段和措施	无	政府监督、号令，产业发展服从政府安排	政府有了初步的产业布局，农业和第二产业协调发展	政府引导绿色循环产业的发展，并给予政策支持

第二节 秦巴山脉重庆片区绿色循环发展政策评价

一、政策实施影响因素分析

在发达国家和地区，管理和保护自然环境的实践已有较长的历史。在初期阶段，主要是通过政府的调控命令与控制型政策来实现对自然环境强有力的保护。目前，更多的国家和地区越来越倾向于使用政府行政干预与市场激励相结合的组合政策，从而实现更加有效率的管理和保护。

中国的环境管理实践，同样经历了由机构建设、制定、执行一些不连贯的部门立法和规章到综合战略、一体化纲领、协商一致的命令和控制措施，再到引进市场机制的过程。

根据霍雅勤和姚华军的研究结论，我国自然环境管理目前多停留在口头、纸面上，存在一系列问题，这些问题可归为几类：第一类问题表现在排污收费制度方面，适用全国的排污收费标准往往低于达到排放标准所需的边际削减成本，其结果是许多企业宁愿缴纳排污费，也不对污染进行有效控制；第二类问题是热衷通过法律，但又对法律实施的结果不感兴趣；第三类问题是我国预防和控制污染的对象主要是国有企业，对其他企业的污染还不能有效控制[66]。

具体到秦巴山脉重庆片区来看，相关自然环境管理实践仍处于初期阶段，距离可持续发展目标还有很长距离。其原因可能是包括以下几个方面。

就区域情况而言，特别严格的环境保护政策也许并不符合区域经济发展水平。从更高层次看，即使我国已越来越多地被卷入国际环境谈判中，但解决人们即时需要的生存战略往往支配短期行动。秦巴山脉重庆片区的环保实践同样如此，由于经济方面的压力，采纳更环保的生产方式并不完全现实。因此，政府只能根据具体情况，建立与社会发展相适应的政策手段，而不是简单地借鉴或照搬发达国家和地区的政策经验。

除了经济因素外，技术手段的捉襟见肘也限制了政府政策的有效实施，如缺少先进的环境监测手段使得监督成本太高，有的政策执行者的意识不到位、因个人私利而被利益俘获等情况都可能降低政策的实施效果。

二、当前政策缺陷分析

秦巴山脉重庆片区绿色循环发展战略所解决的问题具有战略性、长期性、方向性等特点，由于体制、环境、经验、认识等方面的原因，绿色循环发展相关政策从无到有的发展历程必然存在许多缺陷和不足，制约了秦巴山区经济结构调整和增长方式转变的步伐[67]。

（一）配套政策缺乏

在整个政策体系中产业政策虽居于主导地位，但如果没有其他经济政策的配套支持，政策效力就会显得苍白无力。政策配套包括各种经济政策手段的配套、优惠政策和惩罚政策的配套等。秦巴山脉重庆片区绿色循环发展现行政策过于注重生产环节，对消费领域关注不够；相关产业政策与各区县经济发展政策缺乏配套机制，地区经济政策与产业政策的导向容易发生偏离，各地区间产业结构趋同现象突出，难以发挥各地经济特色和优势互补性。政策配套应注意维护产业政策在全国的权威性和统一性，维护中央产业政策手段的统一性。

（二）政策制定方式不够合理

目前我国产业政策的制定基本以国家综合经济管理部门为主导，制定的政策往往难以真正充分地反映各地方产业发展现实和需求。因此，今后在秦巴山脉重庆片区相关政策制定过程中，应让秦巴山区的产业组织、企业参与进来，广泛征求学者、专家的意见，形成官、学、产相结合的产业政策制定体系。

（三）政策执行机制组织保障不力

当前秦巴山脉重庆片区相关产业政策的执行机制很不健全，组织保障不力。一般而言，各区县发改委是产业政策的执行机构，然而目前各区县发改委的位置较为尴尬，作为协调部门，既要为当地经济发展服务，在维护地方利益方面与当地政府保持一致，又要宣传和执行上级政府制定的产业政策，如果产业政策与地方政府的利益和意图发生冲突，各区县发改委就很难保证政策的切实贯彻。

（四）政策实施中存在较大阻力

如前文所述，产业政策很有可能会和某些地方利益、部门短期利益发生冲突，当地方利益、局部利益与产业政策发生冲突和矛盾时，地方政府就有可能阻碍政策的实施，从而降低了产业政策的效力。

第三节 秦巴山脉重庆片区绿色循环发展政策创新路径研究

通过上述分析可知，绿色循环发展政策创新是一项十分复杂的系统工程，它既要在工具理性层面实现政策系统内部的利益均衡及政策系统与政策环境系统的生态平衡，又要在价值理性层面体现公共性、公平性和科学性等基本价值规范要求，需要多种路径的配合与集成方能促成。

一、增强政策主体的创新精神

由于政策变迁过程中的路径依赖作用，如果政策最初选择的路径是正确的，那么它就进入了良性循环的轨道并且迅速优化；反之，它就顺着原来的错误路径走下去，并被锁定在某种无效率的状态下[68]。在路径锁定的情况下，如果继续沿着原有政策路径进行调整则无法从根本上解决问题，这就需要政策创新主体有足够的勇气来打破政策的既定路径，破解路径依赖的锁定状态。

政策主体的创新勇气来源于创新精神的培育，而创新精神的培育要着重从以下几个方面进行：一是加强思想教育使决策者勇于创新；二是加强制度建设使决策者乐于创新；三是加强科学教育使决策者善于创新。此外，要突破政策路径依赖的锁定状态还会面临既得利益者的激烈反对和阻碍，在这种情况下，需要政策创新主体有足够的勇气和智慧来面对这些阻力，而这些勇气和智慧也来源于主体创新精神的培育[69]。当然，由于政策路径依赖作用具有一定的刚性，"渐进式"的改革创新道路有时会更为现实。

二、完善政策的协调联动机制

社会的发展政策是由若干具体政策安排所构成的有机结构体系，一项具体政策的效果不仅取决于其自身的状况，还取决于它与制度结构中其他制度的兼容性和配套性[69]。根据制度经济学的原理，社会制度结构中存在正式和非正式两种类型的制度，因此，政策创新的配套性既要求新政策与其他相关政策相配套，还要求新政策与区域的意识形态、传统习俗、价值观念等非正式制度相配套。

首先是与其他相关政策的协调联动。这要求在政策创新过程中，通过政府部门间的行政协调与配合，围绕绿色循环发展的某一具体问题进行探讨和会商，同时出台一系列配套政策手段，保证新政策的实施效果。

其次要与非正式制度协调融合。这就要求在政策创新过程中，必须广泛开展新政策的宣传教育，引导社会思潮和习俗的进化，不断调整优化人们的思想观念，增强人们对新政策的认同感，从而为新政策的切实贯彻奠定群众基础。

三、坚持"渐进"的政策创新模式

绿色循环发展政策创新要与政治生态保持平衡，这种平衡性主要表现在政策创新的力度和限度上，即政策创新需要保持一定的力度，但同时也不能因力度过大而突破政治底线，产生风险甚至混乱。因此，在政策创新中，我们应该坚持以渐进式的创新来保持政策生态平衡[69]。

另外，有学者也指出，选择渐进式的政策创新模式还有另外两个理由，一是前文所述的政策的路径依赖作用，当政策的路径依赖作用过于强大时，一蹴而就的政策创新肯定难以实现，因此就需要以一种循序渐进的模式来逐步实现；二是由于政策创新中的有限理性的存在，创新主体不可能一步到位地设计出最优的政策，加之政策的情境性使学习和模仿在很多情况下难以解决本地实际问题,因此,在政策创新中,我们不得不选择一种"摸着石头过河"的渐进式创新模式。

四、完善利益协调机制

根据博弈论的分析,政策的成功创新,必须使政策相对人的行为在政策框架下通过利益博弈实现新的均衡,从而实现政策创新的预期目标。因此,必须要建立利益相关者的参与听证机制,完善利益协调机制。

陈杰认为,完善政策创新参与机制的具体路径有三点。一是加强政策创新参与程序的立法,通过立法的方式将政策参与纳入政策创新的程序之中,这样才能从根本上保证公民特别是社会弱势群体的根本利益。二是拓宽政策参与渠道。在巩固原有政策参与途径,如立法听证会、行政听证会、政策研讨会等的基础上,不断利用现代高科技手段,拓展政策参与渠道,如充分利用互联网开展政策民意调查、征集社会意见、召开网络听证会等。三是增强政策参与中公民的参与地位。政策创新的目的归根到底是实现广大人民群众的根本利益,要把人民当家做主的原则充分体现到政策参与中,切实提高人民群众在政策参与中的地位,让人民群众在政策创新中"有话可说""有权能用"[69]。

五、建立决策咨询机制

建立健全政策创新的咨询机制是保障和提升政策科学性的必要途径。具体路径包括[68]:首先,要强化决策者的咨询意识。如果政策决策者咨询意识缺失,就很容易犯"拍脑袋"决策的错误,导致政策创新走向的误差。其次,要加强决策咨询的制度化建设,通过建立重大政策创新决策咨询制度,严格政策创新程序,确保政府重大政策决策做到专业化咨询、社会化讨论和民主化决策。再次,要加强政策咨询主体的建设。专家团队和专业咨询机构自身的建设也是咨询机制建设的重要内容,要通过建立科学的制度环境和运作机制,不断推进专业政策咨询机构的发展。最后,要创造条件鼓励和促进非官方咨询机构及民营咨询企业的发挥,不断扩大政策咨询的主体范围。

第四节 秦巴山脉重庆片区绿色循环发展重点政策建议

所谓绿色循环发展政策,是指一国或地区政府以构建和推进绿色循环经济为目标而制定的关于调节、管理和控制个体及社会群体行为的一系列行为准则。绿色循环政策制定的目的在于提高资源、能源利用水平与效率,倡导经济增长、社会发展与生态保持的和谐统一,使经济系统和谐地纳入自然生态系统的物质循环过程中。

一、财税金融政策

财税金融政策是解决秦巴山脉重庆片区绿色循环发展融资问题的重要举措,从国家层面来说,主要通过财政补贴和税收减免制度来保障秦巴山脉重庆片区绿色循环发展所需的资金,从社会层面来说,主要通过金融机构健全的贷款制度来保障其所需资金。

在走绿色循环发展的道路中,需要一定时期的税费减免与财政补贴支持。税收和财政补贴,既是经济发展的"调节器",也是政府对经济活动进行宏观调控的手段。秦巴山脉重庆片区这些相对贫困的区县,其"自身产血"能力有限,需要国家的财政支持。通过给予发展绿色循环产业的企业合法的税收优惠和财政补贴政策,给处于营利"弱势"行业的企业"放水养鱼""输血供氧",让税收成为创业企业的"助推器",不断增强企业活力,以踏上地区绿色循环发展的道路。

从社会层面来说,政府引导发展绿色循环经济需要依靠实体企业来实施,而其产业营利性相对较弱,则健全的金融贷款制度就成为保障企业运行的必要条件。面对企业流动资金、发展资金短缺的困难,企业非常渴望能获得银行提供的额度不大但期限长、利率低、覆盖面广的贷款。

二、法律法规

法律法规作为一种强制手段可以有效地促进政策目标的实现。我国目前有关循环经济的立法主要有《中华人民共和国清洁生产促进法》、《中华人民共和国环境影响评价法》和《中华人民共和国固体废物污染环境防治法》等,2008年8月,《中华人民共和国循环经济促进法》的出台,标志着构建循环经济的目标已经越来越受到党中央的高度重视,并被赋予了法律意义。

秦巴山脉重庆片区的绿色循环发展应在国家相关法律法规基础上制定适合本地区特殊情况的地方性法规,在资源的利用、废弃物的回收处理、污染防治等方面实行强制性规制,这是保障绿色循环发展道路的重要手段。

三、生态补偿政策

生态补偿政策是以保护生态环境、促进人与自然和谐为目的,根据生态系统服务价值、生态保护成本、发展机会成本,综合运用行政和市场手段,调整生态环境保护和建设相关各方之间利益关系的环境经济政策。制定生态补偿政策是贯彻落实科学发展观的重要举措，有利于推动环境保护工作实现从以行政手段为主向综合运用法律、经济、技术和行政手段的转变，有利于推进资源的可持续利用，加快环境友好型社会建设，实现不同地区、不同利益群体的和谐发展。

秦巴山脉重庆片区是长江上游重要的生态屏障，承担着极其重要的生态涵养功能，在保护生态中求发展，需要生态补偿机制的真正实施。但从全国生态补偿的实践来看，还存在很多问题需要探索，如生态补偿政策的具体内容和建立的基本环节是什么、生态服务功能价值如何评估及生态补偿的定量分析原理、生态环境保护的公共财政体制如何制定、重要生态功能区的保护与建设怎样进行、生态补偿立法如何进一步完善等。

四、产业管理政策

健全的产业管理政策是地区发展的制胜法宝。对于秦巴山脉重庆片区绿色循环发展而言，产业管理政策更多地体现在产业组合政策上。产业组合政策是一系列正式约束和非正式约束的规则网络，它约束着人们的行为，是减少专业化和分工发展带来的交易费用的增加，解决人类所面临的合作问题，创造有效组织运行的条件。

执笔人：袁晓辉　肖亚成　王卫卫

参考文献

[1]杨庆育."两翼一路"新格局的区域发展战略选择：重庆例证.改革，2014，（6）：5-11.

[2]重庆市统计局，国家统计局重庆调查总队.重庆统计年鉴2016.北京：中国统计出版社，2016.

[3]崔曜.巫山机场正式通航.https://www.cqrb.cn/content/2019-08/17/content_204867.htm，2019-08-17.

[4]重庆市交通委员会.重庆市五大功能区交通发展规划，2014.

[5]韩振.专家建议开辟三峡枢纽水运新通道.http://jjckb.xinhuanet.com/2015-03/18/content_541215.htm，2015-03-18.

[6]谢泗薪，孙秀敏."一带一路"战略下物流多式联运发展模式与策略研究.铁路采购与物流，2017，12（1）：51-54.

[7]张戎，黄科.多式联运发展趋势及我国的对策.综合运输，2007，（10）：66-70.

[8]张文和.论重庆水资源保护、开发的问题及对策.西南师范大学学报（哲学社会科学版），1997，（4）：19-23.

[9]高明，王子芳，魏朝富，等.重庆水资源的农业利用及节水农业的发展对策.西南农业大学学报（自然科学版），2004，（6）：727-730.

[10]重庆市水利局.重庆市水资源公报（2004~2015年）.http://www.cqwater.gov.cn/slsj/szygb/Pages/Default.aspx.。

[11]重庆统计局，国家统计局重庆调查总队.重庆统计年鉴（2010~2015年）.http://tjj.cq.gov.cn/tjsj/shuju/tjnj/.

[12]水利部水资源司，水利部水利水电规划设计总院.全国重要江河湖泊水功能区划手册.北京：中国水利水电出版社，2013.

[13]陈虎.重庆市典型水功能区长度划分合理性研究.重庆交通大学硕士学位论文，2012.

[14]袁弘任.我国的水功能区划及其分级分类系统.中国水利，2001，（7）：40-41.

[15]周仰效，李文鹏.地下水水质监测与评价.水文地质工程地质，2008，（1）：1-11.

[16]唐克旺，吴玉成，侯杰.中国地下水资源质量评价（Ⅱ）——地下水水质现状和污染分析.水资源保护，2006，（3）：1-4.

[17]易德琴.渝东北翼生态保护与城镇发展研究.重庆大学硕士学位论文，2007.

[18]李月臣，刘春霞，赵纯勇，等.三峡库区重庆段水土流失的时空格局特征.地理学报，2008，

（5）：475-486.

[19]林冬妹.水利法律法规教程.北京：中国水利水电出版社，2004.

[20]朱章雄，张治伟，蒋勇军.重庆典型岩溶区石漠化现状及综合治理初探.人民长江，2006，（11）：90-92，102.

[21]肖荣波，欧阳志云，王效科，等.中国西南地区石漠化敏感性评价及其空间分析.生态学杂志，2005，（5）：551-554.

[22]张会艳.我国城市生活节水对策及其有效性分析.北方环境，2004，（5）：12-14.

[23]祁鲁梁，高红.浅谈发展工业节水技术提高用水效率.中国水利，2005，（13）：125-127.

[24]刘亚克，王金霞，李玉敏，等.农业节水技术的采用及影响因素.自然资源学报，2011，（6）：932-942.。

[25]杨得瑞，姜楠，马超.关于水资源综合管理与最严格水资源管理制度的思考.中国水利，2012，（20）：13-16.

[26]吴剑.突发性水环境污染事件应急监测初探.资源节约与环保，2016，（6）：200-202.

[27]陆新元.中国水环境应急管理机制分析.城市与减灾，2006，（5）：10-11.

[28]李燕玲.国外水权交易制度对我国的借鉴价值.水土保持科技情报，2003，（4）：12-14.

[29]左其亭.关于最严格水资源管理制度的再思考.河海大学学报（哲学社会科学版），2015，（4）：60-63，91.

[30]杨向辉，陈洪转，郑垂勇.我国水市场的构架及运作模式探讨.人民黄河，2006，28（2）：43-44.。

[31]重庆市人民政府.重庆市矿产资源总体规划（2016-2020年），2017.

[32]重庆市城口县人民政府.重庆市城口县矿产资源总体规划（2016-2020年），2017.

[33]重庆市云阳县人民政府.重庆市云阳县矿产资源总体规划（2016-2020年），2017.

[34]重庆市开州区人民政府.重庆市开州区矿产资源总体规划（2016-2020年），2017.

[35]重庆市巫溪县人民政府.重庆市巫溪县矿产资源总体规划（2016-2020年），2017.

[36]重庆市巫山县人民政府.重庆市巫山县矿产资源总体规划（2016-2020年），2017.

[37]重庆市奉节县人民政府.重庆市奉节县矿产资源总体规划（2016-2020年），2017.

[38]程琳琳.矿区土地复垦保证金制度实践现状及研究进展.中国矿业，2010，19（1），33-36.

[39]李红举，李少帅，赵玉领.澳大利亚矿山土地复垦与生态修复经验.中国矿业，2010，19（11）：66-69.

[40]郑娟尔，余振国，冯春涛.澳大利亚矿产资源开发的环境代价及矿山环境管理制度研究.中国矿业，2010，19（11）：66-69.

[41]曹树刚，邱道特.重庆市矿产资源开发.重庆：重庆大学出版社，2004.

[42]朱训.关于发展绿色矿业的几个问题.中国矿业，2013，22（10）：1-6.

[43]国土资源部矿产开发管理司.合理开发利用矿产资源——走可持续发展之路.北京：地质出版社，2007.

[44]胡建军，刘恩伟.建设绿色矿山　促进采矿业可持续发展.中国矿业，2012，21（S1）：60-61.

[45]城口县人民政府.城口县人民政府2016年工作报告，2016.

[46]开县人民政府.开县人民政府2016年工作报告，2016.

[47]巫溪县人民政府.巫溪县人民政府2016年工作报告，2016.

[48]云阳县人民政府.云阳县人民政府2016年工作报告，2016.

[49]巫山县人民政府.巫山县人民政府2016年工作报告，2016.

[50]奉节县人民政府.奉节县人民政府2016年工作报告，2016.

[51]重庆市人民政府.重庆市国民经济和社会发展第十三个五年规划纲要，2016.

[52]中共重庆市委，重庆市人民政府.中共重庆市委、重庆市人民政府关于科学划分功能区域、加快建设五大功能区的意见，2013.

[53]重庆市人民政府.重庆市人民政府关于优化全市产业布局加快五大功能区建设的实施意见，2013.

[54]重庆市人民政府."万开云"板块一体化协同发展规划（2016-2020年），2016.

[55]国务院.全国主体功能区规划，2010.

[56]刘锋.互联网进化论.北京：清华大学出版社，2012.

[57]王玲玲，何丙辉，杨邦柱.三峡库区农林复合经营的结构与主要模式.中国水土保持，2003，（6）：38-41.

[58]高旺盛，陈源泉，梁龙.论发展循环农业的基本原理与技术体系.农业现代化研究，2007，（11）：731-734.

[59]张金环.产业层面循环林业模式研究.北京林业大学博士学位论文，2010.

[60]徐卫，朱正坤，戚四法，等.嘉善县畜牧业循环经济发展模式及对策.现代农业科技，2010，（11）：375-376.

[61]佟莉莉.浅谈提高畜牧产业经济的循环绿色发展模式.农民致富之友，2015，（12）：236.

[62]孔祥智，伍振军，张云华.我国土地承包经营权流转的特征、模式及经验——浙、皖、川三省调研报告.江海学刊，2010，（2）：89-90.

[63]周国梅，任勇，陈燕平.发展循环经济的国际经验和对我国的启示.中国人口·资源与环境，2005，（4）：137-142.

[64]卢奇，顾培亮，郝海.经济系统的演化与政策作用.北京林业大学学报（社会科学版），2003，（6）：62-63.

[65]刘世庆.中国改革开放三十年的区域政策转型与演进.经济体制改革，2009，（4）：129-133.

[66]霍雅勤，姚华军.自然环境的政策演化及评价.西安交通大学学报（社会科学版），1999，（3）：42-44.

[67]朱敏.我国产业政策的演化进程和体制性缺陷.中国经济时报，2007-06-12（A01）.

[68]诺思 D.制度、制度变迁与经济绩效.杭行译.上海：上海三联书店，1994.

[69]陈杰.公共政策创新的困境分析与路径选择.湖南师范大学硕士学位论文，2009.